परंपरा, इतिहास-बोध और संस्कृति

परंपरा, इतिहास-बोध और संस्कृति

श्यामाचरण दुबे

राधाकृष्ण प्रकाशन

ISBN : 978-81-7119-546-6

परंपरा, इतिहास-बोध और संस्कृति

पहला संस्करण : 1991
छठा संस्करण : 2017
This book is printed on Print on Demand Technology : 2025

मूल्य : ₹695

प्रकाशक
राधाकृष्ण प्रकाशन प्राइवेट लिमिटेड
जी-17, जगतपुरी, दिल्ली-110 051
शाखाएँ : अशोक राजपथ, साइंस कॉलेज के सामने, पटना-800 006
पहली मंजिल, दरबारी बिल्डिंग, महात्मा गांधी मार्ग, प्रयागराज-211 001
1, अनमोल सोराबजी संतुक लेन, धोबी तलाव, मरीन लाइंस, मुम्बई-400 002
वेबसाइट : www.radhakrishnaprakashan.com
ई-मेल : info@radhakrishnaprakashan.com

PARAMPARA, ITIHAS-BODH AUR SANSKRITI
by Shyamacharan Dube

भूमिका

इस संकलन में समय-समय पर दिये गये मेरे कुछ भाषण हैं और मित्र संपादकों के आग्रह पर लिखे गये कुछ लेख भी। सभी भाषण विशिष्ट आयोजनों में आमंत्रित वक्ता के रूप में दिये गये थे और सभी मूल रूप से हिंदी में ही लिखे गए थे। इनमें से अधिकांश पत्र-पत्रिकाओं में प्रकाशित भी हो चुके हैं। भाषणों और लेखों के परिमार्जन या परिवर्धन का प्रयत्न मैंने नहीं किया है।

भाषणों की अनेक सीमाएँ होती हैं। पहली सीमा समय की होती है; एक घंटे से अधिक के भाषण में श्रोता ऊबने लगते हैं। आकाशवाणी के आमंत्रण पर दिया गया डॉ. राजेन्द्र प्रसाद भाषण दो सत्रों में पूरा किया गया था। आचार्य नगेन्द्र द्वारा आयोजित और दिल्ली विश्वविद्यालय में दिये गये मैथिलीशरण गुप्त भाषणमाला की भी दो कड़ियाँ थीं। शेष भाषण पचास-पचपन मिनट से अधिक के नहीं थे। निर्धारित समय-सीमा में विषय के सभी आयामों को बाँध पाना कठिन होता है। दूसरे, भाषण शोधपत्र नहीं होता। उसे शोध-निबंध बनाना भी नहीं चाहिए। स्पष्ट है कि इस कारण उसमें उद्धरणों और संदर्भों की बहुतायत नहीं हो सकती; पाद-टिप्पणियों का तो उनमें कोई स्थान ही नहीं होता। तीसरे, उनके श्रोता सामान्यतः विशेषज्ञ नहीं होते। वक्ता को उनके धरातल का भी ध्यान रखना होता है। इन सीमाओं के कारण मेरा प्रयत्न रहा है कि इनमें बैचारिक दुरूहता न आये और सैद्धांतिक गुत्थियों से भी बचा जाये।

संग्रह के अधिकांश भाषण और लेख परंपरा और संस्कृति पर केंद्रित हैं। साहित्य का स्पर्श भी कुछ आलेखों में किया गया है। स्वीकृत स्थापनाओं पर कुछ प्रश्नचिह्न मैंने लगाये हैं, परंतु इतिहास के तथ्यात्मक आधार को कोई चुनौती नहीं दी है। आर्य कौन थे ? वे बाहर से आये थे या भारत के ही थे ?--इन प्रश्नों पर नयी बहस हो रही है, किंतु कोई निर्णायक निष्कर्ष अभी तक सामने नहीं आया है। सिंधु घाटी सभ्यता संबंधी अवधारणाएँ अवश्य बदल रही हैं। एस॰ आर॰ राव जैसे पुरातत्ववेत्ता अब यह मानते हैं कि इस उपत्यका की सभ्यता आर्य और आर्य-पूर्व प्रजातियों की सम्मिलित देन है। भारत के प्रथम नगरीकरण का अध्याय शायद फिर से लिखा जाये, परंतु इसका पूर्णतः विश्वसनीय और प्रामाणिक आधार अधिक खोज की अपेक्षा करता है।

राजकमल और राधाकृष्ण प्रकाशन के संस्थापक स्वर्गीय ओं प्रकाश के आग्रह पर मैंने यह संग्रह प्रकाशन के लिए तैयार करने का आश्वासन दिया था। अनेक कारणों से इसमें बहुत विलंब हो गया। देर से ही सही, पर इसके प्रकाशन से उनके आग्रह की रक्षा तो हो ही रही है। यह पुस्तक उनकी स्मृति को समर्पित है।

--**श्यामाचरण दुबे**

क्रम

परंपरा, इतिहास-बोध और संस्कृति

परंपरा

परंपरा की परिधि

आज के संदर्भ में 'परंपरा' एक मोहक शब्द है। साथ ही यह शब्द भ्रामक भी है, क्योंकि इसे मनचाहे अर्थ देकर इसके गलत-सही कितने ही प्रकार के उपयोग किये जा सकते हैं। समसामयिक संवाद में परंपरा की केंद्रीयता असंदिग्ध है। आज के अनेक सामाजिक-राजनीतिक प्रश्न और आंदोलन परंपरा से जुड़े हैं। संस्कृति और जातीय अस्मिता एक तरह से परंपरा के पर्यायवाची बन गये हैं। इनके लिए बड़ी-बड़ी लड़ाइयाँ लड़ी जा रही हैं। पिछले पाँच दशकों में विराट मानवीय उद्देश्यों की परिभाषाएँ कई बार बदली हैं; राजनीतिक स्वाधीनता, आर्थिक विकास और सामाजिक समता की मंजिलें पार कर अनेक समुदाय अपनी नियति को सांस्कृतिक स्वायत्तता से जोड़ रहे हैं। आज के वैचारिक पर्यावरण में परंपरा (अथवा संस्कृति/जातीय भावना) की अवज्ञा संभव नहीं है।

कल तक स्थिति कुछ और थी। साम्यवादी क्रांति के अनेक पुरोधा एक नये समाज की स्थापना के लिए पुराने समाज की संस्थाओं और मूल्यों का ध्वंस आवश्यक मानते थे। लेनिन ने सांस्कृतिक अस्मिता के महत्व को समझा था और संस्कृति-क्षेत्रों को विभिन्न धरातलों पर स्वायत्तता देने का संवैधानिक प्रावधान भी किया था। उनके उत्तराधिकारी क्रांतिकारी अतिवाद से पीड़ित थे, उनकी नीतियों और कार्यक्रमों से इस स्वायत्तता का स्खलन हुआ। सत्ता और शक्ति ने सांस्कृतिक असंतोष को दबाये रखा, किंतु समय-समय पर वह अपने-आपको अभिव्यक्त करता रहा। ऐसी स्थिति भी आयी जब सशक्त विस्फोटों में परंपरा ने अपनी ताकत का अहसास कराया।

चीन में भी कुछ ऐसा ही हुआ। सफल क्रांति के बाद वहाँ 'नया चीन' और 'नया चीनी मानव' बनाने के प्रयत्न आरंभ हुए। इन प्रयोगों ने परंपरा की अवज्ञा ही नहीं की, उस पर सीधा प्रहार भी किया। लाओत्से की आलोचना की गयी, विशेषकर कनफ्यूशियस और चीनी समाज को उनके योगदान का अवमूल्यन किया गया। इसी प्रक्रिया में बौद्ध धर्म की दार्शनिक और सामाजिक महत्ता को भी नकारा गया। पहली राजनीतिक क्रांति और दूसरी सांस्कृतिक क्रांति के बाद विचार-चक्र पुनः अपने पुराने स्थान पर लौटा। कनफ्यूशियस आज केवल चीन में ही नहीं, पूरे पूर्वी एशिया के भाव-जगत पर एक बार फिर छा गये हैं।

राजनीतिक क्रांति की बात छोड़कर हम एक नज़र तीसरी दुनिया की वैकासिक क्रांति पर डालें। उद्देश्यों के आधार पर संसार के इस दो-तिहाई भाग ने कम-से-कम चार प्राथमिकताओं का अनुभव किया है। पहला विराट उद्देश्य था राजनीतिक स्वतंत्रता। इस लक्ष्य की छाया में सांस्कृतिक विभिन्नताएँ दब गयी थीं, उनकी अभिव्यक्ति का तेवर भी उग्र नहीं था। वैसे राजनीतिक आंदोलनों ने परंपरा के प्रतीकों और सांस्कृतिक मुहावरों का उपयोग खुलकर किया था। आज़ादी पाने के बाद जो दूसरा उद्देश्य उभरा, वह था आर्थिक विकास। विकास के जिस स्तर को पाने के लिए पश्चिमी यूरोप और अमेरिका को प्रायः दो सौ वर्ष लगे थे, उसे तीसरी दुनिया के देश बीस वर्षों में ही पा लेना चाहते थे। उनकी इस असंभव महत्वाकांक्षा को बढ़ावा दिया पश्चिम के अनेक विकास विशेषज्ञों ने। उनकी दृष्टि में परंपरा विकास के मार्ग में अवरोधक थी; उसे बदलना आवश्यक माना गया। सांस्थानिक ढाँचे और जीवन-मूल्य--दोनों में परिवर्तन करने की आवश्यकता को अनिवार्य बताया गया। यह परिवर्तन किस तरह लाया जाये, इस बिंदु पर विशेषज्ञ मौन रहे। परंपरा की तीव्र प्रतिक्रिया ने अनेक स्थितियों में आर्थिक विकास की प्रक्रिया को तेज़ झटके दिये। विकास की विकृतियों ने शांति और सुरक्षा पर अनेक प्रश्नचिह्न लगा दिये। विकास ने निर्णय किया कि उसे परंपरा से टक्कर नहीं लेना है, उससे समझौता करना है और उसकी अंतर्निहित ऊर्जा का उपयोग वैकासिक उद्देश्यों की प्राप्ति के लिए करना है। इस तरह विकास के तीन लक्ष्य--उत्पादन, व्यवस्था और संस्कृति का संरक्षण--समान महत्व के माने गये। विकास और परंपरा का शीत-युद्ध समाप्त हुआ और संस्कृति विकास के एक प्रमुख कारक और ध्येय के रूप में पुनः प्रतिष्ठित हुई।

आर्थिक विकास की सीमित उपलब्धियों और विसंगतियों में सामाजिक लक्ष्यों को समता की ओर मोड़ा। राजनीतिक स्वतंत्रता और आर्थिक विकास आवश्यक तो थे, किंतु सामाजिक समता के अभाव में वे एकांगी और अधूरे थे। समता के लिए साभाजिक आंदोलन और संघर्ष कई स्थितियों में आवश्यक होते हैं, पर वे भी परंपरा की अवहेलना नहीं कर सकते।

उनके संबंधों का आधार सहयोग का हो या टकराव का -- इस प्रश्न का कोई सीधा और सरल उत्तर संभव नहीं था। इसके पहले कि समस्या का कोई संतोषजनक समाधान मिले, लक्ष्य की परिभाषा एक बार फिर बदली।

नया लक्ष्य था सांस्कृतिक स्वायत्तता का। 'जड़ों की तलाश' और 'सांस्कृतिक पहचान' के प्रश्न ऐतिहासिक जिज्ञासा के रूप में उठे थे, किंतु धीरे-धीरे उनका तेवर उग्र होता गया। एक दशक पहले लगभग चार सौ ऐसे आंदोलनों की सूची बनी थी जो 'जातीय भावना' (एथनिसिटी) पर आधारित थे और जिनसे सांस्कृतिक परंपरा का प्रश्न जुड़ा था। इस सूची में कई और नाम जुड़े हैं और आंदोलनों में नयी

आक्रामकता आयी है। भारत के ही उदाहरण लें तो उत्तर-पूर्व के जनजातीय आंदोलन--विशेषकर नगा और मिज़ो क्षेत्रों में--उग्र और हिंसात्मक हो गये थे। स्वतंत्र राज्यों के निर्माण से स्थिति कुछ नियंत्रण में आयी, किंतु आज भी यह नहीं कहा जा सकता कि समस्या का अंतिम हल खोज लिया गया है। तमिलनाडु का द्रविड़ आंदोलन, जो भाषा, संस्कृति, और जातीय भावना पर आधारित था, अलगाववाद का रास्ता अपना रहा था। स्थिति तब सँभली जब द्रविड़ आंदोलन के नेताओं के हाथ में राज्य की सत्ता आ गयी। वैसे सांस्कृतिक स्वायत्तता का प्रश्न अभी भी जीवित है, विशेषकर दक्षिण के राज्यों में। अन्य क्षेत्रों में भी इसी प्रकार के आंदोलन अभरे, जिनसे भारत की राष्ट्रीय एकता चिंता का विषय बन गयी। कश्मीर का सांस्कृतिक व्यक्तित्व आरंभ से ही एक संवेदनशील मसला रहा है। सिख धर्म ने धीरे-धीरे एक 'कौम' का रूप लिया और अपनी जातीय अस्मिता की रक्षा के लिए सिखों के एक भाग ने अलगाववाद का रास्ता अपनाया। असम में लंबे समय से बंगलाभाषी लोग बसते रहे हैं। बांग्ला देश और भारत के अन्य प्रदेशों से वहाँ आकर बसने वाले लोगों के कारण असमिया समाज में चिंता व्याप्त हुई कि कहीं वे कालांतर में अपने ही प्रदेश में अल्पसंख्यक न बन जायें। असम-समस्या का हल खोजे जाने के कुछ समय बाद ही, उसी राज्य में वोडो उग्रवादियों ने जनजातियों की स्वायत्तता का सवाल उठाकर वोडोलैंड राज्य की माँग की। दार्जिलिंग क्षेत्र के गोरखा समुदाय के लोगों को विशेष संवैधानिक स्थिति उग्र हिंसात्मक आंदोलन के बाद ही मिली। छोटा नागपुर क्षेत्र के झारखंड आंदोलन ने अनेक राजनीतिक उतार-चढ़ाव देखे हैं और यह कह सकना कठिन है कि भविष्य में वह कौन-सी दिशा अपनायेगा।

भारत के अलावा अन्यत्र चल रहे इस प्रकार के आंदोलनों की संख्या में भी वृद्धि हुई है। पाकिस्तान के मुहाजिर--भारत से गये मुसलमान--पंजाबी, सिंधी, पखतून, और बलूची राष्ट्रीयता के अतिरिक्त अपनी राष्ट्रीयता की स्वीकृति की माँग उठा रहे हैं। सोवियत मध्य एशिया में भी अज़रबैजान, तुर्कमेनिया, कजाकिस्तान और उजबेकिस्तान तथा अन्य क्षेत्रों में स्वायत्तता की माँग की गयी है। लिथुआनिया, एस्टोनिया और जार्जिया की समस्याएँ दूसरे धरातल पर उठायी गयी हैं, यद्यपि वहाँ भी जातीय भावना और सांस्कृतिक कारक अनुपस्थित नहीं हैं। इन माँगों और उनसे जुड़े आंदोलनों के कारण स्थापित राज्य-व्यवस्था डगमगा गयी है और भविष्य के संबंध में अनेक नये प्रश्न उठे हैं।

परंपरा, संस्कृति, और जातीय भावना पर्यायवाची नहीं हैं, किंतु राजनीतिकरण की

प्रक्रिया ने उनके अंतर को धुँधला कर दिया है। परंपरा संस्कृति का वह भाग है जिसमें भूतकाल से वर्तमान और वर्तमान से भविष्य तक एक निरंतरता बनी रहती है। यह ज़रूरी नहीं है कि परंपरा जीवन के हर क्षेत्र में समान रूप से प्रभावी हो। धार्मिक विश्वासों और रूढ़ियों की परंपराओं में परिवर्तन धीमी गति से होते हैं, सामाजिक संस्थाओं और व्यवहार की परंपराओं के कुछ पक्षों में, धर्म की तुलना में, बदलाव की गति अधिक तेज हो सकती है यद्यपि यह भी मंद गति का क्षेत्र है। साहित्य तथा रूपंकर और प्रदर्शनकारी कलाओं के क्षेत्रों में परंपराओं के प्रयोगों और नवाचारों से प्रभावित होने की संभावना अधिक होती है। भाषा की परंपरा तेज़ी से बदलती है। संस्कृति की संज्ञा मानव के सीखे हुए व्यवहार-प्रकारों को दी जाती है। वैसे तो संस्कृति का पूरा स्वरूप ही ऐतिहासिक संदर्भों से निर्मित होता है, किंतु उसके ऐसे मूल्यों और व्यवहार-प्रकारों को, जिनकी जड़ें इतिहास में बहुत गहरी हैं, परंपरा कहा जाता है। जातीय भावना, अपने मूल अर्थ में, विशिष्ट नृवंशीय शाखाओं से जुड़े संवेदनात्मक लगाव को कहा जाता था। आज की बदली हुई स्थिति में क्षेत्रीय, भाषिक, सांस्कृतिक और धार्मिक तत्त्व उसमें इस तरह मिल गये हैं कि जातीय भावना की व्याख्या उलझनभरी और अनिश्चित हो गयी है। इन तीनों अवधारणाओं--परंपरा, संस्कृति, और जातीय भावना--के संबंध में यह स्मरण रखना आवश्यक है कि ये आंशिक रूप से तथ्यों पर आधारित किंतु मुख्यतः मानसिक पुनर्रचनाएँ होती हैं। नये संदर्भ उन्हें नये मोड़ देते हैं, विशेष स्थितियों में उनके अर्थ और प्रकार्य भी बदल जाते हैं। व्याख्या का विभ्रम उस समय अपनी चरम सीमा पर पहुँचाता है, जब पुनर्रचना की प्रक्रिया ज्ञात सामाजिक तथ्यों और ऐतिहासिक यथार्थ से कटकर नये मिथकों और प्रतीकों को अपना लेती है। ऐसे प्रयत्न हास्यास्पद भले ही हों, किंतु उनकी उपेक्षा खतरनाक हो सकती है।

परंपरा की परिधि का निर्धारण उसे देखने और समझने की दृष्टि पर अवलंबित होता है। यह दृष्टि परंपरा के तटस्थ अध्येताओं की हो सकती है और उनकी भी जो सामाजिक क्रियाओं की गति और दिशा निर्धारित करने के लिए उसकी व्याख्या करते हैं। कुछ दार्शनिकों ने मानवीय परंपरा को समग्र और एकीकृत रूप में देखने के प्रयत्न किये हैं, अनेक ने प्रवृत्तियों के आधार पर मुख्य परंपराओं के वृत्त निर्धारित किये हैं। दूसरी श्रेणी के प्रयासों में केंद्रीय परंपरा और उसके प्रभाव-क्षेत्र में उसके विभिन्न स्वरूप--दोनों पर विचार किया है। परंपरा का आधार शास्त्र भी हैं, लोक भी; किंतु कुछ दृष्टियाँ शास्त्र को महत्व देती हैं, कुछ लोक को। इन आधारों के अंतरावलंबन को समझने के प्रयत्न भी हुए हैं। ग्रीक, चीनी, भारतीय, और इस्लामी परंपराओं का चित्रण कुछ आधार ग्रंथों के सहारे किया गया है। प्राच्यविद्, भारतविद्, संस्कृतज्ञ और दार्शनिक भारतीय परंपरा और उसके मूल स्वरों की तलाश शास्त्रों

और अन्य धर्म ग्रंथों में करते आये हैं।

ये स्रोत किन प्रतिमानों को प्रस्तुत करते हैं ? वे जो जीवन के आदर्श प्रारूप के लिए आवश्यक हैं अथवा वे जो जिए हुए यथार्थ से उपजे हैं ? परंपरा के ऐसे चित्रण उसके मुख्य लक्षणों और तत्वों को ही रेखांकित कर पाते हैं और उनके आधार पर उसकी परिधि निर्धारित करते हैं। इसके विपरीत मानवविज्ञान, समाजविज्ञान और इतिहास अनुभव-जन्य तथ्यों के आधार पर परंपरा का सीमांकन करते हैं। वे विराट अथवा महान परंपरा के छत्र के नीचे पनपने वाली लघु (स्थानीय) और माध्यम्मिक (क्षेत्रीय) परंपराओं के अस्तित्व और अंतर्संबंधों के प्रति भी सजग रहते हैं। समय-समय पर परंपरा की उपधाराएँ जन्म लेती हैं और कुछ समय बाद उसकी मुख्य धारा में मिल जाती हैं। उदाहरण के लिए भारत में राष्ट्रवादी, सुधारवादी, और पश्चिमवादी उपधाराएँ उपजीं और परंपरा की सशक्त धारा से जुड़ गयीं। शास्त्रीय परंपरा को लोक-परंपरा (स्थानीय और क्षेत्रीय) के संदर्भों से जोड़ना आवश्यक है। देखना यह है कि वे एक दूसरे को किस सीमा तक प्रभावित करती हैं और इस प्रक्रिया में उनके केंद्रीय प्रतीकों और मूल्यों में कौन से गुणात्मक परिवर्तन आते हैं ? साथ ही क्लासिकी परंपरा, लोक-परंपरा और उभरती जन (मॉस कल्चर के अर्थ में) तथा जनप्रिय (पॉपुलर क्लचर के अर्थ में) परंपराओं के अन्तर्संबंधों और अंतरावलंबन का आकलन और मूल्यांकन भी ज़रूरी है।

एक और प्रवृत्ति पर भी ध्यान देना जरूरी है। परंपरा की कुछ उपधाराएँ बदलती परिस्थितियों और नये प्रभावों के कारण नया रुख अपनाती हैं। जातीय भावना पर आधारित कुछ अलगाववादी आंदोलन निश्चित रूप से इस प्रवृत्ति के द्योतक हैं। मुसलमान भारत की सामासिक संस्कृति के अंग थे। उनके नेतृत्व के एक भाग ने अपने आपको एक भिन्न राष्ट्र घोषित किया और वे भारत के विभाजन में सफल भी हुए। सिख धर्म ने बहुत कुछ हिंदू परंपरा से लिया, कुछ इस्लाम से। इस समय उनके नेतृत्व का एक भाग अलग कौम होने का दावा कर स्वायत्तशासी तथा प्रभुसत्ता-प्राप्त पृथक् राज्य की माँग कर रहा है। भावना की तीव्रता के कारण वे ऐतिहासिक, सांस्कृतिक और सामाजिक पृष्ठभूमि को भुलाकर वे अपनी परंपरा को भिन्न मान रहे हैं। इस प्रवृत्ति के कारण कभी-कभी बड़ी विचित्र स्थितियाँ उत्पन्न होती हैं। तकनीकी और विज्ञान के कारण आयी संपन्नता के कारण जापान के प्रबुद्ध वर्ग का एक अंश अपने आपको एशियायी न मानकर उन्नत गोरे देशों की श्रेणी में रखने लगा था। वहाँ के एक शिक्षामंत्री जापानी भाषा छोड़कर अंग्रेजी को अपनाना चाहते थे। उनका यह भी मानना था कि अपनी प्रतिभा से जापानी इस भाषा को अधिक तार्किक और तीक्ष्ण बना लेंगे। यह बात अलग है कि एक महत्वपूर्ण सम्मेलन में इस प्रस्ताव की घोषणा करने के कुछ क्षण पहले उनकी हत्या कर दी गयी। वैसे

भी उसकी स्वीकृति की संभावना बहुत कम थी। इंडोनेशिया की स्थिति बिलकुल दूसरी है। इस देश ने इस्लाम तो कुबूल किया, पर अपनी संस्कृति नहीं छोड़ी। उस समाज में सत्यवती सुलेमान और सरस्वती अदुल्ला जैसे नाम अजीब नहीं लगते। वहाँ के नृत्य-नाट्य, कठपुतलियों और चर्म-पुतलों के नृत्य, और छाया-नाट्य में 'महाभारत' और 'रामकथा' की सशक्त उपस्थिति है। बाली के निवासी अपने-आपको हिंदू मानते हैं और उन्हें 'बाली हिंदू' कहा जाता है। इंडोनेशिया का इस्लाम हिंदुओं को भी एक ईश्वर का पूजक मानता है। उनकी 'भातारा त्रिपुरुषा' की अवधारणा में ब्रह्मा, विष्णु और शिव मिलकर एक ईश्वर हो जाते हैं। इस तरह हिंदू धर्म भी इस्लाम, ईसाई धर्म और बौद्ध धर्म के समकक्ष हो जाता है।

परंपरा की परिधि स्थितियों और संदर्भों के अनुसार फैलती और सिकुड़ती रहती है। बदलते परिवेश और नयी आवश्यकताओं के दबाव के कारण परंपराएँ अपना अनुकूलन करती हैं। छोटी और बड़ी, भिन्न किंतु समानांतर, एक स्रोत से उपजी परंतु अलग-अलग दिशाओं में बहने वाली भिन्न स्रोतों से उपजी किंतु ऐतिहासिक विकास की प्रक्रिया में एक दूसरे से जुड़ जानेवाली, सहयोगी और प्रतिस्पर्धी परंपराओं के अंतर्संबंध भी इन्हीं कारणों से प्रभावित होते हैं, बनते और बिगड़ते हैं। परंपरा और राजनीति का संबंध नया नहीं है। कभी परंपरा राजनीति पर हावी होती है, तो कभी राजनीति परंपरा पर। परंपरा के राजनीतिकरण के कारण उसकी स्वायत्तता प्रभावित हुई है। सत्ता को चरम साध्य मानने वाले समूह में परंपरा के नये आश्रयदादा उभरे हैं। मनचाही व्याख्याएँ थोपकर राजनीतिक कौशल से कई छल-योजनाओं द्वारा परंपरा की अभिव्यक्ति में हेर-फेर करते रहते हैं। इस समूह का उदय समसामयिक समाजनीति और राजनीति का कड़वा यथार्थ है। ये बहुरुपिए परंपरा के अंतर्विरोधों को बढ़ाते हैं, समस्याओं के समाधान और परिवेश से अनुकूलन की उनकी क्षमताओं को कुंठित करते हैं, और परंपराओं में पारस्परिक विद्वेष, प्रतिस्पर्धा, और संघर्ष को प्रश्रय देते हैं। इस हस्तक्षेप से परंपरा की परिधि गड़बड़ा जाती है और उसका तेवर आक्रामक हो जाता है।

आज का संसार विपरीत उद्देश्यों से प्रेरित होकर परस्पर विरोधी दिशाओं में जाता हुआ प्रतीत होता है। विज्ञान और प्रविधि की विस्मयकारी प्रगति, देशों का बढ़ता

आर्थिक-राजनीतिक अंतरावलंबन, और इलेक्ट्रॉनिकी द्वारा जनित जनसंचार क्रांति ने देशों की दूरियाँ कम की हैं और संस्कृति के कुछ पक्षों को एकरूपता दी है। क्या धीरे-धीरे एक विश्वसंस्कृति विकसित हो रही है ? इस प्रश्न का सकारात्मक उत्तर नहीं दिया जा सकता, क्योंकि साथ ही परंपरा का आग्रह भी बढ़ा है। सांस्कृतिक चेतना इतनी सजग शायद पहले कभी नहीं थी।

यह स्थिति तीन महत्वपूर्ण प्रश्न उपस्थित करती है :

(1) परंपरा के प्रति मोह क्यों बढ़ रहा है ?

(2) क्या यह बढ़ता आकर्षण किन्हीं व्यावहारिक समस्याओं और कठिनाइयों को जन्म दे रहा है ?

(3) क्या भविष्य के लिए ऐसी व्यवस्था संभव है, जिसमें परंपरा को क्षत-विक्षत किये बिना ही प्रगति संभव हो ?

परंपरा और उससे अनुप्राणित संस्कृति मानव के सामूहिक अस्तित्व का अविभाज्य अंग होती हैं। परंपरा से एकाएक कट जाना धुरीहीनता की भावना को जन्म देता है। व्यक्ति और उसके समुदाय को परंपरा से एक विशेष पहचान मिलती है। परंपरा पुराने जीर्ण-शीर्ण वस्त्र, जिन्हें उतार फेंका जा सकता है, नहीं होती। विचारधारा के प्रभाव या अन्य दबावों के कारण त्यागी हुई परंपराएँ पुनः अपने स्थान पर प्रतिष्ठापित की जाती हैं, ऐसे भी कई उदाहरण देखने में आये हैं।

विकास के संदर्भ में परंपरा के त्याग की आवश्यकता की बात मन में भय उत्पन्न करती है। विकास की प्रक्रिया को जब आवश्यक गति नहीं मिलती तब परंपरा--धर्म, सामाजिक संस्थाओं, मूल्यों--को असफलता के लिए उत्तरदायी माना जाता है और उन्हें बदल डालने के सुझाव दिये जाते हैं। इस तरह थोड़े-से संदिग्ध आर्थिक लाभ के लिए बहुत बड़ी कीमत माँगी जाती है। भविष्यवाणियाँ की गयीं कि जैसे-जैसे विकासशील समाज पश्चिम के वैकासिक प्रतिमानों को अपनायेंगे, उनकी सांस्कृतिक भिन्नताएँ घटती जायेंगी। ऐसी भविष्यवाणियों ने संशय और भय की स्थिति उत्पन्न कर दी। बहुत-से समाज अपनी अस्मिता की रक्षा के लिए अधिक जागरूक हो गये। विकास की प्रक्रिया की हर असफलता ने उन्हें परंपरा की याद दिलायी और उसकी ओर लौटने की प्रेरणा दी। परंपराओं के ह्रास की धमकियाँ विदेशों और देश के आधुनिकतावादियों की ओर से नहीं आतीं। समाज की अन्तःप्रक्रियाओं और प्रवृत्तियों में भी हम कई समूह खतरे के संकेत पाते हैं। क्या देश की सशक्त सांस्कृतिक धारा उन्हें आत्मसात् कर उनकी स्वतंत्र सांस्कृतिक आत्मछवि को विनष्ट कर देगी ? यह भय एकदम निराधार भी नहीं है। सशक्त समूहों की सांस्कृतिक अहम्मन्यता उनमें साम्राज्यवादी मनोवृत्ति जगाती है। रक्षात्मक प्रतिक्रिया में छोटे समूह आक्रामक ढंग से अपनी अस्मिता को बचाने में तत्पर हो जाते हैं। इस तरह एक सांस्कृतिक

संघर्ष जन्म लेता है, जो कभी कभी विकराल रूप भी धारण कर लेता है। ऐसी स्थिति में सांस्कृतिक स्वायत्तता का प्रश्न हिंसात्मक विद्रोह बन जाता है। परंपरा और संस्कृति की नयी व्याख्याएँ की जाती हैं, जो ऐतिहासिक अनुभव से सर्वथा भिन्न होती हैं। ये नवनिर्मित मिथक सांस्कृतिक असंतुलन के कारण बनते हैं।

परंपरा का राजनीतिकरण अनेक समस्याओं को जन्म देता है। यह प्रक्रिया 'हम' और 'वे' की दूरी बढ़ाती है, सहज सह-अस्तित्व में विसंगतियाँ उत्पन्न करती है, और अपसंस्कृतियों के उदय का कारण बनती है। कई सौ वर्षों के पड़ोसी कुछ ही वर्षों में बेगाने हो जाते हैं; जो कल तक एक-दूसरे के सुख-दुःख में सहभागी थे, वे कुछ ही दिनों में दुश्मन बन जाते हैं। अविवेकी इतिहास-दृष्टि, विकृत जातीय भावना और झूठी धर्मांधता हज़ारों वर्ष पुराने संतुलन को गड़बड़ा देते हैं। कई स्थितियों में सांस्कृतिक स्वायत्तता राजनीतिक स्वाधीनता का रूप नहीं ले सकती। सौ से कम जनसंख्या वाले पश्चिम बंगाल के टोटो या अंडमान के ओंगी सांस्कृतिक स्वायत्तता का उपयोग किस सीमा तक कर सकते हैं ? आठ-दस या बीस-तीस हजार की जनसंख्या भी राजनीतिक स्वायत्तता के लिए काफी नहीं है। मिली-जुली आबादी वाले इलाकों में स्वायत्तता-प्राप्त संस्कृतियों का परिसीमन कठिन है। बहुत छोटे-छोटे राज्यों के कुछ फायदे हैं, कुछ नुकसान। ऐसे राज्य विशेष स्थितियों में ही आर्थिक रूप से स्वावलंबी हो सकते हैं, जैसे खाड़ी के राज्य जिनकी तेल-संपदा उन्हें आने वाले कई दशकों तक समृद्धि देती रहेगी। वैसे राज्य अब स्वयं-पूर्ण इकाई के रूप में अपना महत्व खोता जा रहा है, वृहत्तर इकाइयों की खोज आरंभ हो गयी है। कुछ ही वर्षों में यूरोप एक नया रूप ले लेगाा। इसी तरह के प्रयत्न अन्य क्षेत्रों में भी हो रहे हैं। एसियान (दक्षिण-पूर्व एशिया संगठन) को आंशिक सफलता भी मिली है। अन्यत्र पूर्वाग्रह और दुराग्रह इतने सशक्त हैं कि वे सीमित उद्देश्यों के लिए भी एकीकरण के मार्ग में बाधक हैं।

समसामयिक विश्व की राजनीतिक-आर्थिक-सामाजिक व्यवस्था चरमरा रही है। लक्ष्यों और साधनों संबंधी अनिश्चय भविष्य पर प्रश्नचिह्न लगा रहे हैं। आशा की कुछ किरणें भी दिखायी पड़ रही हैं--वैकल्पिक व्यवस्था पर गंभीर चिंतन के रूप में। विश्व-व्यवस्था की पुनर्रचना आज की अनिवार्यता बन गयी है। सांस्कृतिक स्वायत्तता के क्षेत्रों का निर्धारण आवश्यक है; किंतु उनमें भी आत्मपरीक्षण की प्रवृत्ति जाग्रत् करना जरूरी है, जिससे वे बदलते परिवेश में अपना अनुकूलन कर सकें। राष्ट्रीयता के नये स्वरूप को शक्ति मिल सकती है, यदि वह सांस्कृतिक विविधता को स्वीकार करे और विविध इकाइयों के अंतरावलंबन को विकसित करे। राष्ट्र की मूल अवधारणा में परिवर्तन हो रहे हैं; उसकी आंतरिक संरचना में अधिक व्यापक बदलाव जरूरी हैं, साथ ही मानवीय समस्याओं के बदलते आयाम, राष्ट्रों के

संबंधों और अंतरावलंबन के नियमन के लिए एक नये ढाँचे की अपेक्षा करते हैं। परंपराओं का सम्मान आवश्यक है। किंतु क्या उनके पास आज की कई नयी चुनौतियों के उत्तर हैं ?

परंपरा से जातीय गरिमा और अस्मिता के प्रश्न जुड़े हैं। भावनात्मक धरातल पर यह इतना संवेदनशील विषय है कि विशेष स्थितियों में यह ऐतिहासिक लक्ष्यों और तर्कों को भी स्वीकार नहीं करता। सच तो यह है कि संसार में एकदम शुद्ध परंपरा कोई है ही नहीं, प्रत्येक परंपरा पर प्रत्यक्ष और अप्रत्यक्ष रूप से अनेक बाह्य परंपराओं के प्रभाव पड़ते हैं और आत्मसात् किये जाते हैं। परंपरा का स्वतंत्र आकार बनता है आंतरिक और बाह्य तत्वों के विशिष्ट संयोजन से। यह संयोजन भी आंतरिक और बाहरी दबावों से बदलता रहता है। मूल प्रश्न है कि परंपरा के वाहकों का बहुसंख्यक या सशक्त अंग उसे किस तरह परिभाषित करता है। इन परिभाषाओं से परंपरा की पुनर्रचना निरंतर होती रहती है और उसकी परिधि घटती-बढ़ती रहती है। कोई भी समाज पूरी तरह अपनी परंपरा को जीता नहीं है, वह उसके तत्वों का उपयोग संदर्भ-प्रतिमानों के रूप में करता है।

परंपरा की अवमानना संभव नहीं है, परंतु उसकी अतिरहस्यमयता का परीक्षण भी आवश्यक है--ऐतिहासिक तथ्यों की पृष्ठभूमि में और आज और आने वाले कल की अनिवार्यता के संदर्भ में। परंपरा का राजनीतिकरण उसकी ऊर्जा का उपयोग निर्माण के लिए नहीं, विनाश के लिए कर रहा है। यह प्रवृत्ति परंपरा की आत्मा के लिए घातक सिद्ध होगी।

[राष्ट्रीय मानव संग्रहालय व्याख्यानमाला,
इंडिया इंटरनेशनल सेंटर, नयी दिल्ली]

परंपरा : कुछ विचार, कुछ प्रश्न

समाज की जड़ें अतीत में होती हैं, वह वर्तमान में जीता है और भविष्य उसके लिए चिंता और प्रावधान का विषय होता है। परंपराएँ अतीत को वर्तमान और वर्तमान को भविष्य से जोड़ती हैं। उनके माध्यम से सामाजिक जीवन को निरंतरता मिलती है और उसका स्वरूप निर्धारित होता है। परंपराएँ हर समाज और उसके भिन्न समुदायों और समूहों की आत्म-छवि का अविभाज्य अंग होती हैं और जीवन के अनेक क्षेत्रों में उनका दिशा-निर्देश करती हैं। परंपराओं का मूल्य केवल प्रतीकात्मक नहीं होता, उनसे महत्वपूर्ण प्रकार्य जुड़े होते हैं--वे समाज के समाकलन में सहायक होती हैं और उसे आस्था का आधार देकर जीवन के लक्ष्य और मूल्य निर्धारित करती हैं। दुनिया में शायद ही कोई ऐसा समाज हो, जो पूरी तरह से अपनी परंपराओं से कटा हो।

परंपराएँ जब तेजी से विशृंखलित होती हैं तब समाज की जातीय अस्मिता का ह्रास होने लगता है और धीरे-धीरे स्थिति इतनी बिगड़ती है कि समाज अपने अस्तित्व की आहटें सुनने में असमर्थ हो जाता है। विज्ञान और प्रविधि की आँधियों ने कई समाजों को नयी गति और दिशा देकर उनके ढाँचे को ही बदल दिया, किंतु विवेक और विचार के क्षणों में ये समाज भी सोचते हैं कि उन्होंने क्या पाया और क्या खोया। जड़ों की तलाश उन्हें एक बार फिर परंपरा की ओर आकर्षित करती है। आधुनिकता का सम्मोहन समाज को पूरी तरह परंपरामुक्त नहीं करता। परंपरा का एक अंश उनमें जीवित रहता है और अपनी सांस्कृतिक अस्मिता को बचाये रखने के लिए वे प्रयत्नपूर्वक अपनी परंपरा के कुछ पक्षों को पुष्ट और सुदृढ़ करते हैं।

क्रांतिकारी समाज भी अपनी सांस्कृतिक धरोहर की रक्षा बड़े सजग भाव से करते हैं। सोवियत क्रांति ने बहुत कुछ बदला, पर लेनिन की सांस्कृतिक नीति ने प्रयत्न किया कि देश की विभिन्न संस्कृतियों की विशेषताएँ विनष्ट न हों। उनकी नीति ने संस्कृतियों के सह-अस्तित्व को संभव बनाया और परंपराओं की नयी मर्यादाएँ निर्धारित कीं। चीन ने अनिर्णय की स्थिति में कुछ वर्ष 'सांस्कृतिक क्रांति' का खतरनाक खेल अवश्य खेला, पर शीघ्र ही इस आंदोलन की शक्ति क्षीण हो गयी और परंपरा के कुछ अंग चीनी समाज में पुनः प्रतिष्ठित हो गये। दूसरे महायुद्ध

के बाद विश्व के विकासशील देशों ने नियोजित विकास और आधुनिकीकरण का रास्ता अपनाया, पर दो दशकों के भीतर ही परंपरा ने अपनी निहित शक्ति का प्रदर्शन कर अनेक जातीय (एथनिक) आंदोलनों को जन्म दे दिया। ये आंदोलन जंगल की आग की गति से संसार भर में फैल गये। उनके वेग और गति ने मानव-समाज के ढाँचे को हिला दिया। जातीय अस्मिता की स्वीकृति आज अस्तित्व की अनिवार्य शर्त बन गयी है। सामाजिक विचारकों और विश्लेषकों ने अब परंपरा और आधुनिकीकरण को दो विपरीत ध्रुवों के रूप में देखना छोड़ दिया है। एक की प्राप्ति के लिए दूसरे को नष्ट करना आवश्यक नहीं है। दोनों में पूरक समीकरण स्थापित किये जा सकते हैं और परंपरा की ऊर्जा नव-निर्माण में सहयोगी हो सकती है। जातीय सृजनात्मकता विकास का शक्तिशाली साधन है और परंपरा के ह्रास को भी क्षीण करता है।

परंपरा के प्रति अनुराग समसामयिक समाज की नयी खोज नहीं है। इतिहास उन अनेक प्रवृत्तियों का साक्षी है जो परंपरा से जुड़ी हैं और जिनका प्रसार-क्षेत्र विश्व-व्यापी है।

पहली प्रवृत्ति देशजीकरण की है जिसके अंतर्गत बाह्य सांस्कृतिक तत्वों, प्रथाओं और मूल्यों का उन्मूलन किया जाता है। प्रयत्न यह होता है कि इस प्रक्रिया से परंपरा अपने मूल रूप को प्राप्त कर ले। मानव-विज्ञान के विद्यार्थी इस प्रवृत्ति के एक अतिवादी रूप से भली भाँति परिचित हैं, जिसे अंग्रेजी में 'मिलेनेरिड्ज़्म' की संज्ञा दी गयी है और जिसे हम नव-भविष्यवाद कह सकते हैं। इस प्रवृत्ति की दो अपेक्षाएँ होती हैं--अदेशज तत्वों का विनाश और नये युगपुरुष--एक मसीहा--की प्रतीक्षा। यह युगपुरुष शुद्ध देशज व्यवस्था के अंतर्गत समाज के प्रत्येक सदस्य के लिए सुख और समृद्धि के द्वार खोल देगा। कावा काल्टस या कार्गो कल्टस के नाम से जाने जाने वाले आंदोलनों में, जिनके उदाहरण कई द्वीपों में बसने वाले समूहों में मिलते हैं, बाह्य तत्वों का व्यवस्थित ढंग से उन्मूलन किया गया और नये मसीहा के स्वागत की तैयारियाँ की गयीं। यह अलग बात है कि मसीहा नहीं आया। आंशिक देशजीकरण के प्रयत्न भिन्न युगों और समाजों में होते आये हैं और आज भी हो रहे हैं। पुनरुत्थानवाद की प्रवृत्ति इसी श्रेणी की है। इसमें प्रयत्न यह होता है कि परंपरागत मूल्य, व्यवहार, प्रकार और सामाजिक गठन के रूप पुनः प्रतिष्ठित किये जायें, जिससे समाज अपनी खोई हुई प्राचीन गरिमा फिर पा सके।

दूसरी विपरीत प्रवृत्ति--जीवनीकरण--के भी अनेक उदाहरण संसार के विभिन्न भागों से मिलते हैं। इसके अंतर्गत परंपरा को नयी जीवनी शक्ति देने के लिए बाह्य सांस्कृतिक तत्वों का स्वागत किया जाता है। परंपरा इन्हें आत्मसात् कर अपनी ऊर्जा बढ़ाने का प्रयत्न करती है। वैसे तो संसार के प्रत्येक समाज ने पर-सांस्कृतिक प्रभाव

थोड़ी या अधिक मात्रा में ग्रहण किये हैं, किंतु कुछ समाजों ने सजग रूप से प्रयत्नपूर्वक उन्हें अपनाने के प्रयत्न किये हैं। आधुनिक जापान इसका एक अच्छा उदाहरण है। चीन ने जो नया मोड़ पिछले दशक में लिया है, उसमें भी यह प्रवृत्ति लक्षित होती है। इस संदर्भ में यह स्मरण रखना आवश्यक है कि नये तत्वों का चुनाव समाज स्वयं करता है और उसकी परंपरा के अनेक पक्ष उस समय तक पूर्ववत् ही बने रहते हैं, जब तक नये तत्वों का रंग उन पर नहीं चढ़ता।

तीसरी प्रवृत्ति पुनर्व्याख्या की है। इसमें नये तत्वों को पुराने ढाँचे के संदर्भ में देखा जाता है और उन्हें न्यायसंगत ठहराया जाता है। या पुराने तत्वों को नये ढाँचे में परखकर उनके न्यायोचित होने का निर्णय किया जाता है। नाभिकीय विस्फोटों को ब्रह्म-अस्त्र अथवा अग्नि-अस्त्र के समकक्ष समझना या गोबर में डी. डी. टी. के गुण देखना इस प्रवृत्ति के उदाहरण हैं। इस प्रवृत्ति का प्रसार भी काफी व्यापक है।

चौथी प्रवृत्ति जातीय भावना के उदय की है। इसकी प्रेरणा प्रजाति भाषा, धर्म या संस्कृति या उनमें से किन्हीं दो या अधिक तत्वों के मिले-जुले योग से होती है। अंतर्निहित रूप में यह प्रवृत्ति आदिम काल से अपनी शक्ति जताती रही है, किंतु पिछले दो दशकों में इसका जबरदस्त राजनीतिकरण हुआ है, जिससे एक विस्फोटक स्थिति निर्मित हो गयी है। जातीय भावना की पृष्ठभूमि में परंपरा की भूमिका महत्वपूर्ण होती है।

अंतिम प्रवृत्ति मूल तत्वों की ओर वापसी की है। धार्मिक भावना ने इस प्रवृत्ति को बढ़ावा दिया है, पर इसमें भी परंपरा धर्म के साथ कदम मिलाकर चलती है। इस्लाम, ईसाइयत, बौद्ध धर्म और सिख धर्म में यह प्रवृत्ति शक्तिशाली ढंग से लक्षित हुई है। अपने-आपको सहनशील मानने वाले हिंदू धर्म में भी इसके लक्षण स्पष्ट दिखायी पड़ते हैं। परिणाम जो भी हो, आज के संदर्भ में इस प्रवृत्ति के नकारात्मक और सकारात्मक पक्षों को अनदेखा नहीं किया जा सकता।

स्पष्ट है कि अनेक समसामयिक विचार-प्रक्रियाएँ और सामाजिक क्रियाएँ परंपरा द्वारा पोषित और प्रभावित हैं। परंपरा को रूढ़ियों का व्यर्थ समुच्चय नहीं माना जा सकता। परंपरा पर पुनर्विचार आज के संदर्भ में आवश्यक हो गया है।

परंपरा की लोकव्यापी स्वीकृति के बाद भी इस अवधारणा की कोई सर्वसम्मत व्याख्या नहीं है। व्याख्या के प्रयत्न हमें अनेक प्रकार की उलझनों में डाल देते हैं।

परंपरा और संस्कृति पर्यायवाची शब्द नहीं हैं, हालाँकि सामान्य व्यवहार में दोनों का प्रयोग एक ही अर्थ को ध्वनित करने के लिए कर लिया जाता है। संस्कृति अधिक व्यापक अवधारणा है, परंपराएँ उसकी अपेक्षाकृत दीर्घजीवी धाराएँ और

उपधाराएँ होती हैं। परंपराएँ किसी भी संस्कृति की बुनावट के लिए आवश्यक हैं, किंतु केवल उनसे ही पूरी संस्कृति को नहीं समझा जा सकता।

परंपराएँ जातीय स्मृति का अंग होती हैं, किंतु उनका चुनाव समाज स्वयं जीवन के बदलते संदर्भों और तात्कालिक आवश्यकताओं को ध्यान में रखकर करता है। नयी व्याख्याएँ उनके आयाम बदल देती हैं। विशेष स्थितियों में जातीय विस्मृति भी आवश्यक हो जाती है। ऐसे भी उदाहरण हैं कि पुरानी परंपराएँ भुला दी गयी और उनके स्थान पर नयी परंपराएँ गढ़ी गयीं।

एकवचन परंपरा शब्द का प्रयोग भी भ्रामक है। छोटे-छोटे कबीलों में भी स्थान गोत्र और वंश के आधार पर परंपराओं में अंतर पाया जाता है। संश्लिष्ट और जटिल संरचना की संस्कृतियों में परंपराओं के भेद और भी महत्वपूर्ण होते हैं। स्थानीय, क्षेत्रीय और राष्ट्रीय संदर्भों में उनके रूप भिन्न होते हैं। उनमें निश्चित अंतर्संबंध होते हैं, पर प्रत्येक की अलग पहचान भी संभव होती है। जीवन के अनेक पक्षों और सृजनात्मक कलाओं में समानांतर परंपराएँ संभव हैं और बड़े समाजों में उनकी उपस्थिति अनिवार्य होती है। भारत के अधिकांश भाग में पितृ-सत्ता है, किंतु कई समूह ऐसे भी हैं जिनमें मातृ-सत्ता है। विवाह के भी अनेक स्वरूप और प्रकार हैं। थोड़े-से समूहों में बहुपतित्व स्वीकृत हैं, बहुतों में बहुपत्नीत्व। अंतर्विवाही और बहिर्विवाही समूहों के परिसीमन के आधार भी भिन्न हैं। दक्षिण भारत के कुछ समूहों में मामा और भांजी के विवाह का निषेध नहीं है, ऐसे विवाह पूरी तरह से समाज-स्वीकृत होते हैं। शेष भागों में ऐसे विवाह निषिद्ध हैं। साहित्य तथा रूपंकर और प्रदर्शनकारी कलाओं में भी एक से अधिक परंपराएँ होती हैं, जो प्रायः सह-अस्तित्व की आधारभूमि खोज लेती हैं। वैचारिक परंपराएँ जितनी अधिक होंगी, वैचारिक संस्कृति उतनी ही अधिक समृद्ध होगी।

परंपरा के संबंध में सबसे बड़ी भ्रांति उसे जड़ और अपरिवर्तनशील मानना है। परंपराएँ सामाजिक विकास या ह्रास से असंपृक्त नहीं होतीं और इन प्रक्रियाओं से उनके रूप में भी परिवर्तन होते हैं। भिन्न परंपराओं में पारस्परिक आदान-प्रदान होता है। नये संदर्भ उन्हें नये अर्थ देते हैं। परंपराएँ स्वयं ही समय-समय पर अपना मूल्यांकन कर अपनी दिशा बदलती हैं। परंपरा की इस आंतरिक गतिशीलता को स्वीकार किये बिना हम न उसके स्वरूप को समझ सकते हैं, न उसकी भूमिका को।

परंपरा न मिथक होती है, न इतिहास। दोनों के तत्व उसमें घुले-मिले होते हैं। अनुभवजन्य तथ्य भी उसके स्वरूप को प्रभावित करते हैं। उसका अति-मिथकीकरण तथा उसमें अति-रहस्यमयता का निवेश उसके रूप को विकृत करता है और उसकी सच्ची समझ में बाधक होता है।

परंपरा निःसंदेह सामाजिक ऊर्जा का एक सशक्त स्रोत है, किंतु व्यक्ति और समूह केवल उसके सहारे नहीं जी सकते। निर्णय की प्रक्रिया में वे अपने आंतरिक विवेक का सहारा भी लेते हैं और दूसरों के विचार-संप्रेषण से भी प्रभावित होते हैं। इस तरह सामाजिक प्रक्रियाएँ परंपरा-निर्देशित होती हैं, आंतरिक विवेक-निर्देशित और बाह्य-निर्देशित भी। भिन्न-भिन्न समाजों में इन निर्देशनों का अनुपात अलग हो सकता है, पर उनमें किसी एक प्रकार के निर्देशन का एकाधिकार नहीं होता। परंपरा के विकल्प थोड़ी या अधिक मात्रा में हर समाज में पाये जाते हैं।

परंपराएँ स्वनिर्णय से बदलती हैं। वे स्थितिजन्य समझौते भी करती हैं। शक्ति प्रयोग भी उन्हें बदल सकता है, किंतु इस स्थिति में उनमें तीव्र विपरीत प्रतिक्रिया भी संभव है। बाह्य दबाव से लाये गये परिवर्तन उन्हें आंतरिक रूप से स्वीकार नहीं होते। ऐसी स्थिति में परंपराएँ जातीय अस्मिता से जुड़ जाती हैं। परंपराओं की रक्षा का प्रश्न जातीय अस्मिता की रक्षा का प्रश्न बन जाता है।

परंपरा के महत्व को स्वीकारते हुए भी समय-समय पर, विशेषकर संक्रमण की स्थितियों में, उसका अरहस्यीकरण करना आवश्यक है। यह कोई नया और क्रांतिकारी विचार नहीं है, जाने-अनजाने सभी समाज ऐसा करते आये हैं। रोमिला थापर ने कहा है कि "इतिहासकारों को समय-समय पर रुककर स्थिति का जायजा लेना चाहिए...। उन्हें पूछना चाहिए कि वह, जिसे हम परंपरा के रूप में स्वीकार करते हैं, इस रूप में स्वीकारे जाने योग्य हैं भी या नहीं ...। विविधताओं वाला समाज जब अपने-आप के लिए एकरूप सांस्कृतिक परंपरा का निर्माण करता है तब इस प्रक्रिया में ऐतिहासिक तथ्यों की तोड़-मरोड़ हो सकती है। परंपराएँ स्वयं निर्मित नहीं होतीं, सचेत रूप से उनका चुनाव किया जाता है। अतीत के विपुल खजाने से हम वही चुनते हैं जो हमारी वर्तमान आवश्यकताओं के अनुकूल होता है ...। (कुरेशी स्मारक भाषण से वाक्यांश का स्वतंत्र अनुवाद) सहज विवेक और सच्ची इतिहास-दृष्टि का आग्रह है कि सामाजिक मोड़ की स्थितियों में परंपरा का मूल्यांकन किया जाये और समय की माँग के अनुकूल उनमें परिवर्तन की दिशा निर्धारित की जाये। परंपरा की जड़ता उसे अनुपयुक्त बनाती है और समाज की स्वाभाविक गतिशीलता को मंद करती है। उसकी अंध, विवेकहीन भक्ति एक साधन के रूप में उसकी शक्ति को सीमित और क्षीण करती है। जरूरी है कि परंपरा साधन ही बनी रहे, पूजा की वस्तु न बने। मानव समाज अपने आप को परंपरा की रक्षा के लिए समर्पित नहीं कर सकता।

व्याख्या की उलझनों और जीवन की माँगों को ध्यान में रखकर हम भारतीय परंपरा का ऐसा विवेकसम्मत प्रतिरूप कैसे विकसित करें जो इतिहास-दृष्टि को स्वीकृत हो और सामाजिक गतिरोध का कारण न बने ?

भारतीय परंपरा को वेद, पुराण और शास्त्रों से जोड़ने की प्रवृत्ति सशक्त रही है और हम आज भी उसके सम्मोहन से मुक्त नहीं हो सके हैं। इन महान ग्रंथों को हम मानव-सभ्यता की उल्लेखनीय उपलब्धियाँ मानते हैं, जो वे निःसंदेह हैं। उनके संबंध में प्रश्न दूसरा है। क्या वे अपने समय का भी सही चित्रण करते हैं ? वे आदर्श समाज को प्रक्षेपित करते हैं या जीवित समाज का वर्णन करते हैं ? क्या पूरा भारतीय समाज उनमें सिमट आया है ? या, उनमें चित्रित परंपरा के अतिरिक्त अन्य स्वतंत्र परंपराएँ भी इस देश में थीं--जनजातीय, व्रात्य और क्षेत्रीय ? धर्म और दर्शन से न जुड़ी हुई धर्मनिरपेक्ष परंपराएँ क्या इस देश में विकसित ही नहीं हुईं ? और अंत में क्या यह परंपरा भारतीय समाज के उद्विकास की ऐतिहासिक प्रक्रिया के साथ न्याय करती है ?

ये प्रश्न असुविधाजनक हैं, क्योंकि वे शताब्दियों द्वारा पोषित मान्यताओं का खंडन करते हैं। इन ग्रंथों में अपने समय का भी सही अंकन नहीं है। उनमें आर्य-पूर्व संस्कृतियों की उपलब्धियों का आकलन तो क्या, उल्लेख भी नहीं है। इस देश में जो विराट परंपरा विकसित हुई, उसने इन संस्कृतियों से भी बहुत कुछ लिया था। जनजातीय और क्षेत्रीय परंपराएँ इस देश में सदा सशक्त रही हैं; उनकी अलग पहचान थी और आज भी है। भारतीय संस्कृति और परंपरा की संरचना में उनका योगदान भी उल्लेखनीय रहा है। व्रात्य संस्कृतियों में अपनी गत्यात्मकता थी और उनका योगदान भारतीय परंपरा के विकास में अत्यंत महत्वपूर्ण रहा है। इन धर्मग्रंथों में आदर्श समाज का प्रतिरूप था, पर उनमें समकालीन परिदृश्य और देश की सांस्कृतिक विविधता नहीं उभरी है। अन्य स्वतंत्र परंपराएँ भी देश में थीं और उनमें हुए आदान-प्रदान और उनके अंतर्संबंधों ने भारतीय समाज और संस्कृति को उनका वास्तविक रूप दिया है। धर्मनिरपेक्ष परंपराएँ वैचारिक संस्कृति, चिकित्सा, इंजीनियरी आदि क्षेत्रों में विकसित होती रही हैं और विराट भारतीय परंपरा के विकास में उनकी भूमिका उल्लेखनीय रही है। भारतीय समाज के विकास की प्रक्रिया कभी रुकी नहीं और अपने उद्विकास के हर चरण में समय की चुनौतियों के प्रति उसकी अनुक्रिया प्रायः रचनात्मक रही। वह धर्मग्रंथों की परंपरा द्वारा निर्धारित लीक से हटा भी। परंपरा का सम्मान उसमें था, किंतु संशय, विरोध और विद्रोह की परंपराएँ भी विकसित होती रहीं, जिनसे भारतीय समाज को नयी दिशा और गति मिली। शुद्ध रक्त आर्यों की केंद्रीय भूमिका को बार-बार दोहराना दुराग्रह है। भारतीय समाज के विकास ने गर्वीले आर्यों के अराध्य देवताओं को पदच्युत कर उन्हें दिशापाल बना दिया। प्राचीन मनीषियों ने चिरंतन की खोज अवश्य की, किंतु अस्तित्व से जुड़े प्रश्नों ने नये मूल्यों और सामाजिक प्रकार्यों की खोज को भी समर्थित और पुरस्कृत किया। धर्मग्रंथों में परंपरा की खोज एक अत्यंत जटिल प्रक्रिया का अतिसरलीकृत और एकांगी

निरूपण है।

भारतीय परंपरा की सही समझ के लिए हमें भ्रमों का चक्रव्यूह तोड़ना होगा। हमारे वैचारिक क्षितिजों पर जो मोहक इंद्रजाल छा गये हैं, उनसे मुक्ति के लिए ऐतिहासिक विवेक के आलोक में नयी दृष्टि विकसित करनी होगी। पुराने मिथकों के साथ जो नये मिथक हमने विकसित किये हैं और करते जा रहे हैं, उनसे जूझना जरूरी है, क्योंकि वे छोटे-छोटे तात्कालिक लाभ भले ही दें, दीर्घकालीन परिप्रेक्ष्य में उनसे परंपरा की ऊर्जा का स्खलन होता है और हमारे सोच में विकृतियाँ आती हैं। काम कष्टसाध्य है, पर राष्ट्रीय अस्तित्व के लिए वह बहुत जरूरी है।

राबर्ट रेडफील्ड और मिल्टन सिंगर ने 'महान' और 'लघु' परंपराओं की अवधारणाएँ विकसित की हैं और उनके अंतर्संबंधों के आधार पर भारत की जटिल सांस्कृतिक प्रक्रियाओं को समझने के प्रयत्नों को प्रोत्साहित किया है। दार्शनिक चिंतन के आधार पर प्राचीन भारत के मनीषियों ने मूल्यों और आदर्श समाज-व्यवस्था की जो परिकल्पना विकसित की, वही महान परंपरा का आधार है। इसके प्रतिमानों को साक्षर समाज के एक बड़े भाग ने आंशिक रूप से अपनाया। समकालीन संप्रेषण के साधनों ने इनका प्रसार किया और उसके कुछ अंश क्षेत्रीय और स्थानीय संस्कृतियों ने भी आत्मसात् किये। जीवन-दर्शन, मूल्यों और सामाजिक व्यवस्था में, इस तरह, कुछ एकरूपता आयी, किंतु इससे जातीय, स्थानीय और क्षेत्रीय संस्कृतियाँ अभिभूत नहीं हुईं, उन्होंने अपनी अस्मिता की रक्षा की और अपने विशेषतासूचक चिह्नों को बचाये रखा। लोकाचार और लौकिक परंपराएँ बलवती सिद्ध हुईं। उनके--लघु परंपराओं के--अनेक तत्व महान परंपरा में प्रतिष्ठित हुए। जो परंपरा विकसित हुई, उसमें दोनों के तत्व थे। महान परंपरा मूलतः आदर्श प्रतिमानों का प्रतिरूप रही, लघु परंपराएँ व्यवहारजन्य प्रमाणित हुईं। आज भी हमारी परंपराएँ मूलतः जातीय, स्थानीय और क्षेत्रीय है, किंतु उनमें महान शास्त्रीय परंपरा के अनेक तत्व घुलमिल गये हैं। इस संबंध में मेक्किम मेरियट की लोकव्यापीकरण और स्थानिकीकरण की अवधारणाओं का उल्लेख भी आवश्यक है। स्थानिक--जातीय, स्थानीय, क्षेत्रीय--परंपरा के अनेक तत्व महान परंपरा का अंग बने और नये सिरे से उनका लोकव्यापीकरण हुआ। एक विपरीत प्रक्रिया भी निरंतर चल रही थी। महान परंपरा के अनेक अंशों को लोक-परंपरा ने अपने ढाँचे में ढाल लिया, उनमें स्थानिकता का रंग चढ़ गया। इन अवधारणाओं की भी अपनी सीमाएँ हैं। क्या भारत में एक ही महान परंपरा थी ? जैन, बौद्ध, इस्लाम, ईसाइयत की परंपराएँ इस श्रेणी में नहीं आतीं ? स्वतंत्र अस्मिता वाली परंपराएँ क्या नगण्य हैं ? क्या महान परंपरा का परिमार्जन नहीं हुआ ? क्या उसका रूप तो वही रहा, पर उसके निहित अर्थ नहीं बदले ?

कुछ वर्ष पहले मैंने इस प्रक्रिया पर विचार कर भारतीय परंपरा की मुख्य धाराओं पर अपने आरंभिक निष्कर्ष प्रस्तुत किये थे। पहली धारा शास्त्रीय परंपरा की है। इसमें भारत की सभी मुख्य धार्मिक परंपराएँ आती हैं। यह जीवित परंपरा भले ही न हो और उसकी अभिव्यक्ति में एकरूपता न हो, किंतु उसका दृश्य और अदृश्य प्रभाव व्यापक है। दो अन्य धाराएँ--स्थानीय और क्षेत्रीय--व्यवहार के आधार पर महत्वपूर्ण हैं। इनकी अलग पहचान है, पृथक् अस्तित्व है। इनके साथ तीन और धाराओं की मान्यता आवश्यक है। पहली धारा है राष्ट्रवाद के उद्रेक में परंपरा की ओर लौटने और पुनरुत्थान की। इसमें अनेक असंगतियाँ और विकृतियाँ भले ही हों, परं धारा शक्तिशाली थी और है। दूसरी धारा है पाश्चात्यीकरण और अब आधुनिकीकरण की। तीसरी धारा है एक नयी राष्ट्रीय परंपरा के विकास की। इस विश्लेषण की अपनी सीमाएँ हो सकती हैं, किंतु इन सभी धाराओं को उनके अंतर्संबंधी आधार पर समझे बिना भारतीय परंपरा को नहीं समझा जा सकता।

अंत में हम परंपरा से जुड़े कुछ ऐसे बिंदुओं पर विचार करेंगे, जिनका सैद्धांतिक और व्यावहारिक दोनों दृष्टियों से महत्व है।

परंपरा का मूलरूप हम किसे मानें ? पहली दृष्टि में यह प्रश्न अर्थहीन प्रतीत होता है, क्योंकि कोई भी परंपरा टकसाल से ढलकर नहीं आती, बनी-बनायी नहीं मिलती, उसका क्रमिक विकास होता है। बात यहाँ नहीं रुकती। वर्तमान की अनिश्चितताओं और क्लेश से त्रस्त होकर इतिहास के स्वर्णिम युग में लौटने की माँग उठायी जाती है। इन स्वर्णिम युगों का विश्लेषण हमें बताता है कि उनकी विसंगतियों और नयी चुनौतियों का सामना कर सकने में उनकी अक्षमता के कारण ही उनका ह्रास हुआ। उनकी उपलब्धियाँ कितनी ही महान रही हों, वे नयी समस्याओं के नये समाधान खोजने में असमर्थ थे। क्या उस युग की संस्कृति में आज के प्रश्नों के उत्तर हैं ? इतिहास की धारा को प्रत्यावर्तित करना असंभव है। नयी माँग है जड़ों की ओर लौटने की। नये धार्मिक आंदोलनों का शुद्धतावादी रूप मूलतत्वों की ओर वापसी का आग्रह करता है। मूल रूप हम किसे मानें ? प्रस्तर युग की संस्कृति को ? बाद की आरण्यक संस्कृति को ? आरंभिक कृषि संस्कृति को ? या उसके कुछ अधिक विकसित पर औद्योगिक क्रांति के पहले की स्थिति को ? इन प्रश्नों का कोई समाधानकारक उत्तर खोज सकना कठिन है। ईसाई कहते हैं, 'हम जीसस क्राइस्ट के रहें।' उसी युग में, उसी समाज में ? कैसा व्यवहार किया था उस समाज ने जीसस के साथ ? क्या हज़रत मोहम्मद और उनके समकालीन समाज की जीवनशैली पुनः अपनायी जा सकती है ? पेट्रो डालर संस्कृति के उदय के बाद तो अरब देशों में भी यह संभव नहीं हो रहा है। और हिंदू किस युग में, किस संस्कृति में लौटें ? हिंदू राष्ट्रवादियों के पास भी इस प्रश्न का कोई संतोषजनक उत्तर नहीं है। लक्षणात्मक

रूप में ये माँगें मोहक लगती हैं, किंतु उनका व्यावहारिक पक्ष उनके संभव हो सकने पर अनेक प्रश्नचिह्न लगाता है।

क्या परंपरा ऐतिहासिक सत्यों पर आधारित है ? और क्या समसामयिक जीवन को उसके उदाहरणों के अनुसार ढाला जा सकता है ? इस बिंदु पर हम पहले भी विचार कर चुके हैं। परंपरा में मिथक भी हैं, ऐतिहासिक तथ्य भी। मिथक सामाजिक तथ्य हैं, ऐतिहासिक तथ्य नहीं। उनकी उपस्थिति औचित्य-स्थापन की प्रक्रिया को उलझन भरी बना देती है। मिथकों की रहस्यमयता उनका आकर्षण है और उनकी कमजोरी भी। मिथक संसार का तर्क सामान्य संसार पर लागू नहीं होता। क्या इंद्र का चरित्र आज के संदर्भ में अनुकरणीय माना जायेगा ? उनकी पदावनति क्यों हुई ? प्राचीन ऋषि-मुनियों का ईर्षा-द्वेष और सम्मान के लिए उनकी प्रतिस्पर्धा मानव समाज के लिए आदर्श उपस्थित करती है ? बाली के वध का औचित्य क्या आज के तर्क को मान्य होगा ? राम की सेना के महाबली योद्धाओं ने अपनी अपूर्व शक्ति किन जनकों से पायी थी ? मिथक के तर्क ने स्थिति को स्वीकार किया, किंतु आज के समाज में उसकी पुनरावृत्ति खलबली मचा देगी। कर्ण के साथ मिथक ने भी अन्याय क्यों किया ?।मिथक-परंपरा इतनी विशाल है और उसमें इतने परस्पर-विरोधी तत्व हैं कि उनमें से अनुकरण के उदाहरण चुनना हर कृत्य-कुकृत्य को जायज बना देगा।

तीसरा विचारणीय बिंदु है : क्या सभी परंपराओं को स्वीकार करना आवश्यक है ? उत्तर स्पष्ट है। न कभी ऐसा हुआ है, न होगा। परंपरा कोई दैवी निर्माण नहीं है, अपनी आवश्यकताओं के अनुकूल तत्वों का चुनाव कर समाज उन्हें आकार देता है। यह मानवनिर्मित परंपरा भी निरंतर नयी आवश्यकताओं द्वारा अनुकूलित होती रहती है। आज का एकलव्य और समाज उस व्यवहार को सहन नहीं करेगा जो मौलिक एकलव्य को सहना पड़ा। नये संदर्भ में अस्पृश्यता अमानवीय है। नारी को न पूजा की ज़रूरत है, न ताड़ना की। वह सिर्फ समता चाहती है। असहमति, विद्रोह और सुधार की परंपराओं ने न्याय की माँग उठायी। वे आंशिक रूप से सफल भी हुईं। परंपरा को बदलना स्वयं एक महत्वपूर्ण परंपरा है।

क्या परंपरा में नयी चुनौतियों को स्वीकार करने की क्षमता है ? इस प्रश्न का उत्तर 'हाँ' या 'न' में नहीं दिया जा सकता। यदि परंपरा को हम लीक पर चलना मानते हैं, तो उत्तर है--'नहीं'। यदि हम परंपरा की गत्यात्मकता को स्वीकार करते हैं, तो अनेक संभावनाओं के द्वार खुल जाते हैं। परंपरा ने चुनौतियों का मुकाबला किया है। गांधीजी ने परंपरा को नया मोड़ दिया, यद्यपि वे उसके विरोधी नहीं थे। नये अध्ययन बताते हैं कि परंपरा की ऊर्जा का उपयोग आधुनिकीकरण के लिए किया जा सकता है। जातीय सृजनशीलता विकास की प्रक्रिया को गति दे सकती है और अवरोधकों को दूर करने में सहायक हो सकती है।

एक अंतिम बिंदु और। क्या परंपराओं का सहअस्तित्व संभव है ? परंपराओं में सहयोग भी हुआ है, संघर्ष भी। सहअस्तित्व के समीकरण स्थापित हुए, टूटे और पुनः स्थापित हुए। एक परंपरा का अहंकार दूसरी परंपराओं में प्रतिशोध की भावना को जन्म देता है। सहयोगी दृष्टिकोण उनमें भ्रातृत्व स्थापित करता है और पारस्परिक आदान-प्रदान को भी संभव बनाता है। उद्दंड दृष्टिकोणों ने अनगिनत संघर्षों को जन्म दिया है। परंपरा का राजनीतिकरण आज की विश्व-व्यवस्था की अस्थिरता का कारण है। परंपरा का सहअस्तित्व संभव है, पर इसके लिए हमें अपनी मानसिकता बदलनी होगी।

राजनीतिक स्वतंत्रता, आर्थिक विकास और सामाजिक समता के आदर्शों में अब सांस्कृतिक स्वायत्तता का लक्ष्य भी जुड़ गया है। परंपरा की उपेक्षा नहीं की जा सकती। उसे दबाया भी नहीं जा सकता। सांस्कृतिक विविधता स्वाभाविक है, किसी रोग का लक्षण नहीं। वह यदि बढ़ती है तो बढ़े। अंकुश लगाना है सांस्कृतिक अंहकार और असहिष्णुता पर। साथ ही समूची मानव जाति के विकराल प्रश्नों को हल करने के सहयोगी और सहभागी प्रयत्न भी आवश्यक हैं। यह महान लक्ष्य परंपरा की ऊर्जा और जातीय सृजनात्मकता के उपयोग के बिना प्राप्त नहीं होगा। विवेकसम्मत इतिहास-दृष्टि का विकास परंपरा की विकृतियों को दूर करने में सहायक होगा और उनके सहअस्तित्व को भी संभव बनायेगा।

[पंडित कुंजीलाल दुबे स्मारक भाषण,
रानी दुर्गावती विश्वविद्यालय, जबलपुर]

भारतीयता की तलाश

[आचार्य द्विवेदीजी की स्मृति में श्रद्धा के कुछ फूल चढ़ाने का आपने मुझे मौका दिया, मैं कृतज्ञ हूँ । वैसे मेरा खयाल है कि ऋषि--ऋण कभी पूरी तरह चुकाया नहीं जा सकता, और मैं आचार्यजी से पायी प्रत्यक्ष और अप्रत्यक्ष प्रेरणा और प्रोत्साहन से उऋण होने का अनुष्ठानिक प्रयास नहीं करूँगा । द्विवेदीजी जैसे विराट पुरुष को कर्मकांडी कृतज्ञता-ज्ञापन से बचाये रखना ही अच्छा है ।

द्विवेदीजी से प्रथम संपर्क मेरे साहित्यिक और वैचारिक जीवन की एक सुखद घटना थी । बात 1940-41 की है । 'विशाल भारत' और 'हंस' में पाँच-सात लेख छपने के बाद मैं छोटा-मोटा लेखक बन गया था । लेख अधिकांशतः लोकसाहित्य और जनजातियों पर थे, जिनमें संकलन और विवरण अधिक था, विश्लेषण कम । इसी समय एक अप्रत्याशित पत्र मुझे मिला, द्विवेदी जी का । पत्र में कुछ उदार प्रशंसा थी और थे अध्ययन और अनुशीलन- संबंधी कुछ अनमोल दिशा-संकेत । मेरे युवा मन को प्रशंसा अच्छी लगी, उस समय मैं प्रायः बीस वर्ष का था । इस प्रशंसा से कहीं मैं अधिक महत्वपूर्ण था उनका दिशा-निर्देश -- शास्त्रीय और लोक-परंपराओं के अंतरावलंबन को समझो । नृतत्व और समाजविज्ञान के क्षेत्र में चार दशक से कुछ अधिक के अपने काम में उनके आदेश की अनुगूँज सदा मेरी प्रेरणा रही है ।

औपचारिक रूप से मैं कभी आचार्यजी का विद्यार्थी नहीं रहा, पर एकलव्य की भाँति उनसे सीखा बहुत कुछ है । उनके लेखन ने मुझे कबीर से परिचित कराया । कबीर के रहस्यवादी पक्ष ने मुझे कभी प्रभावित नहीं किया, किंतु उनके जिस पक्ष में व्यापक और उत्कट सामाजिक चेतना की अभिव्यक्ति हुई है, उसने मेरे मानस को झकझोर दिया । मुझे प्रेरणा मिली कि संत-साहित्य को समाजशास्त्रीय दृष्टि से परखूँ । भारतीय समाज-व्यवस्था ने असहमति, विरोध और विद्रोह की परंपराओं को प्रश्रय देकर अपनी विसंगतियों को दूर करने के उल्लेखनीय प्रयास किये हैं और इनके माध्यम से अपनी निरंतरता को बनाये रखा है । नामवरजी ने जिस दूसरी परंपरा की खोज की बात की है, उसे मैंने भी पंडितजी के लेखन में पाया है । उनके विचारों के आधार पर कई मौलिक और भारत की धरती से जुड़ी समाजवैज्ञानिक स्थापनाएँ की जा सकती हैं । पुनश्च के तौर पर यह भी कह दूँ कि सागर में जब एक बार द्विवेदीजी से अपने गुरु-शिष्य संबंध का उल्लेख कर मैंने पूछा था कि क्या मुझे भी वही गुरु-दक्षिणा देनी पड़ेगी जो एकलव्य को देनी पड़ी थी, तो उनका उत्तर था एक निश्छल अट्टहास । मैं आश्वस्त हो गया ।

सागर से जुड़ी यादों में अविस्मरणीय हैं उन शामों की स्मृतियाँ जो आचार्य जी के साथ वहाँ बितायीं । मैं आचार्य विनयमोहन शर्मा का विद्यार्थी रह चुका हूँ, और हजारीप्रसादजी को शिक्षक-तुल्य मानता था । जब शिरीष और मालती के विवाह से दोनों आचार्यों के परिवार जुड़ गये, तो लाभ हुआ सागरवासियों को । शिरीष तब सागर विश्वविद्यालय में अध्यापक थे और मालती उनके साथ थीं । इन दोनों की वहाँ उपस्थिति ने आचार्यजी को सागर बुला सकना कुछ आसान कर दिया था । फायदा होता था मेरी तरह के जिज्ञासुओं

का जो उनके ज्ञान के अथाह भंडार से कुछ बहुमूल्य रत्न-कण पाना चाहते थे । शायद मुझ पर उनकी विशेष कृपा थी, इसीलिए वे मेरे घर भी आ जाया करते थे और मुझे अपना उपयोग भारतीय परंपराओं के विश्वकोश के रूप में करने देते थे । उनमें सच्ची इतिहास-दृष्टि थी और वे परंपराओं के पारस्परिक आदान-प्रदान को बड़ी सहज और रोचक शैली में समझाया करते थे । यों तो वे शास्त्रीय परंपरा के प्रतिनिधि थे, पर दूसरी परंपरा भी उनसे सशक्त अभिव्यक्ति पाती थी ।

यादें मुझे बहका रही हैं । संस्मरण प्रकरण छोड़कर मुझे अब आज के विषय पर आ जाना चाहिए ।]

I

साम्राज्यवाद और उपनिवेशवाद से पीड़ित जगत् ने, दूसरे महायुद्ध के बाद, बीसवीं सदी के पाँचवें दशक के मध्य से राष्ट्रीय स्वाधीनता पाना शुरू किया। पाँचवें और छठे दशक का मुहावरा मूलतः स्वतंत्रता का था । सातवें और आठवें दशक में मानवीय चेतना ने एक नया मोड़ लिया और स्वतंत्रता की परिभाषा में समता की माँग अविभाज्य रूप से जुड़ गयीं । समता का एक आयाम सांस्कृतिक था, आर्थिक समता के साथ सांस्कृतिक स्वायत्तता भी जरूरी मानी जाने लगी ।

संस्कृति पर नये सिरे से विचार आरंभ हुआ । इस विचार-प्रक्रिया का एक भाग थी परंपरागत और रूढ़ सांस्कृतिक आत्म-छवि, जो अपने चारों ओर लगे प्रश्नचिह्नों के बावजूद पराजय नहीं मानती थी ।

दूसरा भाग थी वह आत्म-छवि जिसे राष्ट्रीय आंदोलन ने प्रयत्नपूर्वक उभारा था । इन प्रयत्नों ने परंपरा के स्रोतों का उपयोग तो किया ही था, पर साथ ही कई नये तत्वों को भी उसमें जोड़ा था । इस प्रक्रिया में कई नये मिथ भी विकसित हुए । स्वाधीनता की लड़ाई के जमाने में इस राष्ट्रीय आत्मछवि की भूमिका उपयोगी और महत्वपूर्ण थी, किंतु बदलते परिवेश में वह पूरा संतोष नहीं दे पा रही थी । धीरे-धीरे उसके कुछ पक्ष धूमिल होने लगे थे और हम स्वयं नये मिथकों को शंका की दृष्टि से देखने लगे थे ।

रूढ़ और राष्ट्रीय आत्मछवियों को एक तेज झटका उस समय लगा जब इतिहास-दृष्टि ने अपना लक्ष्य बदला और नये तथ्यों और वैज्ञानिक विवेक के सहारे अपने अनुसंधान की दिशा बदली । व्यक्तित्व, सत्ता, स्मरणीय घटनाओं और कालानुक्रम इतिहास की मुख्य विषय-वस्तु न रहे, जन-चेतना और उसकी अभिव्यक्ति के स्वरूपों को जन-इतिहास या सामाजिक इतिहास की समझ के लिए अनिवार्य मान लिया गया । इस तरह समाज के उपेक्षित और तिरस्कृत वर्ग और समूह इतिहास के पृष्ठों में प्रतिष्ठित होने लगे ।

तीसरी दुनिया के समाजों में ऐसे वर्गों और समूहों ने अपने-आपको

एक नया इतिहास देने का प्रयत्न किया। इन प्रयोगों में परंपरा से कुछ समझौता किया गया, कुछ उसका पुनर्मूल्यांकन किया गया और उसमें कुछ नये मिथक जोड़े गये। निश्चित ही यह सच्चा इतिहास नहीं था, परंतु बदलती मानसिकता का यह पक्ष जन-इतिहास के लिए महत्वपूर्ण कच्ची सामग्री अवश्य था। सामाजिक सत्य का वास्तविक सत्य होना जरूरी नहीं है।

इतिहास-दृष्टि में बदलाव के साथ सांस्कृतिक चेतना का स्वरूप भी बदलने लगा। छोटी सांस्कृतिक इकाइयाँ बदलते सदर्भों में नयी जागृति का आभास देने लगीं। उनमें आत्मविश्वास जागा और इससे नयी सांस्कृतिक माँगों ने जन्म लिया। वैसे भी सहज विवेक और विशेष कर उभरते वैज्ञानिक विवेक ने कई स्थापित मूर्तियों को खंडित और प्रचलित मिथकों को विशृंखलित कर दिया था। इससे आरंभ हुई जड़ों की खोज, बुनियाद की तलाश। अमरीकी नीग्रो अब अपने इतिहास का आरंभ दासता के काल से नहीं मानते, वे अपने पुराने महाद्वीप के पूर्वजों से पुनः संबंध स्थापित करना चाहते हैं। मध्य और दक्षिण अमरीका के इंडियन अपने उस अतीत के प्रति सजग हैं, जिसमें सहस्रों वर्ष पूर्व इंका, माया और एजटक लोगों ने गौरवपूर्ण सभ्यताओं का विकास किया था। इंडोनेशिया का एक सबल बौद्धिक वर्ग इस्लाम को अपना धर्म मानते हुए भी प्रंबनन की हिंदू और बोरोबुदुर की बौद्ध-परंपराओं से अपने संबंधों को समझना चाहता है! दूर क्यों जायें, धार्मिक और राजनीतिक मुल्लों के प्रभुत्व वाले पाकिस्तान में कृष्ण की मुरली, गोपियों के रास और गंगा की पावन धारा का सम्मोहन जागता दिखायी पड़ता है। वहाँ के कुछ बुद्धिजीवी फर्जी अरब न बनकर उपमहाद्वीप की प्राचीन सभ्यता में अपने स्थान को समझना चाहते हैं। उदाहरण और भी बहुत-से दिये जा सकते हैं। कुछ साल पहले एक समाजशास्त्री ने उन आंदोलनों की गणना की थी जो सांस्कृतिक स्वायत्तता के प्रश्न से जुड़े थे और जिनकी वैचारिक भावभूमि में प्रत्यक्ष-अप्रत्यक्ष रूप से जड़ों की तलाश थी। उस समय इन आंदोलनों की संख्या तीन सौ सत्तर से अधिक थी।

जड़ों की खोज एक बुनियादी मुद्दा है। इसके पीछे जातीय स्मृतियों का आग्रह है और है नये इतिहास-बोध की माँग। पर सीधे-सच्चे सवालों के हमेशा सीधे और सच्चे उत्तर नहीं दिये जाते। इतिहास पर सदा ही सत्ता और न्यस्त हितों के दबाव रहे हैं और अनेक स्थितियों में वह न केवल झुका है, अपितु वह स्वेच्छा से ऐसे प्रयत्नों में सहभागी भी बना है। इस प्रक्रिया में अनेक विकृतियाँ आयी हैं जिनसे ऐतिहासिक सोच और समझ में विसंगतियाँ उत्पन्न हुई हैं। जड़ों की तलाश को हमें दिशाभ्रम से बचाना है, उसे लक्ष्य-भ्रष्ट नहीं होने देना है।

ऐसा करने के लिए तीन बातें जरूरी हैं । पहली यह कि हम इतिहास को उसकी समग्रता में देखें और तथ्यों के सहारे जितने पीछे जा सकते हैं उतने पीछे जाने का यत्न करें । ईरान का इतिहास इस्लाम, विशेष कर उसके शिया सम्प्रदाय, के जन्म से आरंभ नहीं हुआ और न भारतीय सभ्यता आर्य भाषा-भाषी कबीलों के आने से आरंभ हुई । दूसरे, असुविधाजनक सत्यों से मुँह नहीं मोड़ा जा सकता । इस्लाम के जोश में यदि मलेशिया अपनी पुरानी हिंदू विरासत को भुलाने की कोशिश करता है तो वह ऐतिहासिक दृष्टि से समृद्ध होता है या दरिद्र ? क्या वे भी इंडोनेशिया की तरह धर्म और संस्कृति को अलग नहीं कर सकते ? तीसरे, जातीय स्मृतियों के साथ कई बार जातीय दुराग्रह भी जुड़ जाते हैं । ऐसे संदर्भों में संघर्ष की स्थितियाँ याद रही आती हैं, प्यार और अंतरावलंबन के प्रसंग भुला दिये जाते हैं । बुनियाद की तलाश करते समय इन दुराग्रहों का निराकरण आवश्यक है । प्रजातीय, धार्मिक और सामुदायिक उन्माद सच्ची इतिहास-दृष्टि के दुश्मन हैं । उनसे बचे बिना हम न जड़ों तक पहुँच सकते और न समसामयिक यथार्थ से साक्षात्कार कर सकते हैं ।

II

हर संस्कृति समूह, समुदाय और राष्ट्र की अपनी अलग छवि होती है । इसके दो मुख्य पक्ष होते हैं--एक वह जिसे इकाई स्वयं अपने बारे में विकसित करती है और दूसरी वह जो उसे इतर संस्कृतियाँ देती हैं । पहली को हम 'आत्मछवि' या 'सेल्फ इमेज' कहते हैं, दूसरी को 'प्रदत्त छवि' या 'गिव्हन इमेज' । दोनों एक सीमा तक रूढ़ मतों पर आश्रित होती हैं और दोनों कुछ विशिष्ट संदर्भों में एक दूसरे को प्रभावित करती हैं । यहाँ यह स्मरण रखना आवश्यक है कि आत्मछवि के भी दो पक्ष होते हैं, हाथी के दाँतों की तरह जो दिखाने के और होते हैं, खाने के और । आत्मछवि का एक रूप बाहरी दुनिया को दिखाने के लिए होता है जो अधिक सकारात्मक होता है । दूसरा, इकाई तक ही सीमित होता है । इसमें सकारात्मक और नकारात्मक दोनों तत्वों का समावेश होता है । यदि अपने गुण कुछ बढ़ा-चढ़ाकर देखे जाते हैं तो दोषों और कमियों का अहसास भी होता है । दोनों प्रकार की छवियों-आत्मछवि और प्रदत्त छवि और प्रगट और अंतर्निहित छवियों के अंतर को समझना जरूरी है, दोनों के प्रकार्य भी भिन्न होते हैं । ये छवियाँ स्थिर और दृढ़ नहीं होतीं, बदलते संदर्भ, ऐतिहासिक अनुभव और विशिष्ट उपलब्धियों द्वारा उनमें गुणात्मक परिवर्तन होते हैं ।

आत्मछवि या प्रदत्त छवि का एकदम सही होना जरूरी नहीं है। वे पूरी तरह पूर्वाग्रहमुक्त भी नहीं हो सकतीं। उनमें जाने-अनजाने जातीय स्मृतियों के आग्रह और दुराग्रह आ ही जाते हैं। फिर भी हम यह नहीं कह सकते कि इन रूढ़ मतों का कोई आधार ही नहीं होता। जातीय स्मृतियाँ ऐतिहासिक तथ्यों को एकदम भुला नहीं सकतीं, ये ऐतिहासिक तथ्य इन छवियों को आकार, निखार और विस्तार देते हैं। ये छवियाँ सांस्कृतिक इकाइयों के व्यक्तित्व को भी प्रभावित करती हैं। आत्मछवि एक तरह की स्वयं को सत्य प्रमाणित करने वाली भविष्यवाणी (सेल्फ फुलफिलिंग प्रोफेसी) होती है, इकाई की मानसिकता और उसके व्यवहार-प्रकार इस छवि के अनुकूल बनने लगते हैं। कभी-कभी कई समूह नये संदर्भों में अपने-आपको नयी आत्मछवि देना चाहते हैं या प्रदत्त छवि को प्रयत्नपूर्वक गलत प्रमाणित करना चाहते हैं। इन प्रयत्नों के सफल होने में समय लगता है, क्योंकि भ्रांतियों और विकृतियों में भी अदम्य जीवन-शक्ति होती है। संस्कृति-समूहों की मानसिकता पर इन छवियों की गहरी छाप होती है। अमरीकी काले लोग एक ओर तो 'काला सुंदर है' (ब्लैक इज़ ब्यूटीफुल) आंदोलन चलाते हैं और दूसरी ओर आपसी लड़ाई-झगड़े में 'यू डर्टी निगर' (तू गंदा नीग्रो) गाली देते हैं। आत्मछवि और प्रदत्त छवि--दोनों की महत्वपूर्ण सामाजिक और सांस्कृतिक भूमिका होती है, पर उनमें किसी भी संस्कृति के उपादानों का पूर्ण रेखांकन नहीं होता और न उसकी आत्मा की सही परख ही होती। सामाजिक संरचना के प्रेरक सिद्धांत और संस्कृति के मूल्यों का झुकाव इनके द्वारा प्रामाणिक ढंग से नहीं समझा जा सकता। स्पष्ट है कि हमें इन छवियों की छलना से बचना चाहिए।

III

भारत की एक नहीं, अनेक छवियाँ हैं। हमारी आत्मछवि में कालांतर में अनेक परिवर्तन हुए हैं, और बाहरी दुनिया का हमारे बारे में नज़रिया भी समय-समय पर बदलता रहा है। यह भी सच है कि हम बाहरी दुनिया को अपना जो चेहरा दिखाना चाहते हैं, स्वयं हमें उस पर पूरी आस्था नहीं है। भारतीयता की भावना धीरे-धीरे विकसित हुई, पर उसके तत्वों का विश्लेषण प्रायः प्रासंगिक और एकांगी रहा है। आज भी, जब हम भारतीयता की तलाश का गंभीर प्रयत्न कर रहे हैं, हम उसकी आधारभूमि के संबंध में ही सहमति विकसित नहीं कर पा रहे हैं।

हमने अपने-आपको कैसे देखा ?

हमारे प्राचीनतम पूर्वज अनेक जनजातीय कबीले थे, जिनमें से कुछ का

प्रजातीय संबंध अफ्रीकी नीग्रो लोगों से था, कुछ का आस्ट्रेलिया के आदिवासी समूहों से, कुछ का दक्षिण-पूर्व एशिया की मंगोलायड शाखा से। अफ्रीका से आये प्रजातीय समूह कब आये, कहाँ गये और उनकी सांस्कृतिक देन क्या थी, आदि के संबंध में आज निश्चयात्मक रूप से कुछ भी कह सकना मुश्किल है। वे जलमार्ग से ही आये थे, इसलिए उन्हें नौका-विज्ञान के ज्ञान का श्रेय देना अनुचित न होगा। शायद वे अपने साथ आद्य संगीत और नृत्य की परंपरा भी लाये होंगे, पर उसका रूप उतना विकसित नहीं रहा होगा, जो आज के अफ्रीकी कबीलों में दिखायी पड़ता है। ये समूह संभवतः आखेटक और खाद्य-संग्रह करने वाले थे। यह हो सकता है कि उन्होंने आद्य कृषि का आरंभ किया हो। यह कहना भी कठिन है कि उनका क्या हुआ, क्योंकि उनके कुछ चिन्ह दक्षिण भारत की कुछ जनजातियों में और कुछ लक्षण उत्तर-पूर्व की एक-दो जनजातियों में मिलते हैं। उनका शुद्धतम रूप अंडमान की ओंगे जनजाति में मिलता है। उनकी भाषा भी अपनी कोई स्पष्ट छाप आज के भाषा-समूहों पर नहीं छोड़ गयी। आस्ट्रिक लोग आस्ट्रेलिया से नहीं आये थे, अपने मूलक्षेत्र से उनकी एक शाखा आस्ट्रेलिया गयी और एक भारत आयी। इनके एक खंड ने जनजातियों के रूप में अपना स्वतंत्र अस्तित्व बनाये रखा, शेष अन्य प्रजातीय समूहों से घुल-मिल गये। अनेक जनजाातियों के रूप में खंडित ये समूह आर्थिक-प्राविधिक विकास के विभिन्न स्तरों पर थे--आखेटक-खाद्य संकलन स्तर, आरंभिक कृषि स्तर, नव पाषाण युग का विकसित कृषि स्तर। चक्के का आविष्कार वे कर चुके थे। उनकी सामाजिक संरचना क्रमशः जटिल होती जा रही थी। ऐसा मानने के कारण हैं कि उनके विश्वासों और जीवन-दृष्टियों ने अपनी छाप द्रविड़ समूहों के माध्यम से आज के भारत पर भी छोड़ी है। उनकी भाषाएँ आज भी बोली जाती हैं। इसी तरह टिबेटो-बर्मन भाषाएँ बोलने वाले मंगोलायड भाषा वर्ग ने एक भिन्न पर्यावरण में अपनी संस्कृतियाँ विकसित कीं। बाद में उनमें से कुछ शेष समाज में मिल गये और कुछ ने जनजातीय संस्कृतियों के रूप में अपना स्वतंत्र अस्तित्व बनाये रखा। कृषि की एक विशिष्ट प्रणाली के विकास का और कपड़ा बुनने की कला को निखार देने का श्रेय इन्हें मिलना चाहिए।

प्रश्न यह नहीं है कि किसने क्या दिया और क्या लिया! प्रश्न है कि आर्य और द्रविड़ भावनाओं से पीड़ित होकर हम अपने इन पूर्वजों से अपना नाता क्यों स्वीकार नहीं करते? साथ ही हमें यह भी स्मरण रखना चाहिए कि किसी काल में इन सभी प्रजातीय सांस्कृतिक समूहों की स्वतंत्र आत्मछवियाँ थीं, और जो आज जनजातियों के रूप में रह रहे हैं, उनकी भी स्वतंत्र सामूहिक चेतना है। भारतीय छवि की बात करते समय इन्हें भुलाया

नहीं जा सकता ।

द्रविड़भाषी भारतीय उप-महाद्वीप पर भूमध्य सागरीय क्षेत्र से आये । कालांतर में वे विस्तृत भूभाग पर फैल गये । उनकी पहुँच का अंदाज इसी बात से लगाया जा सकता है कि उत्तर-पश्चिम क्षेत्र में--जो अब पाकिस्तान में-है--कराची, हैदराबाद, क्वेटा और कलात में अभी भी ब्राहुई भाषा बोलने वाले लोगों के छोटे-छोटे समूह हैं । यह भाषा निश्चित रूप से द्रविड़ भाषा-परिवार की है । सिंधु घाटी सभ्यता की लिपियों के विश्लेषण से विद्वानों की धारणा बनी है कि उनकी भाषा अपनी संरचना में द्रविड़ मूल की ही मानी जा सकती है । भारतीय सभ्यता को द्रविड़-भाषी समुदायों की देन का सही आकलन अभी तक नहीं किया गया । हड़प्पा-मोहनजोंदड़ो में हमें नियोजित नगर संस्कृति का एक श्रेष्ठ नमूना मिलता है । लोथल समुद्रतटीय संस्कृति का उत्कृष्ट उदाहरण है, जहाँ एक अच्छा बंदरगाह था । भारत उस काल में भी अपने-आपमें सीमित नहीं था, बाहरी दुनिया से अपने जहाजी बेड़ों द्वारा वह संपर्क रखता था । शिव और शक्ति की परिकल्पनाएँ भी इसी संस्कृति की देन मानी जाती हैं । पिछले दशकों के उत्खननों से ज्ञात हुआ है कि उत्तर-पूर्व में इस संस्कृति की विस्तार-सीमा पहले अनुमानों से कहीं अधिक थी ।

द्रविड़ उत्कर्ष-काल में भारत की आत्मछवि क्या रही होगी ? द्रविड़ अस्मिता आज एक नया राजनीतिक रंग लेकर जागी है, पर इससे उसकी प्रभावसीमा का संकोचन ही हुआ है । उत्तर भारत के लोग आर्यों को अतिरंजित महत्व क्यों देते हैं ? द्रविड़भाषियों की भारतीय सभ्यता को देन का सही मूल्यांकन हम क्यों नहीं करते ?

आर्य-भाषाएँ बोलने वाले कबीलों का आना ईसापूर्व 1500-1200 में आरंभ हुआ । एक के बाद एक उनकी कई लहरें इस भूभाग पर आयीं । भौतिक संस्कृति और प्राविधिक विकास की दृष्टि से वे भारत में बसे लोगों से बहुत पीछे थे, किंतु उनमें दार्शनिक चिंतन और काव्यसृजन की विलक्षण प्रतिभा थी । उनकी स्मरणशक्ति भी अद्वितीय थी, क्योंकि उन्होंने जो रचा, उसे याद रखा । उनका प्रजातीय अहं भी असीमित था । यहाँ के निवासियों को उन्होंने अपमानजनक नाम दिये--काले, अनास, दास, दस्यु, लिंगपूजक, अदेववादी, आदि । एकीकरण की प्रक्रिया आसान नहीं थी । संघर्ष के लंबे दौर के बाद घृणा की दीवारें टूटीं और सांस्कृतिक संविलयन आरंभ हुआ । श्वेत वर्ण, नीली आँखों और सुनहरे बालों वाले दर्पस्फीत आर्य श्याम वर्ण के सौंदर्य के सामने झुके, प्रजातीय मिश्रण बड़े पैमाने पर हुआ । आज के संदर्भ में आर्य एक मिथक के रूप में जीवित हैं, सभ्यता को उनका योगदान महत्वपूर्ण है, परंतु उसके विकास में पूर्ववर्ती निवासियों की देन कम उल्लेखनीय

नहीं है । आर्यों के अनेक देव गौण हो गये, दिक्पाल बन गये, आर्य-पूर्व समुदायों के देवी-देवता हिंदू देव-परिवार में प्रतिष्ठित हुए । वर्ण-व्यवस्था आज भी जीवित है, किंतु वर्णों की शुद्धता संदिग्ध है । जिन आर्यों का झंडा कुछ लोग आज भी फहराना चाहते हैं, वे हैं कहाँ ?

भारत का आकर्षण और कई समूहों को इस धरती पर खींच लाया। अपनी-अपनी अस्मिता के साथ यूनानी, शक, कुषाण, आभीर, गुर्जर और हूण आये । इन सबने कुछ समय तक अपना स्वतंत्र सांस्कृतिक व्यक्तित्व बनाये रखा और फिर सामान्य भारतीय समाज में मिल गये ।

एक ओर जहाँ पुरानी छवियों का संविलयन होता रहा, नयी स्वतंत्र छवियाँ भी उभरती रहीं । ये भारत की भूमि पर भारतीय परंपरा से उपजी थीं । जैन धर्म का आधार एक नयी वैचारिक भूमि थी, जिसने कई बहुमान्य अवधारणाओं को चुनौती दी । बौद्ध मत ने एक क्रांतिकारी विचारधारा को प्रतिष्ठित किया, मानवीय उद्देश्यों और मूल्यों की एक नयी योजना प्रस्तुत की । इसी तरह अनेक संप्रदाय उपजे । सिख मत संप्रदाय है या धर्म, यह कह पाना कठिन है । संप्रदाय भी स्वतंत्र धर्म बन सकते हैं, बात भावना की है । दीर्घकाल तक इनकी छवियाँ स्वतंत्र रहीं, आज भी हैं, परंतु वे भारतीयता से पृथक् नहीं हैं, क्योंकि उनकी जड़ें भारतीय चिंतन की भावभूमि में हैं । उन पर विचार किये बिना भारतीयता की कल्पना भी नहीं की जा सकती ।

भारतीय इतिहास अनेक 'राज्यों' और 'साम्राज्यों' का उल्लेख करता है, जिनमें से कई की गौरवशाली परंपराएँ रही हैं । प्रत्येक की स्वतंत्र छवि थी । ऐसा भी समय था जब देश की भिन्न-भिन्न दिशाओं मे अलग-अलग छवियों का सह-अस्तित्व था । सांस्कृतिक भावभूमि में सामान्य एकता के कारण इन विभिन्न छवियों ने भारतीयता की भावना के विकास में अवरोध उत्पन्न नहीं किया । स्वतंत्र छवियाँ पनपती रहीं, पर भारतीयता भी भावात्मक आधार पर पुष्ट होती रही । सल्तनते-मुग़लिया और कंपनी बहादुर की हुकूमत में भारतीयता की छवि जो पहले कुछ धूमिल थी, और अधिक स्पष्ट हुई । क्रिया-प्रतिक्रिया के सिद्धांत से इस प्रवृत्ति को समझा जा सकता है ।

संघर्ष की स्थिति में आत्मछवियाँ अतिरंजित रूप में उभरती हैं । जय और पराजय के संदर्भ उन्हें नये अर्थ देते हैं और साथ ही प्रतिक्रियाओं की एक शृंखला को जन्म देते हैं । मुस्लिम शासन, कई दृष्टियों से, हिंदू अस्मिता को चुनौती था । उसने नये हिंदू नायकों को जन्म दिया, जैसे राणा प्रताप, छत्रपति शिवाजी और गुरु गोविन्द सिंह । अंग्रेजी शासन में स्थिति बदली । मुसलमानों का शासक-भाव, पराजय के बाद, बदल चुका था । विजित, पराधीन देश ने प्राचीन काल के हिंदू उपनिवेशों की चर्चा आरंभ की ।

विक्रमादित्य, चंद्रगुप्त, अशोक, अकबर और जहाँगीर गर्व से याद किये जाने लगे। हमारा झंडा 'विजयी विश्व तिरंगा प्यारा' बन गया और हम विश्वविजय का प्रण पूर्ण करने के संकल्प करने लगे। इकबाल के शब्दों में हिंदोस्तां 'सारे जहां से अच्छा' हो गया। यह एक दृष्टि से जातीय हीनभाव की अभिव्यक्ति थी। इसी संदर्भ में हमें रवीन्द्रनाथ ठाकुर का भी स्मरण करना चाहिए जिनके 'जन गण मन' में एक स्वस्थ राष्ट्रीय छवि उभरी थी।

समसामयिक भारतीय समाज अपने-आपको एक नयी राष्ट्रीय छवि देना चाहता है। भारतीयता की तलाश का सवाल इसी प्रयत्न से जुड़ा है। कठिनाइयाँ आज का जिया हुआ यथार्थ हैं और विस्तृत उल्लेख की अपेक्षा नहीं करतीं।

बाहरी दुनिया ने हमें किन नजरों से देखा और हमें कैसी छवियाँ दीं?

यह चित्र एक कोलाज की तरह है, जिसमें एक नहीं, अनेक छवियाँ हैं। पहली छवि समृद्धि की है। हम आज भी उस अतीत की याद करते हैं जब भारत को 'सोने की चिड़िया' माना जाता था और जब इस देश में दूध-दही की नदियाँ बहती थीं। एक अन्य छवि थी ज्ञान और चिंतन के देश की जहाँ के मनीषियों ने ब्रह्मांड की गंभीर गुत्थियाँ सुलझायी थीं और जहाँ से उंच्च कोटि का शास्त्रीय और व्यवहृत ज्ञान पाया जा सकता था। फिर छवि आयी एक कर्मकांडी और विभाजित समाज की। एक अरसे तक हम दुर्लभ मसालों और चकित कर देने वाले मलमल और रेशम का देश माने जाते रहे। पूर्व-विद्या के आचार्यों ने 'पूर्व पूर्व है, पश्चिम पश्चिम है और दोनों कभी नहीं मिल सकते' का सिद्धांत निरूपित किया और आध्यात्मिकता को हमारी सभ्यता का मूल स्वर माना। बिना तर्क और परीक्षण के हमने इस वर्गीकरण और चरित्र-चित्रण को स्वीकार कर लिया। इसके बाद हम योगियों, बाजीगरों, साँपों, शेरों, पवित्र गाय, और नाचने वाले बंदरों और भालुओं का देश माने जाने लगे। पुरानी छवियों के अवशेषों के साथ आज हमारी दो छवियाँ और हैं--भयावह गरीबी और भुखमरी वाले देश की, और सीमित क्षेत्रों में गंभीर समस्याओं के बावजूद विज्ञान और प्रगति की ओर धीमी, पर निश्चित गति से बढ़ने वाले देश की।

रूढ़ छवियों की अपनी सीमाएँ होती हैं: न उनमें पूरा सत्य होता, न पूरा असत्य। वे उन्हें भी प्रभावित करती हैं जिनके बारे में उन्हें विकसित किया जाता है। प्रशंसात्मक रूढ़ियाँ प्रायः जैसी की तैसी स्वीकार कर ली जाती हैं, प्रतिकूल या आलोचनात्मक रूढ़ मत भी अंशतः आत्मसात् कर लिये जाते हैं, यद्यपि इस दशा में समाज अपनी प्रतिक्रिया भी अभिव्यक्त करता है और कभी-कभी अपने को बदलने का प्रयास भी करता है। हमारी भारतीयता

की परिकल्पना काफी हद तक इन प्रदत्त छवियों से प्रभावित है।

IV

सभ्यताओं के इतिहास में भारतीय सभ्यता की एक विशेष पहचान और अस्मिता है। संसार में सभ्यता के कई प्राचीन केंद्र रहे हैं, किंतु उनमें से अधिकांश को हम केवल उनके भग्नावशेषों द्वारा ही जानते हैं। भारतीय सभ्यता में एक अविश्रृंखल निरंतरता है। पाँच हजार वर्ष पुरानी इस सभ्यता में आज भी अतीत और वर्तमान के बीच की कड़ियाँ सशक्त हैं। यह कहना तो उचित नहीं होगा कि हर दृष्टि से यह सभ्यता आदर्श थी, क्योंकि इसमें अनेक विसंगतियाँ और विरोधाभास थे। उदाहरण के लिए, कुछ सशक्त आदिवासी समूहों को छोड़कर शेष को वर्ण-व्यवस्था में बहुत नीचा स्थान मिला और जो इस व्यवस्था के अंग नहीं बने, उन्हें धीरे-धीरे बीहड़ वनों और एकांकी पर्वतमालाओं की ओर धकेला गया। अस्पृश्यता हमारे समाज का कलंक थी और आज भी है। धर्मग्रंथों के कुछ श्लोकों में भले ही हमने स्त्री को शीर्ष स्थान दिया हो, किंतु व्यवहार में वे दूसरे दर्जे की नागरिक ही रहीं। इन दोषों के बावजूद भारतीय सभ्यता केवल पुरातत्व की सामग्री न रहकर आज भी जीवित है। उसकी अदम्य जीवन-शक्ति का रहस्य क्या है?

भारतीय संस्कृति के बारे में हम जब भी सोचते हैं, हमारा ध्यान उसकी आध्यात्मिक प्रकृति पर केंद्रित रहता है। यह रूढ़ि कई दृष्टियों से बड़ी भ्रामक है। मानव-जीवन के चार प्रमुख लक्ष्यों--पुरुषार्थों--में अर्थ और काम का उतना ही महत्व है जितना धर्म और मोक्ष का। प्राचीन ग्रंथों में यदि धर्मशास्त्र महत्वपूर्ण है तो अर्थशस्त्र और कामशास्त्र भी उपेक्षणीय नहीं हैं। सामान्य धर्म की परिकल्पना को भी अध्यात्मोन्मुख नहीं माना जा सकता।

आलौकिक पक्षों पर चिंतन करते हुए भी भारत में भौतिक संस्कृति का अभूतपूर्व विकास हुआ था। जहाँ आध्यात्मिक संस्कृति ने कई बार दिशा बदली, वहाँ भौतिक संस्कृति के क्षेत्र में आश्चर्यजनक क्रमिक विकास दिखायी पड़ता है। समसामयिक भारत की मृद्-कलाओं को सिंधु घाटी सभ्यता के उत्पादनों से जोड़ा जा सकता है। आदिम समूहों ने लोहे की धातु को शुद्ध कर अस्त्र-शस्त्र बनाना आरंभ कर दिया था, परंतु लोहे के फल वाले जैसे हल का प्रयोग संभवतः मौर्यकाल में आरंभ हुआ। उसका व्यापक पैमाने पर प्रयोग आज भी हो रहा है। भारत को जोड़ने वाले तत्वों की खोज करते समय हमें भौतिक संस्कृति के उपादानों पर भी गंभीर रूप से विचार करना चाहिए। निर्मलकुमार बोस ने इस क्षेत्र में एक उपयोगी सर्वेक्षण कराया था। अपनी सीमाओं

के बावजूद इस अध्ययन के परिणाम उल्लेखनीय हैं ।

राष्ट्रीय और राजकीय सीमाएँ भले ही अलग रही हों, भारत का सांस्कृतिक-धार्मिक भूगोल एक भारतीयता की ओर ही इशारा करता है । भारत की भूमि, पर्वतों और नदियों के उल्लेख हमें बार-बार धार्मिक और साहित्यिक ग्रंथों में मिलते हैं । पवित्र तीर्थों का वितरण भी देश-व्यापी है । इनसे यदि भारतीयता प्रमाणित नहीं होती तो कम-से-कम उसकी भाव-भूमि का आभास तो होता ही है ।

राबर्ट रेडफील्ड और मिल्टन सिंगर ने 'महान' और 'लघु' परंपराओं और उनके अंतरावलंबन की बात की है । मैं उन्हें 'शास्त्रीय' और 'लौकिक' परंपराएँ कहना अधिक पसंद करता हूँ । महान् परंपरा के तत्व हम शास्त्रों में खोजते हैं और उसको एक आदर्श प्रतिरूप निर्मित करते हैं । इस संबंध में प्रश्न उठता है कि प्राचीन समय में या आज कितने समूह इस परंपरा के जीवित प्रतिनिधि थे ? इसके विपरीत किसी एक लघु परंपरा की बात करना भी व्यर्थ है । अनेक लौकिक परंपराएँ थीं--जातीय, स्थानीय और क्षेत्रीय । स्थानीय परंपराएँ क्षेत्रीय परंपराओं से सावयवी रूप से जुड़ी थीं । क्षेत्रीय संस्कृतियों का अपना सबल व्यक्तित्व था । इन संस्कृतियों ने अपने-अपने तरीकों से शास्त्रीय परंपराओं से संपर्क-सूत्र बनाये । लौकिक परंपराएँ हमेशा ज्यादा ताकतवर रहीं । महान परंपरा का कभी आग्रह नहीं रहा कि वह लौकिक परंपराओं को निगल जाये । पितृप्रधान देश में, मातृप्रधान समुदायों का अस्तित्व बना रहा । बहुपति-प्रथा भी समाज के कई भागों में मान्य रही । कई समुदायों ने ब्राह्मण से पूजा करायी, परंतु कई समूहों ने ब्राह्मण के पौरोहित्य को नहीं स्वीकारा । धर्मशास्त्रों ने भी लोकाचार की स्वायत्तता स्वीकार की । शास्त्रीय और लौकिक परंपराओं में समझौते हुए और आदान-प्रदान भी होता रहा । भारतीय संस्कृति विशृंखलित हो जाती, यदि वह लौकिक संस्कृतियों की स्वतंत्र छवि को नष्ट करने का दुराग्रह करती । मेरी दृष्टि में शास्त्रीय परंपराओं और स्थानीय, जातीय और क्षेत्रीय परंपराओं का सहअस्तित्व भारतीय समाज को विशृंखलन से बचाये रखने में सहायक हुआ है ।

सनातन की खोज भारतीय मनीषा से जुड़ी है, किंतु धर्म के किसी रूप को हमारी सभ्यता ने परीक्षा की कसौटी से ऊपर नहीं माना । कट्टरवाद भारत की धार्मिक परंपराओं का मूल स्वर नहीं रहा, यद्यपि इतिहास में उन मोड़ों के भी हजारों उल्लेख हैं जो हिंसात्मक धर्मांधता से प्रेरित थे । भारतीय संस्कृति को बचाये रखने में उसके प्रश्न, शंका, असहमति, विरोध, सुधार और विद्रोह की परंपराओं का बड़ा हाथ रहा है । भारत के अनेक संत कवियों ने सामाजिक विक्षोभ की अभिव्यक्ति और अन्याय से लड़ने का एक नया मुहावरा विकसित

किया। परंपरा को प्रकट रूप से बिना अस्वीकार किये उन्होंने पैने प्रश्न पूछे, गंभीर शंकाएँ व्यक्त कीं, अपनी असहमति को शब्द दिये, विरोध को वाणी दी, सुधार की योजनाएँ सुझायीं और आवश्यकता पड़ने पर विद्रोह का समर्थन किया। इन परंपराओं ने एक ओर सामाजिक तनावों को दूर या कम किया तो दूसरी ओर सामाजिक सांमजस्य उत्पन्न करने में भी सहायता दी।

भारतीय सभ्यता में बाह्य तत्वों को आत्मसात् करने की अपूर्व क्षमता थी। ऐसे तत्वों का भारतीय सांस्कृतिक परिवेश में अनुकूलन भी हुआ, समाकलन भी। इस प्रकृति के अभाव में यह देश खंडित ही रहता। आद्य कबीलों ने भारतीय सभ्यता को पहले कुछ दिया, बाद में बहुत कुछ लिया। उनमें से कुछ उभरते समाज में मिल-जुल गये, कुछ ने अपना स्वतंत्र अस्तित्व बनाये रखा। द्रविड़ भाषायी समूहों ने समाज और सभ्यता के विकास की धारा को एक नया मोड़ दिया। जैसा पहले कहा जा चुका है, सचेत अध्येताओं की दृष्टि में सिंधु घाटी सभ्यता उनकी देन थी। फिर आर्य भाषा बोलने वाले कबीले आये और उन्होंने सभ्यता के विकास को नयी दिशा और गति दी। तीनों के आंशिक संविलयन से समाज पुष्ट हुआ। यह प्रक्रिया चलती रही। यूनानी आये, शक आये, कुषाण आये और अपनी-अपनी भेंट देकर भारतीय समाज के अंग बन गये।

इसके बाद की सांस्कृतिक सामाजिक धारा का रुख कुछ बदला पर सामाजिक सांस्कृतिक विकास का मार्ग पूरी तरह अवरुद्ध नहीं हुआ। कई दिशाओं और देशों से मुसलमान आये और अपने साथ अपना धर्म और अपनी विशिष्ट संस्कृतियाँ लाये। धर्म का प्रश्न विवादास्पद है, क्योंकि भारतीय इस्लाम में यदि एक धारा कट्टरवाद की थी तो दूसरी उदारवाद की। पर यह विवाद के परे है कि इस्लाम का भी भारतीयकरण हुआ। यह कहना गलत होगा कि मुसलमानों ने सिर्फ मंदिर तोड़े और मसजिदें बनवायीं। बौद्धिक धरातल पर हिंदू और मुस्लिम संस्कृतियों में संवाद हुआ। संस्कृत के समृद्ध साहित्य ने उन्हें प्रभावित किया, और वे संस्कृत की समृद्धि में सहायक हुए। दर्शन, ज्योतिष, गणित, स्थापत्य, चिकित्सा आदि के क्षेत्र में दोनों संस्कृतियों में पर्याप्त आदान-प्रदान हुआ। खान-पान, वेश-भूषा, शिष्टाचार आदि पर इस्लाम ने अपनी अलग छाप छोड़ी। कट्टर इस्लाम में निषिद्ध चित्रकला और संगीत को भी उन्होंने पुरस्कृत कर प्रोत्साहन दिया। सूफी संतों को भारतीय मुसलमानों और हिंदुओं दोनों ने स्वीकारा और आज भी उनके मजारों को पूजते हैं। कुछ हिंदुओं के इस्लाम कुबूल करने के बाद भी उनकी सामाजिक बुनावट में बहुत कम फर्क आया, जातिप्रथा किसी-न-किसी रूप में उनमें बनी रही और कई क्षेत्रों में आज भी बनी है। पश्चिम उत्तर प्रदेश में आज भी राजपूत

और त्यागी मुसलमान अपने-आप का परिचय इसी तरह देते हैं । पंजाब के गाँवों में आपको आज भी हिंदू मुसलमान और सिख जाट मिलेंगे जो पुराने रक्त और विवाह-संबंधों का अब भी आदर करते हैं । मुसलमानों का एक समूह ऐसा भी है जिसमें व्यक्तियों के मिले-जुले हिंदू-मुसलमान नाम होते हैं । कई समूहों में काजीजी के निकाह पढ़ देने के बाद, हिंदू शैली में विवाह की पूरी रस्में होती हैं । उत्तर मध्य प्रदेश में कुंजड़िनें एक साँस में 'राम दुहाई' और 'अल्ला कसम' दोनों कहती हैं । अरबीकरण का अध्याय बहुत नया है । भारत के अधिकांश मुसलमान लंबे समय तक अपनी क्षेत्रीय संस्कृतियों के प्रतिनिधि ही माने जा सकते थे । उनका बहुभाग आज भी बदला नहीं है ।

यही कहानी भारत में ईसाई धर्म की है । संत पाल ने दक्षिण में इस धर्म की नींव ईसवी सन् 1852 में रखी थी । वे धर्म की वैचारिक शक्ति लेकर आये थे, उनके पीछे न साम्राज्यवाद की सामरिक ताकत थी, न किसी छद्म व्यावसायिक कंपनी का समर्थन । उल्लेखनीय है कि केरल और तमिलनाडु में पहले ब्राह्मणों के कई परिवारों ने ईसाई धर्म अंगीकार किया । इस धर्म के अनेक प्रचारकों ने भारतीय संन्यासियों की वेशभूषा और धर्मोपदेश के तरीके अपनाये थे । यह भी उल्लेखनीय है कि इन दोनों प्रदेशों में ईसाई समुदाय में जातिप्रथा का एक रूप आज भी पाया जाता है और वहाँ ऊँची जातियों और नीची जातियों के गिरजे अलग-अलग हैं । वैवाहिक संबंधों में भी यह ऊँच-नीच का भेद पाया जाता है । राजा राममोहन राय और 'ब्राह्म समाज' ने ईसाई धर्म से भी प्रेरणा ली थी । साम्राज्यवाद के साथ ईसाई मत का जो रूप आया, उसके पीछे दूसरी ही प्रेरणा और शक्ति थी, इसी कारण उसमें कुछ हास्यास्पद तत्व भी आ गये, पर स्वतंत्रता-प्राप्ति के बाद इन विसंगतियों का निराकरण हो रहा है ।

पारसी थोड़ी संख्या में आये । उनके नेताओं ने आश्वासन दिया था कि वे भारतीय समाज में उसी तरह मिल जायेंगे जैसे दूध में चीनी घुल जाती है । उन्होंने अपना वायदा पूरा किया, और शेष समाज ने उनके धर्म और रीति-रिवाजों से छेड़खानी नहीं की ।

परिवेश में अनुकूलन, समन्वयन, और सांस्कृतिक वैभिन्न्य के सह-अस्तित्व की स्वीकृति की प्रवृत्ति यदि हमारे समाज में न होती तो उसका सामासिक रूप नहीं उभरता । यह प्रक्रिया सरल और संघर्षहीन नहीं थी, फिर भी दूरगामी परिणामों में उसकी विजय होती रही और उसने समाज को विघटन से बचा लिया ।

राष्ट्रीय स्वतंत्रता-संग्राम की भारतीय समाज के भावात्मक समाकलन में

बड़ी महत्वपूर्ण भूमिका थी। स्वाधीनता को लक्ष्य बनाकर भारत ने अपने धार्मिक, क्षेत्रीय, और जातीय विवादों को अस्थायी तौर पर भुला दिया था। पुराने नायकों की नयी छवियाँ उभारी गयी थीं, और आंदोलन के नेताओं को राष्ट्रीय नायकों का सम्मान मिला था। राष्ट्रीयता के इस उत्कर्ष में अनुराष्ट्रीयताएँ और उप-राष्ट्रीयताएँ दब गयी थीं। सच तो यह है कि इनका उपयोग भी बड़े कौशल से आंदोलन को बढ़ावा देने के लिए किया गया था। तात्कालिक उद्देश्यों की प्राप्ति में यह नीति सफल रही, किंतु विराट लक्ष्य की प्राप्ति के बाद ये शक्तियाँ पुनः उभरीं और आज राष्ट्रीय एकीकरण के मार्ग में अवरोधक बन रही हैं। मुस्लिम सांप्रदायिकता राष्ट्रीय उद्देश्यों से अधिक समंय तक जुड़ी न रह सकी, जिसके परिणामस्वरूप हमें देश के विभाजन की त्रासदी को भोगना पड़ा। यह एक विडंबना है कि हमें एकीकृत रहने के लिए किसी-न-किसी शत्रु या संकट की आवश्यकता पड़ती है।

भारत में एक नयी जन संस्कृति (मास कल्चर) का विकास हो रहा है, जिसका श्रेय हमें मुख्य रूप से जन-संचार के नये माध्यमों को देना चाहिए। फिल्मी अभिनेता और अभिनेत्रियाँ भारतीय आकाश पर छाये हुए हैं, लोकप्रियता के उन्होंने नये कीर्तिमान स्थापित किये हैं। उत्तर, दक्षिण, पूर्व, पश्चिम--देश की प्रत्येक दिशा--में उनके नाम और चेहरे जाने-पहचाने हैं। न कोई उनका धर्म पूछता है, न जाति, न प्रांत। फोक-हीरोज़ की दूसरी श्रेणी में खेल-कूद की दुनिया के लोग हैं। जो देश को जीत दिलवा दे, उसकी कुछ दिनों तक वाहवाही होती रहती है। राजनीतिज्ञ अपनी छवि उभारने की कला जानते हैं और किसी-न-किसी रूप में उनका उल्लेख होता ही रहता है। इसके बाद आते हैं विचारक, वैज्ञानिक, कलाकार, लेखक, कवि और सामाजिक कार्यकर्ता। जन-संचार के साधन निश्चित रूप से देश को इन सबके प्रचार-प्रसार द्वारा जोड़ते हैं। पर जन-संचार के साधनों के पूर्ण प्रभाव का अध्ययन जरूरी है, क्योंकि वे एक पलायनवादी दृष्टिकोण और उपभोक्ता संस्कृति को भी जन्म दे रहे हैं। मनोरंजन ऐसा न हो जो हमें देश की समसामयिक चुनौतियों से विमुख करे। बहरहाल इतना तो कहा ही जा सकता है कि सपनों का सतरंगी इन्द्रधनुष देश को एक प्रकार की एकता दे रहा है, भले ही वह खंडित सामाजिकता का दीर्घकालीन समाधान न हो।

V

आत्मछवियाँ और प्रदत्त छवियाँ पूर्वाग्रह-मुक्त नहीं होतीं। उनका ज्ञान आवश्यक है, पर वह विश्वास का आधार नहीं बन सकता। भारत और भारतीयता

को समझने के लिए हमने जो अधिक गंभीर प्रयत्न किये हैं, उनका विश्लेषण भी आवश्यक है ।

एक अरसे तक हम भारत की खोज प्राचीन धर्मग्रंथों में करते रहे । उनमें भारत का एक पक्ष है, विशेषकर पुरातन भारत का । उपलब्धियों के जिन दार्शनिक शिखरों को भारत ने छुआ, उन पर हमें गर्व होना चाहिए । इन ग्रंथों से हमें उदात्त दार्शनिक भावभूमि मिली, और मिला समाज-व्यवस्था का एक आदर्श प्रारूप । पर क्या यही सच्चा भारत था ? इन ग्रंथों की रचना एक विशिष्ट काल के सांस्कृतिक-सामाजिक संदर्भों में हुई थी । केवल उनके अध्ययन से हम भारतीय समाज के इतिहास और उसकी बहु-आयामी संस्कृति को नहीं समझ सकते । उनकी रचना के बाद की परंपराओं का अध्ययन भी आवश्यक है । जैन और बौद्ध धर्मग्रंथों का उतना उपयोग नहीं किया गया, जितना अपेक्षित था । अहिंसा, अपरिग्रह, आस्तेय, करुणा आदि के मार्गदर्शक सिद्धांत हमें मुख्यतः इन स्रोतों से मिले हैं। अनेक संप्रदायों और मतों की भी अवहेलना जाने-अनजाने हो गयी है। इस्लाम और ईसाई धर्म का प्रभाव सामान्य भारतीय जीवन पर नगण्य नहीं है। शास्त्रों की कुछ अवधारणाएँ--वर्णाश्रम, पुरुषार्थ, ऋण, कर्म--दीर्घजीवी प्रमाणित हुईं, पर यह उल्लेखनीय है कि हमारे शास्त्रकारों ने धर्म को देश, काल और पात्र से जोड़ा था। यह लौकिक परंपराओं और प्रासंगिक आवश्यकताओं की स्वीकृति थी। सामान्य धर्म की अवधारणा तक का परिसीमन देश की विविधता को दृष्टि में रखकर किया गया था।

दूसरी ओर नृतत्ववेत्ताओं और समाज-वैज्ञानिकों ने जिये जाने वाले जीवन का निकट से अध्ययन किया । उनके शोध से--जो अधिकांशतः जनजातियों, ग्रामों, जातियों और क्षेत्रों पर किये गये थे--समसामयिक यथार्थ का एक नया आयाम उद्घाटित हुआ । ये अध्ययन आज के भारत के एक प्रतिदर्श के अध्ययन माने जा सकते हैं । आदर्शों से यथार्थ की ओर यह मोड़ भारत को समझने के प्रयत्नों में एक उल्लेखनीय और महत्वपूर्ण घटना थी, किंतु इन अध्ययनों की भी कुछ सीमाएँ थीं । समय के फैशन के अनुसार इन अध्ययनों ने जान-बूझकर ऐतिहासिक पृष्ठभूमि की अवज्ञा की थी । यह एक बड़ी गलती थी । भारतीय सामाजिक इतिहास की नयी विधा इस भूल का परिमार्जन करने का यत्न कर रही है । साथ ही हमने शास्त्रीय, स्थानीय तथा क्षेत्रीय परंपराओं के अंतरावलंबन का अध्ययन उस गहराई में नहीं किया जो भारतीयता की समझ के लिए अपेक्षित था । शास्त्रीय और प्रत्यक्ष अध्ययनों के बीच सेतु-निर्माण आवश्यक है ।

इस दिशा में कुछ उल्लेखनीय प्रयास किये गये हैं । राबर्ट रेडफील्ड

और मिल्टन सिंगर द्वारा विकसित 'महान' और 'लघु' परंपराओं और उनके सावयवी संबंधों के सिद्धांत का उल्लेख किया जा चुका है। अध्ययन का यह ढाँचा उपयोगी है, पर इसकी भी अपनी सीमाएँ हैं। क्या भारत जैसे देश के लिए एक ही महान परंपरा की कल्पना उचित है ? या हमारी एक से अधिक महान परंपराएँ हैं ? क्षेत्रीय व्यक्तित्वों की उपेक्षा भी उचित प्रतीत नहीं होती। अनेक लघु परंपराएँ ऐसी भी हैं जिनका किसी महान परंपरा से सीधा संबंध नहीं है।

इसी ढाँचे में हमें मैक्किम मैरियट की 'सार्वभौमिकरण' (युनिवर्सिलाइजेशन) और 'स्थानीकीकरण' (पेरोकियालाइजेशन) की परिकल्पनाओं पर भी विचार करना चाहिए। यह स्पष्ट है कि लघु परंपराओं के कुछ तत्व, कालांतर में, महान परंपरा में प्रतिष्ठित होते हैं और महान परंपरा के कुछ भाग लोक-मुहावरे में ढलकर स्थानीय और क्षेत्रीय परंपराओं के अंग बन जाते हैं। कठिनाई यहाँ भी परिभाषा की है। अभी-अभी मैंने कहा है कि क्षेत्रीय परंपराओं पर भी स्वतंत्र रूप से विचार अपेक्षित है। उनकी उपस्थिति और अस्मिता नगण्य नहीं है। साथ ही पाश्चात्यीकरण, क्रमशः विकसित हो रही राष्ट्रीय धारा और नयी जन-संस्कृति (मास कल्चर) के स्वभाव, प्रभाव और प्रसार पर भी विचार आवश्यक है।

श्रीनिवास की संस्कृतकरण की अवधारणा का उल्लेख इस संदर्भ में आवश्यक है। बिना किसी उलझाव के यदि कहें तो संस्कृतकरण की प्रक्रिया वह है जिसके अंतर्गत वर्ण-व्यवस्था में नीचे धरातल की जातियाँ उच्च वर्णों की जीवनशैली, विश्वास और कर्मकांड अपनाती हैं। यह प्रक्रिया कई समाजों में देखी गयी है, कुछ इसके द्वारा ऊँचा स्थान पाने में सफल हुए, अनेक को तीव्र सामाजिक विरोध और दमन सहना पड़ा। यह 'संदर्भ समूह व्यवहार' (रेफरेंस ग्रुप बिहेवियर) का एक प्रकार है, जिसमें एक समूह अन्य समूहों के प्रति सकारात्मक या नकारात्मक रुख अपनाता है। यदि एक का अनुकरण करता है तो दूसरे के अनुकरण से प्रयत्नपूर्वक बचता है। संस्कृतकरण की अवधारणा एक दशक तक चर्चा का विषय रही है, इसकी प्रशंसा भी हुई है, आलोचना भी। मैं इसके बारे में एक ही प्रश्न उठाऊँगा : संस्कृतकरण अनुकरण है, या विद्रोह या अनुकरण द्वारा विद्रोह ? छत्तीसगढ़ के चमार जब सतनामी संप्रदाय में शरीक हुए तो उन्होंने मांस-मदिरा का त्याग किया, तंबाखू छोड़ी, बैगन और टमाटर खाना छोड़ा, तथा जनेऊ, भजन और पूजा-पाठ अपनाया। मेरी दृष्टि में यह अनुकरण द्वारा विद्रोह था, क्योंकि इस आंदोलन द्वारा समाज की आधारभूत मान्यताओं को ही चुनौती दी गयी थी। इस प्रकार के एक नहीं, अनेक उदाहरण हैं। सांस्कृतिक प्रक्रियाओं का अध्ययन यदि

हम अनुकरणविद्रोह के इस ढाँचे में करें तो कुछ उपयोगी परिणाम निकल सकते हैं ।

भारतीय समाज-व्यवस्था को उसके कुछ आधारभूत सिद्धांतों के सहारे समझने के यत्न शुरू हुए हैं, जिनमें सबसे महत्वपूर्ण लुई-ड्यूमाँ की 'होमो हायरारकिसस' (श्रेणी विभाजित मानव) की स्थापना है । यह स्थापना मुख्यतः हिंदू समाज पर लागू होती है, जहाँ कर्मकांडी शुचिता के आधार पर समाज का अनेक ऊँचे-नीचे स्तरों में विभाजन होता है । शुचिता का सिद्धांत भारतीय समाज के संदर्भ में महत्वपूर्ण है, परंतु उसे सर्वोपरि मानना गलत होगा । आर्थिक और सामाजिक कारक सत्ता से जुड़े रहते हैं, और सत्ता समाज के स्वरूप और चरित्र को प्रभावित करती है । भारतीय समाज के विकास का इतिहास इसके उदाहरणों से भरा पड़ा है ।

भारतीयता एक मनोदशा है । भारतीयता को समझने के लिए भारतीय मानस को समझना जरूरी है । यह एक ऐसा क्षेत्र है जिसमें अनुसंधान और चिंतन बहुत कम हुआ है । सुधीर कक्कड़ की किताब 'द इनर वर्ल्ड' (भीतरी दुनिया) एक उपयोगी अपवाद है । भारतीय मानस की बुनावट और अंतःक्रियाओं पर खोज की एक अच्छी शुरुआत इस पुस्तक से हुई है । उसकी अध्ययन-विधि और स्थापनाओं से पूरी तरह सहमत होना जरूरी नहीं है । मिथकों का प्रतीकात्मक मूल्य होता है, किंतु उन्हें समसामयिक समाज की मानसिक अंतःक्रियाओं से जोड़ना, जैसा सुधीर कक्कड़ ने किया है, विश्वसनीय प्रतीत नहीं होता । किन स्थितियों में और कैसे भारतीय मानस अपनी एकता की अभिव्यक्ति करता है, इसकी गहराई में खोज होनी चाहिए ।

अंततः भारतीयता का प्रश्न भावना का प्रश्न है । भावना यदि ज्ञान पर आधारित हो तो वह अधिक टिकाऊ होती है । इस खोज के लिए हमें नचिकेता को अपना उदाहरण बनाना होगा, जिसे ज्ञान के लिए यमराज के पास जाने तक में हिचक नहीं हुई । और इस ज्ञान की प्राप्ति के बाद उसे रामानुज की भाँति बहुजनहिताय बाँट देना होगा, किसी भी व्यक्तिगत मोक्ष और स्वर्ग-प्राप्ति के मोह को त्यागकर ।

VI

जड़ों की तलाश एक बुनियादी सवाल है । वह एक सार्थक जिज्ञासा से जुड़ा है और अस्तित्वबोध को एक नया आयाम और नये मूल्य देता है । सतह का स्पर्श हमें सच्चे उत्तर नहीं देगा, उसके लिए वैज्ञानिक विवेक के सहारे हमें गहराई में जाना होगा । महज फैशन के तौर पर इस प्रश्न को उठाना और

छिछले उत्तर दे देना दिमागी ऐयाशी से ज्यादा कुछ नहीं है ।

भारतीयता की बात तो आजकल बहुत सुनी जा रही है, पर उसके तत्वों के विश्लेषण के गंभीर प्रयत्न नहीं हो रहे हैं । जो स्थापन्नाएँ और अवधारणाएँ प्रस्तुत की गयी हैं, उनकी प्रामाणिकता संदिग्ध है । सही समझ की कुछ पूर्व शर्तें हैं :

इतिहास दृष्टि;
परंपरा बोध, जिसमें उसका मूल्यांकन शामिल है;
समग्र जीवन-दृष्टि, जो भूत, वर्तमान और भविष्य को जोड़कर देख सके;
वैज्ञानिक विवेक, जिससे वैकल्पिक भविष्य और जीवन के बदलते आयामों के प्रश्न जुड़े हैं ।

शासकों और युद्धों के इतिहास की उपयोगिता सीमित है । उल्लेखनीय सांस्कृतिक उपलब्धियों की कालानुक्रम से बनायी गयी सूची भी हमारी समझ को आगे नहीं बढ़ाती । जन की भूमिका इस इतिहास में रेखांकित नहीं होती । उसके बिना भारतीयता की समझ अधूरी और एकांगी होगी; उसमें विकृतियाँ भी आ सकती हैं । भारतीय परंपरा के बारे में हमें एकवचन में नहीं, बहुवचन में विचार करना है । हमें परंपराओं के अंतरावलंबन को समझना है और उनका मूल्यांकन करना है । हम वर्तमान में जीते हैं, पर हमारी जड़ें अतीत में हैं । वर्तमान का भविष्य को भुला देना घातक सिद्ध हो सकता है, ऐसा करना भावी पीढ़ियों के प्रति उत्तरदायित्वहीनता की भावना का प्रदर्शन होगा । परंपराओं की परख इसी ढाँचे में करना जरूरी है । हमें परंपराओं को हथकड़ी और बेड़ी नहीं मानना चाहिए, यदि वैज्ञानिक विवेक का आग्रह हो तो उन्हें नया मोड़ दिया जा सकता है, तोड़ा भी जा सकता है । परंपराएँ उसी सीमा तक उपयोगी हैं जिस सीमा तक वे एक वैकल्पिक भविष्य की खोज में सहायक होती हैं और जीवन के बदलते आयामों के लिए हमें ढालने में मददगार होती हैं । उन्हें बदला भी जा सकता है, तोड़ा भी जा सकता है, इस संदर्भ में हमें गौतम बुद्ध का वचन स्मरण रखना चाहिए--'नाव नदी पार करने के लिए होती है, कृतज्ञता-भाव से उसे जीवन-भर पीठ पर ढोना मूर्खता होगी । भारतीयता की तलाश हमें आगे बढ़ने के लिए करना है, पीछे जाने के लिए नहीं ।

भारतीयता की खोज आज के संदर्भ में दो दृष्टियों से आवश्यक है । स्वाधीनता-प्राप्ति के बाद देश में एक सांस्कृतिक अराजकता व्याप्त हो गयी है । स्वदेश और स्वदेशी की भावनाएँ, अशक्त होती जा रही हैं । हम बेझिझक पश्चिम का अनुकरण कर अपनी अस्मिता खोते जा रहे हैं । यह प्रवृत्ति एक छोटे, पर प्रभावशाली, तबके तक सीमित है, पर उसका फैलाव हो रहा है ।

यदि इसे हमने बिना बाधा बढ़ने दिया तो हमें परंपराओं की संभव ऊर्जा से वंचित होना पड़ेगा और हमारी स्थिति बहुत कुछ त्रिशंकु जैसी हो जायेगी। दूसरा कारण और भी महत्वपूर्ण है। संस्कृति आज की दुनिया में एक राजनीतिक अस्त्र के रूप में उभर रही है, न्यस्त स्वार्थ, जिसका उपयोग खुलकर अपने उद्देश्यों के लिए कर रहे हैं। उन पर रोक लग सकती है, यदि हम निष्ठा और प्रतिबद्धता से भारतीयता की तलाश करें।

VII

अंतिम टिप्पणी के रूप में कुछ शब्द और।

भारत ने जगत्-गुरु होने का एक भ्रम पाल रखा है। इससे जितनी जल्दी नजात मिले, उतना अच्छा। भारत ने यदि मानव सभ्यता को कुछ दिया है, तो उसने बहुत कुछ लिया भी है। इस आदान-प्रदान के बिना हमारा सामाजिक-सांस्कृतिक विकास अवरुद्ध हो जाता।

हमारा दूसरा जातीय भ्रम है हमारी समाज-व्यवस्था के आदर्श होने का। यदि हमारी व्यवस्था आदर्श और स्वयंपूर्ण थी तो वह समय-समय पर उठने वाली गंभीर समस्याओं का हल क्यों नहीं खोज सकी ? विसंगतियों के कारण हमारी दुर्दशा क्यों हुई ?

निःसंदेह हमारे पास उच्च आदर्शों और लक्ष्यों का अनमोल खजाना है, पर इनके संदर्भ में ही हम तीसरा भ्रम पाल रहे हैं। हमारे ऊँचे आदर्श हमारी जिंदगी में रसे-बसे नहीं हैं, हमारी कथनी और करनी में भारी अंतर है। क्या हम हृदय पर हाथ रख पूरी सच्चाई से यह कह सकते हैं कि हमारा आचार-विचार सत्य पर आधारित है ? अहिंसा के देश में हिंसा का ज्वालामुखी क्यों फूट रहा है ? अपरिग्रह की दुहाई देने वाले समाज में उपभोक्ता संस्कृति क्यों पनप रही है ?

इक्कीसवीं सदी में प्रवेश की चर्चा चौथे भ्रम का जन्म दे रही है। हमारा ध्यान उच्च विज्ञान और तकनीकी पर केंद्रित है, हम उनके सांस्कृतिक पक्ष पर बहुत कम विचार कर रहे हैं। मानवीय मूल्यों और मानसिकता पर उनका क्या प्रभाव होगा ? क्या यांत्रिकता और अमानवीकरण ही हमारे भविष्य हैं ?

सच्ची भारतीयता की तलाश का आग्रह है कि हम जगत्‌गुरु होने का दंभ छोड़कर यथार्थ की भूमि पर उतरें और अपनी समसामयिक दशा पर विचार करें। पुनर्गठन के लिए हमारे समाज को नये लक्ष्य और साधन चाहिए। भारतीय परंपराओं के अक्षय स्रोत से हमें भारतीयता के नये प्रतीक और मूल्य चुनना है। ये तत्व ऐसे हों जिनके द्वारा हम आज और आने वाले कल की

चुनौतियों का सामना कर सकें। इस प्रक्रिया में हमें कई मुखौटे उतारने होंगे और जीवन-दृष्टि पर छाये पाखंड की धुंध का उन्मूलन करना होगा। 'राष्ट्रीय मुख्य धारा' में सबके संविलन की नीति विघटमकारी सिद्ध होगी, इसके विपरीत हमें सच्ची सामाजिक संस्कृति विकसित करना है, जिसमें आर्थिक विषमताएँ न्यूनतम हों और सांस्कृतिक अभिव्यक्ति के लिए अधिकतम अवसर हों। इक्कीसवीं सदी की अनिवार्यताओं को समझकर हमें नये तत्वों को आत्मसात् करने की क्षमता को और भी विकसित करना है, जिससे हम अपनी अस्मिता को आहत और विखंडित किये बिना अपने लिए एक सुंदर वैकल्पिक भविष्य का निर्माण कर सकें।

[आचार्य हजारीप्रसाद द्विवेदी स्मारक भाषण,
कमानी सभागार, नयी दिल्ली]

इतिहास-बोध

इतिहास-बोध और ऐतिहासिक दृष्टि का विश्लेषण और उनके अलग-अलग पक्षों पर विचार करते समय एक साथ अनेक प्रश्न उठते हैं :

इतिहास क्या है ?

इतिहास क्यों ?

अब इतिहास कैसे लिखा जाये ?

ये प्रश्न नये नहीं हैं। ये प्रश्न जरूरी भी हैं। इन्होंने इतिहासकारों की प्रायः सभी पीढ़ियों को उद्वेलित किया है, किंतु उनके समाधानकारक उत्तर अभी तक नहीं मिले। जीवन के बदलते संदर्भों ने इन प्रश्नों को एक नया स्वरूप और नयी तीक्ष्णता दी है। इतिहास की पुरानी व्याख्याएँ और इतिहास-भूमि का पुराना परिसीमन धीरे-धीरे अपना अर्थ और मूल्य खोते जा रहे हैं। इतिहास-बोध और उससे जुड़े तमाम सवालों पर पुनर्विचार आज की आवश्यकता बन गया है। मिथक-चेतना से इतिहास चेतना की लंबी यात्रा अभी पूरी नहीं हुई। ऐतिहासिक चिंतन और इतिहास-लेखन की प्रक्रिया में अनेक नये मिथकों ने जन्म लिया है। विपरीत उद्देश्यों और भ्रांतियों का जो घना कोहरा इतिहास पर छा गया था, वह अभी भी पूरी तरह हटा नहीं है। जिस विकल्प की तलाश आज हो रही है, वह इन मिथकों को निर्मूल करना चाहता है, कोहरे को हटाना चाहता है। नयी इतिहास-दृष्टि अब विशिष्ट से सामान्य की ओर जा रही है। भू-खंडों से जुड़े काल-खंडों का इतिहास निरूपयोगी नहीं हुआ है, किंतु समन्वित, एकीकृत और समग्र मानव इतिहास की जरूरत को बड़ी शिद्दत से महसूस किया जा रहा है। ऐतिहासिक चिंतन की दार्शनिक भावभूमि बदल रही है और ऐतिहासिक विश्लेषण का आधार क्रमशः विस्तारित हो रहा है। बिना अपना स्वतंत्र स्वरूप बदले इतिहास समानधर्मी अनुशासनों की ऊर्जा से सार्थक रूप से प्रभावित हो रहा है और उन्हें भी प्रभावित कर रहा है। ये प्रवृतियाँ स्वस्थ हैं और उनमें एक आशाप्रद भविष्य का संकेत निहित है।

इतिहास क्या है ? इस प्रश्न में एक विस्मयकारी सरलता है, किंतु उसका सीधा और सरल उत्तर संभव नहीं है। इतिहास-लेखन और चिंतन अपने परिवेश से जुड़े रहे हैं, उनके तात्कालिक और दीर्घकालीन उद्देश्यों में कभी तारतम्य रहा है, कभी असंगति। बदलती मानसिकताओं के द्वंद्व ने प्रश्न को और भी जटिल बना दिया

है। इतिहासकारों ने स्वयं अपने लक्ष्य और साधनों के दायरे का सीमांकन किया है और आक्रामक जातीय शुद्धता की भावना से अपने सीमांतों की रक्षा करने के प्रयत्न किये हैं। ऐसे प्रयत्नों ने इतिहास की व्याख्या को और भी उलझन-भरी बना दिया है और स्कूलवादी हठधर्मिता ने विषय के स्वाभाविक विकास पर अनावश्यक बंदिशें लगा दी हैं। आज स्थिति यह हो गयी है कि इतिहास की विषयवस्तु, प्रकृति और आवश्यकता पर अनेक विपरीतार्थी अथवा बहु-ध्रुवी मत व्यक्त किये जा सकते हैं, जिनमें से प्रत्येक में एक सीमा तक सचाई है।

इतिहास कीं आदिम विधा बहुत पुरानी है। आद्य मिथक भी एक तरह के इतिहास हैं, यदि उन्हें विशेष दृष्टि से समझने की कोशिश की जाये। लिखित इतिहास के पहले मौखिक और स्मरण किया हुआ इतिहास था। सारी सीमाओं के बावजूद इस इतिहास का महत्व है--स्रोत के रूप में और युग-भूखंड की मानसिकता के प्रदर्श के रूप में। इस संबंध में चारण परंपरा का उल्लेख आवश्यक है, जिसकी रचनाओं में प्रत्यक्ष चाटुकारिता के अतिरिक्त इतिहास की महत्वपूर्ण कच्ची सामग्री होती थी। आरंभिक इतिहास-लेखन कई श्रेणी के लोगों ने किया--अन्वेषण-धर्मी यायावरों ने, दरबारी विद्वानों ने, ईसाई मिशनरियों ने, प्रशासकों ने। इस लेखन की भी अपनी सीमाएँ थीं। वह पूर्वग्रह-मुक्त नहीं था, कभी-कभी उसमें तीव्र दुराग्रह भी झलकते हैं। फिर भी इस लेखन में--विशेष कर उसके अनुभवजन्य विवरणों में--महत्वपूर्ण कच्ची सामग्री के अतिरिक्त प्रभावशाली विश्लेषण भी मिलते हैं। एक अकादमिक अनुशासन के रूप में इतिहास की स्वीकृति बहुत बाद की घटना है। उन्नीसवीं सदी में विशेषज्ञ व्यावसायिकता के प्रवेश ने इतिहास-लेखन को अनुशासित अवश्य किया, किंतु उसकी कुछ विकृतियाँ पूर्ववत् बनी रहीं और कुछ नयी विकृतियाँ भी जन्मीं।

अकादमिक अनुशासन के रूप में इतिहास की चर्चा करने के पहले उसके सामाजिक प्रकार्यों पर विचार आवश्यक है। यह हमारा दूसरा प्रश्न है--इतिहास क्यों ?

हेरोडेटस के जमाने से इतिहास की सामाजिक भूमिका महत्वपूर्ण मानी गयी है। मौखिक इतिहास के विभिन्न रूपों के भी सुनिश्चित प्रकार्य थे।

चारण परंपरा स्पष्टतः अपने आश्रयदाता और उसके वंश का गुणगान करती थी। इतिहास का उपयोग जातीय, क्षेत्रीय और राष्ट्रीय अस्मिता की अभिव्यक्ति के लिए भी खुलकर किया गया है, भले ही ऐसा करने में तथ्यों की तोड़-मरोड़ करनी पड़े। इस श्रेणी के इतिहास ने आलोचकों को उत्तर दिया है, अपने समाज और अपनी संस्कृति और सभ्यता को आलोचकों के समाज, संस्कृति और सभ्यता से बढ़ा-चढ़ाकर दिखाया है और विरोधियों का विद्रूप कर उन्हें लज्जित करने का प्रयास भी किया है। उपनिवेशवादी इतिहासकारों ने विजित समाजों का वर्णन इस प्रकार

किया है कि उनमें जातीय-राष्ट्रीय हीन भाव उत्पन्न हो और वे अपने नये शासकों की उत्तमता को सहज भाव से स्वीकार कर लें। समय की बदलती माँगों और आवश्यकताओं के अनुरूप राष्ट्रीय छवि की प्रस्तुति के लिए भी इतिहास का उपयोग हुआ है। वैसे बौद्धिक धरातल पर इतिहास का उद्देश्य बीते हुए युगों की खोज रहा है, इस आशा के साथ कि इतिहास का आलोक हमें वर्तमान और भविष्य के लिए मार्ग-दर्शन दे सके। इन भूमिकाओं और प्रकार्यों के दबावों ने इतिहास-लेखन को दिशा दी है और उसका स्वरूप निर्धारित किया है।

अब हम फिर कुछ क्षणों के लिए अपने पहले सवाल पर आयेंगे--इतिहास क्या है ?

एक लंबे अरसे तक इतिहास-लेखन पर रान्के की गहरी छाया रही है और यह प्रभाव आज भी देखा जा सकता है। रान्के ने इतिहास की बुनावट में तीन तत्त्वों को प्रायः समान स्थान दिया--व्यक्तित्व, राजनीति और कालानुक्रम। ऐतिहासिक रंगमंच पर स्थितियाँ और पात्र किसी विराट इतिहास-पुरुष के इर्द-गिर्द घूमते थे। कभी-कभी इतिहास-नायिकाओं को भी महत्व मिल जाता था, पर बहुधा उनके पीछे पुरुष विचार-शक्ति या रणकौशल होता था। ऐसे विराट व्यक्तित्व राजनीतिक घटनाक्रम का संचालन करते थे, जिसका कालानुक्रम से वर्णन करना इतिहास का उद्देश्य माना गया था। इस प्रकार के इतिहास में तथ्य-संकलन और विवरण मुख्य होता था, विवेचन और विश्लेषण गौण। इस प्रकार का इतिहास असाधारण पर केंद्रित होता था, उसमें सामान्य की प्रायः उपेक्षा होती थी। इतिहास का प्रकाशपुंज कभी-कभी जनसाधारण और उनके दैनिक जीवन पर भी केंद्रित हुआ। मैकाले के सामाजिक इतिहास का मज़ाक उसे भानमती का पिटारा (ओल्ड क्युरियॉसिटी शाप) कहकर भले ही किया गया हो, पर उसमें दैनिक जीवन के सामान्य पक्ष, जो इतिहास के लिए असामान्य थे, अवश्य चित्रित थे। इस चित्रण में व्यवस्था का अभाव था, किंतु वह एक नयी प्रवृत्ति का परिचायक था। मार्क्स ने अपनी ऐतिहासिक और राजनीतिक कृतियों में समाज के विभिन्न स्तरों का, जिनमें जनसाधारण भी सम्मिलित थे, वर्गों के आधार पर विश्लेषण किया है। ट्रेवेलियन ने ऐसे इतिहास की बात की है जिससे राजनीति बाहर निकाल ली गयी हो। यह स्वाभाविक है कि ऐसे इतिहास में विराट पुरुष ही नहीं होंगे। उनका स्थान सामान्य जन ले लेते हैं, जिनका सामान्य जीवन इतिहास की विषयवस्तु बन जाता है।

व्यक्ति-केंद्रित इतिहास के प्रति असंतोष का चरम उत्कर्ष समसामयिक इतिहास की महत्वपूर्ण और सशक्त विधाओं में दिखायी पड़ता है। सामाजिक इतिहास में क्रमशः नयी प्रवृत्तियाँ उभरी हैं। पहले, हमारा ध्यान ऐतिहासिक परिदृश्य के शिखरों और ऊँची पर्वतमालाओं से हटकर सामान्य जीवन के विशाल मैदानों को स्पर्श करने

लगा है। समाज के उपेक्षित और उत्पीड़ित वर्ग भी इतिहास की विषय-वस्तु बने हैं। दूसरे, यह इतिहास सिर्फ वर्णन नहीं करता है, उसमें तीव्र विश्लेषण की प्रवृत्ति भी लक्षित होने लगी है। सामाजिक प्रवृत्तियों के विश्लेषण के लिए इतिहास का संवाद अन्य सामाजिक विज्ञानों से होने लगा है। यह जरूरत महसूस की गयी है कि संस्कृति का भौतिकवादी पर सांबंधिक संबोध विकसित हो ... जिसमें संस्कृति में जड़ भौतिक जगत् का विश्लेषण हो। (ये शब्द जैराल्ड साइडर के हैं जो मुझे सुमित सरकार के माध्यम से मिले हैं, अनुवाद मेरा है।) इतिहास अब सामाजिक संबंधों, सामाजिक गठन, निजी जीवन, सामाजिक एकीकरण, सामाजिक संघर्ष, सामाजिक वर्ग, सामाजिक समूह आदि पर भिन्न किंतु अंतरावलंबी इकाइयों के रूप में केंद्रित होने लगा है। तीसरे, समग्र इतिहास की माँग बढ़ रही है, जिसमें लोकचेतना और मनोवृत्तियों के अध्ययन को महत्वपूर्ण माना गया है। अभी तक इतिहास ऊपर से नीचे की ओर देखता था, अब वह नीचे से ऊपर की ओर देखने लगा है। यह जन-इतिहास है, जिसमें समाज के सामान्य लोग सत्ताधीशों के हाथ में शतरंज के मोहरे नहीं हैं। अपनी तरह वे भी इतिहास के निर्माता हैं। उनकी शक्ति का आकलन अब होने लगा है।

तीसरे प्रश्न--अब इतिहास कैसे लिखा जाये ? --पर कुछ शब्द और। किसी भी बौद्धिक अनुशासन के स्वाभाविक विकास का नियमन कायदे-कानून बनाकर नहीं किया जा सकता है। ऐसा करना गलत भी होगा।

इतिहास का अनुशासन स्वयं अपना मार्ग खोज रहा है और इस प्रक्रिया में अन्य सामाजिक विज्ञानों से उसकी दूरी कम हो रही है। यह पवृत्ति नयी नहीं है। मानव के भौतिक उद्‌विकास और आरंभिक संस्कृति को अनुशासनों की एक लंबी शृंखला की सहायता के बिना नहीं समझा जा सकता था। इस समझ के लिए भौतिकी, जैविकी, रासायनिकी, भूगर्भ विज्ञान आदि अनेक अनुशासनों और उनकी नवीनतम अनुसंधान-विधाओं की जरूरत पड़ी। इसी तरह जन-केंद्रित और समग्र मानव इतिहास के लिए विभिन्न सामाजिक विज्ञानों का सहयोग और सहकार आवश्यक है। अनुशासनों से जुड़े गर्व के कारण इन विषयों के बीच का संवाद अब तक, पीटर बर्क के शब्दों में, बहरों की बातचीत रहा है। इन अनुशासनों ने एक दूसरे को पूर्वग्रह, शंका और भय की दृष्टि से देखा है। हमने उनकी सीमाओं पर विचार किया है, उपलब्धियों और संभावनाओं पर नहीं, उनके विकसित होते सीमांतों को अनदेखा किया है, उनकी नयी शाखाओं के विकास को अतिक्रमण माना है और प्रत्येक स्वतंत्र अनुशासन को भय रहा है कि दूसरा कोई अनुशासन उसे निगल न ले। यह मनोदशा अस्वस्थ है। हमें एक दूसरे की भाषा और मुहावरे को समझने का प्रयत्न नये सिरे से करना होगा, समान उद्देश्यों की प्राप्ति के लिए सहयोग करना होगा, और यदि

दो या अधिक अनुशासन एक ही विषयवस्तु का स्पर्श करते हैं तो इस स्थिति का स्वागत करना होगा। साथ ही प्रत्येक अनुशासन को नयी स्थिति से साक्षात्कार कर अपनी दृष्टि में और अनुसंधान प्रणाली में पैनापन और गहराई लानी होगी। इन अनुशासनों का अंतरावलंबी विकास अब आवश्यक हो गया है।

इतिहास कई तरह से लिखा गया है, कई तरह से लिखा जाता रहेगा। यह निश्चित है कि यह आने वाले वर्षों में और भी अधिक जनोन्मुख होगा, और उसकी तुलनात्मक दृष्टि सामाजिकीय संघटनाओं के विश्वव्यापी मानव इतिहास पर केंद्रित होगी। शायद उसमें सामान्य और विशिष्ट--साधारण और असाधारण--दोनों को स्थान मिले, पर साथ ही उनके अन्तर्संबंधों और लोक-संदर्भों की व्याख्या को वह अपने मूल उद्देश्यों की सूची में शामिल कर ले। इतिहास को समाज के एक ऐसे दर्पण के रूप में उभरना है, जो परंपरा के मूल्यांकन का साधन बने और अपने निर्मम सत्य से समाज को अपने भावी विकास की धाराओं पर विचार करने के लिए सार्थक पृष्ठभूमि दे।

[आधार वक्तव्य, 'इतिहास के नये सीमांत' पर संगोष्ठी,
मध्यप्रदेश उच्च शिक्षा अनुदान आयोग, भोपाल]

लोक और संस्कृति

आदिवासी धरोहर

दुनिया का हर सातवाँ व्यक्ति भारतीय है और भारत की जनसंख्या में आदिवासी सात प्रतिशत हैं। यह आँकड़ा पूरी तरह विश्वसनीय नहीं है, क्योंकि इसमें केवल वहीं आदिवासी समूह आते हैं, जिनके नाम भारतीय संविधान की 8वीं अनुसूची में सम्मिलित हैं। इनके अतिरिक्त ऐसे आदिवासी समूह भी हैं, जो किसी-न-किसी कारण से इस अनुसूची में सम्मिलित नहीं किये गये। अनुसूची में कुछ ऐसे समूहों के नाम भी सम्मिलित हो गये हैं, जिन्हें पहले आदिवासी नहीं माना जाता था। पर जो अपने लिए एक नयी सामूहिक छवि प्राप्त करने में सफल हुए हैं। सच कहा जाये तो आदिवासी और गैर-आदिवासियों के बीच की विभाजन-रेखा बहुत स्पष्ट नहीं है, क्योंकि थोड़े ही भारतीय ऐसे होंगे जिनमें आदिवासियों का रक्त न हो। फिर भी यह अंतर आज के संदर्भ में एक नया अर्थ ले चुका है और इसके साथ पहचान और आत्म-छवि के संवेदनशील प्रश्न जुड़े हैं।

भारत के संबंध में एक प्रचलित भ्रामक धारणा यह है कि इस देश में सभ्यता का प्रकाश आर्यों के आगमन के साथ ही आया। नये पुरातात्विक और ऐतिहासिक तथ्य इस भ्रांति का खंडन करते हैं। उत्तर पश्चिम से आर्य भाषाएँ बोलने वाले समूहों की लहरें, एक के बाद एक, जब इस उपमहाद्वीप में आ रही थीं तब भारत में एक उन्नत सभ्यता का विकास हो चुका था। इस सभ्यता के मुख्य तत्व थे--सुनियोजित नगर, विकसित कृषि-व्यवस्था, वाणिज्य और व्यापार का सुनियंत्रित जाल, जटिल धार्मिक विश्वास और कर्मकांड और एक ऐसी लिपि जिसे अभी तक पढ़ा नहीं जा सका है। यह सभ्यता 'सिंधु घाटी सभ्यता' अथवा 'हड़प्पा सभ्यता' के नाम से जानी जाती है। नये अनुसंधानों से हमें इसके सीमा-विस्तार के संबंध में बहुत ही महत्वपूर्ण सामग्री उपलब्ध हुई। इसका विस्तार एक ओर पंजाब और हरियाणा तक था, तो दूसरी ओर गुजरात के समुद्र तक। 'सिंधु घाटी सभ्यता' के पहले भी इस देश में पत्थर के उपकरण का उपयोग करने वाली अनेक संस्कृतियाँ थीं। अनेक स्थानों पर पाये गुफाचित्रों में उस काल के जीवन के दृश्य हमें मिलते हैं। बहुसंख्यक पत्थर के बने उपकरणों से, जो इस उपमहाद्वीप के प्रायः सभी भागों से मिले, हम देश के आरंभिक सांस्कृतिक विकास का कालानुक्रम निर्धारित कर सकते हैं। आर्य, जिनमें कई विशेषताएँ थीं, अपने साथ कोई सभ्यता नहीं लाये थे। उनकी परंपरा

सशक्त थी और वे प्रयत्नपूर्वक उसे बचाकर स्थायित्व प्रदान करने के लिए कटिबद्ध थे। उनकी स्मरणशक्ति विलक्षण थी और सकंठ पाठ से वे पूरी-की-पूरी पुस्तकें एक पीढ़ी से दूसरी पीढ़ी तक पहुँचा सकते थे। उनकी चिंतनशीलता उल्लेखनीय थी और वे सूक्ष्म तत्वों का विश्लेषण प्रभावशाली ढंग से कर सकते थे। उनका कर्मकांड अत्यंत विकसित था। अपनी संस्कृति और आत्मछवि को भी वे दर्पभरे भाव से शेष समाज के सामने प्रस्तुत करते थे।

इस स्थिति में सांस्कृतिक संघर्ष जरूरी था। आर्य प्रजाति के लोग अहंभाव-पीड़ित थे और देश के पुराने वासियों को अपने-आपसे बहुत कम समझते थे। उनका उल्लेख वे अनादरसूचक शब्दों से करते थे, जैसे दास, दस्यु, अनास आदि। प्राचीन भारत के कुछ भागों में दासप्रथा प्रचलित थी, किंतु आर्यों के पहले से देश में रहने वाले लोगों को दास कहना उचित नहीं था। देश में यहाँ-वहाँ संस्कृति के द्वीप थे। किंतु चोर और डाकू भी थे। परंतु आर्यों के पहले के सभी समाजों को दस्यु की संज्ञा देना निश्चित रूप से गलत था। यह सच है कि आर्यों के चेहरे पर उनकी नाक प्रमुख रूप से उभरकर आती थी, परंतु अपेक्षाकृत छोटी या दबी नाक वाले लोगों को नासिकाविहीन कहना निश्चित रूप से अनादरसूचक था। आर्यों की मौखिक परंपरा का एक बड़ा भाग कालांतर में लिपिबद्ध हो गया, इसीलिए हम यह जान सके कि वे आर्य-पूर्व भारतवासियों के संबंध में क्या धारणाएँ रखते थे। दुर्भाग्यवश आर्य-पूर्व परंपरा के ऐसे कोई दस्तावेज शेष नहीं हैं, जिनसे हम यह जान सकें कि आर्यों के बारे में उनका क्या मत था। यह निश्चित है कि उन्होंने आर्यों की प्रजातीय अथवा सांस्कृतिक श्रेष्ठता को स्वीकार नहीं किया। भारतभूमि पर नये-नये आये आर्यों को अपनी प्रजातीय उत्कृष्टता पर दंभ था और उन्होंने उसकी शुद्धता बचाये रखने के प्रयत्न भी किये। यह स्पष्ट है कि इस लड़ाई में वे हार रहे थे। आर्यों और अनार्यों में विवाह वर्जित थे, फिर भी ऐसे विवाहों की संख्या बढ़ती ही गयी। शीघ्र ही ऐसी स्थिति आयी जब भारत की जनसंख्या में अनेक प्रजातियों का मिश्रण हो गया। आर्यों के द्वारा प्रजातीय शुद्धता के दावे किये जाते रहे, परंतु वे केवल एक मिथक थे।

धर्म और संस्कृति के संबंध में लगभग यही स्थिति थी। हिंदू त्रिमूर्ती में शिव या महादेव का स्थान महत्वपूर्ण है। शिवभक्ति की परिकल्पना के स्रोत आदिवासी किंवदंतियों, विश्वासों और धार्मिक क्रियाओं में थे। सर्वशक्तिमान माता से जुड़े हुए विश्वास और धार्मिक क्रियाओं का उद्‌गम आदिवासी, स्थानीय और क्षेत्रीय परंपराओं में है। हिंदू धर्मपंडितों ने इन्हें हिंदूधर्म के सम्मानित देवी-देवताओं में सम्मिलित कर लिया और उनके संबंध में सुचिंतित, दार्शनिक और धार्मिक अवधारणाएँ प्रस्तुत कीं। इसी प्रक्रिया से लोकव्यापी हिंदुत्व का विकास हुआ। महान ऋषियों द्वारा संकलित

और संपादित धार्मिक और सामाजिक संहिताओं का भारत भर में लोकव्यापीकरण नहीं हुआ था। पूरी तरह न उनकी आत्मा को स्वीकारा गया था, न उनके स्वरूप को। धीरे-धीरे इन संहिताओं में लौकिक परंपराओं का समावेश हुआ। आज का जीवित सामाजिक यथार्थ शास्त्रीय परंपरा पर पूरी तरह आधारित नहीं है। शास्त्रीय परंपराएँ केवल एक आदर्श प्रारूप प्रस्तुत करती हैं। स्थानीय और क्षेत्रीय सांस्कृतिक व्यक्तित्व आज भी सशक्त हैं और उनकी अलग पहचान है। विराट हिंदू समाज में वे एक दूसरे से जुड़ी होकर भी अपना अलग अस्तित्व रखती हैं। धार्मिक संस्कारों और सामाजिक रीति-रिवाजों में आज भी स्थानीय और क्षैत्रीय रंग और गंध हैं। इस संदर्भ में यह जानना भी आवश्यक है कि आरंभिक हिंदू धर्म के अनेक प्रतिष्ठित और पूजित देवता आज पदावनत हो गये हैं। संस्कृत मंत्रों में यदा-कदा उनका उल्लेख होता है परंतु अपने गौण स्थान के कारण वे पूजा-अर्चना के अधिकारी नहीं रह गये हैं।

भारत की इस लंबी सांस्कृतिक गाथा से हमें क्या सबक मिलता है। मिथक कुछ भी कहें, सच्चाई उनसे बहुत अलग है। प्रजातीय रूप से भारतीय जन एक मिश्रित समूह हैं; इसके किसी भी अंश का प्रजातीय शुद्धता के अहंभाव से पीड़ित होने का कोई वैज्ञानिक आधार नहीं है। यह भी निश्चित है कि हमारी संस्कृति का आज का रूप एक ऐतिहासिक प्रक्रिया का परिणाम है, जिससे अनेक प्रजातियों और सांस्कृतिक तथा धार्मिक समुदायों का संविलयन जुड़ा है। आर्य-पूर्व और आर्य तो एक दूसरे से घुले-मिले ही, किंतु अनेक अन्य संस्कृति-धारक लहरें भी आकर इस उपमहाद्वीप की संस्कृति में समाहित होती रहीं।

आप पूछ सकते हैं कि जब पुराने निवासियों और आर्यों के संविलयन से एक नये समाज का निर्माण हुआ तब कुछ समूह अपनी आदिम संस्कृति को कैसे बचाये रख सके? वस्तुतः कई समूह सफलतापूर्वक संविलयन की इस प्रक्रिया का विरोध करते रहे। इस विरोध की उन्हें कीमत भी चुकानी पड़ी। अपनी सांस्कृतिक अस्मिता को बचाये रखने के लिए उन्हें नवविकसित सांस्कृतिक केंद्रों से दूर वनों और पर्वतों की शरण लेना पड़ी। इस एकांत में उन्होंने अपनी जीवनशैली की विशिष्टता को बचाये रखा। धीरे-धीरे उन पर सांस्कृतिक और धार्मिक दबाव बढ़ते गये। उनमें से कुछ को हिंदू समाज की स्तरित व्यवस्था में सम्मानजनक स्थान मिल गया। शासक और शक्तिसंपन्न समूह क्षत्रियों के समकक्ष माने गये। कुछ समूहों को अपेक्षाकृत नीचा स्थान मिला, पर वह असम्मानजनक नहीं था। अन्य समूह, जो नयी हिंदू पहचान स्वीकार करने वाले समूहों पर आश्रित थे, और भी नीचे स्तर पर हिंदू समाज से जुड़े। जिन आदिवासी समुदायों के पास संख्या की शक्ति थी, वे इस प्रक्रिया का अंग न बनने में सफल हुए। संख्या के अतिरिक्त उनका परिवेश

भी इस विरोध को सफल बनाने में सहायक हुआ। कई छोटे-छोटे आदिवासी समुदाय ऐसे सुदूर और अगम्य भागों में रहते थे कि उन्हें लंबे समय तक छेड़ा नहीं गया। इस तरह एक ओर जहाँ सामान्य हिंदू समाज में आदिवासी प्रजातीय और सांस्कृतिक तत्वों का मिश्रण हुआ, दूसरी ओर कुछ आदिवासी समुदाय अपनी प्रजातीय शुद्धता और सांस्कृतिक वैशिष्ट्य बचाये रख सके।

आदिवासियों और गैर-आदिवासियों में अंतर किस तरह किया जा सकता है ? प्रश्न कठिन है, क्योंकि उनके बीच की विभाजन-रेखा स्पष्ट नहीं है। भारतीय संदर्भ में आदिवासी और जनजाति शब्दों की सूक्ष्म और संतोषजनक व्याख्या नहीं की गयी है। 'ट्राइब' शब्द का उपयोग ऐसे समुदायों के लिए किया गया था, जो न एक दूसरे के समान थे और न जिनकी तुलना ही की जा सकती थी। इतिहास की पुस्तकों में राजपूतों और जाटों को भी यही संज्ञा दी गयी थी। बाद में इस शब्द का प्रयोग मूलनिवासियों और पूर्व समूहों के लिए ही किया जाने लगा। स्थिति इससे भी स्पष्ट नहीं हुई। जनजातियों की पहचान के लिए जिन तत्वों का सहारा लिया जाता है, उनमें से कुछ निम्नलिखित हैं :

(1) जनजातियों की जड़ें इस देश में बहुत गहरी और पुरानी हैं। वे इस भूभाग के सर्वप्रथम निवासी भले ही न हों, वे निश्चित रूप से यहाँ के पुरातनतम निवासियों में हैं।

(2) वे वनों और पर्वतों के अपेक्षाकृत एकांत में रहते हैं। उनका परिवेश अगम्य भले ही रहा हो, किंतु उसकी दूरी ने सांस्कृतिक प्रभावों पर स्वाभाविक नियंत्रण रखा है।

(3) जनजातियों का इतिहासबोध सीमित और उथला है। उनका स्मरण किया हुआ इतिहास पाँच-छः पीढ़ियों से अधिक का नहीं होता। इसके बाद वह जातीय मिथकों से जुड़ जाता है।

(4) उनके आर्थिक और प्राविधिक विकास का स्तर बहुत ऊँचा नहीं होता।

(5) अपनी सांस्कृतिक समग्रता, भाषाओं, संस्थाओं, विश्वासों और प्रथाओं के आधार पर समाज के शेष भागों से वे अलग दिखायी पड़ते हैं।

(6) जनजातियाँ समतावादी भले ही न हों, किंतु उनमें आंतरिक स्तरण और विशेषीकरण बहुत कम होता है।

ये सूचक बहुत संतोषजनक नहीं हैं। वैज्ञानिक कसौटी पर इनमें कई कमियाँ पायी जा सकती हैं। अधिक विश्वसनीय आधार के अभाव में ऐसे समूहों को, जिनमें यदि सब नहीं तो कुछ ऐसे तत्व हों, हम जनजाति कहकर संबोधित करते हैं। भारतीय संविधान के लागू होने के बाद अनुसूचित जनजातियाँ एक विशिष्ट श्रेणी के रूप में उभरकर आयी हैं। अनुसूचीकरण मूलतः राजनीतिक निर्णय पर आधारित होता है।

ऐसे निर्णयों का प्रजातीय, सांस्कृतिक या आर्थिक प्राविधिक कारकों पर आधारित होना आवश्यक नहीं है। स्मरण रखने की बात यह है कि इनमें से अनेक समुदायों की स्वतंत्र जनजातीय पहचान है और वे अपनी सांस्कृतिक अस्मिता को बचाये रखने के लिए सचेत हैं।

इस तरह हम देखते हैं कि एक ओर आर्य-पूर्व और आर्य-तत्वों के मिश्रण से भारत में एक सामाजिक संस्कृति विकसित हो रही थी, तो दूसरी ओर कुछ जनजातियाँ अपनी आत्मछवि और पहचान के अनुरूप जीवनशैली बनाये रखने के लिए निरंतर प्रयत्नशील थी। समसामयिक जनजातियों के पूर्वजों ने इस सामासिक संस्कृति के विकास में योगदान किया था। वे स्वयं परिवर्तन की सशक्त आँधियों से प्रभावित नहीं रहीं। हमारी आज की संस्कृति में जनजाति तत्व कुछ इस तरह घुलमिल गये हैं कि उनको पहचानना कठिन हो गया है। आज की जनजातियों को अतीत के अवशेष मानना गलत होगा, क्योंकि समय की अनिवार्यताओं और पड़ोसियों की परंपराओं ने अपने प्रभाव उनपर छोड़े हैं। जनजातियाँ भारत के प्रजातांत्रिक राजतंत्र में पूरी हिस्सेदारी की इच्छुक हैं और इस दृष्टि से वे कई रूपों में दबाव डाल रही हैं।

जनजाति शब्द कुछ अर्थों में भ्रामक है। इस श्रेणी में आने वाले समुदायों की तुलना उनकी संख्या, अथवा सामाजिक गठन और सांस्कृतिक प्रकार्यों की विशिष्टता अथवा आर्थिक-प्राविधिक विकास के स्तर के आधार पर ही की जा सकती है। गोंड़, मुंडा, कोल, भील और संथाल संख्या की दृष्टि से बड़ी जनजातियाँ हैं। इनकी तुलना में बिरहोर, कुमार, चैन्चू और इसी तरह की अनेक जनजातियों की संख्या कुछ हजार से अधिक नहीं है। कुछ जनजातियाँ इनसे भी छोटी हैं। उदाहरण के लिए ओंगे और टोटो जनजातियों की संख्या सौ से भी कम है।

जनजातियों के सामाजिक संगठन के स्वभाव और जटिलता में बड़ी भिन्नता पायी जाती है। उनकी पारिवारिक रचना और उत्तराधिकार की व्यवस्था में भी महत्वपूर्ण अंतर है। भारत के अधिकांश भागों के आदिवासी समूहों में पुरुष की प्रधानता है और इनमें उत्तराधिकार का निर्णय पिता की पंक्ति में होता है। इसके विपरीत दक्षिण और उत्तर-पूर्व में उत्तराधिकार मातृधारा द्वारा निर्णीत होते हैं और पारिवारिक गठन मातृप्रधान होता है। विवाह के इच्छित रूपों में भी अलग-अलग समुदायों में अलग निर्णायक मान्यताएँ पायी जाती हैं। मध्यप्रदेश, उड़ीसा, बिहार, उत्तरप्रदेश और नागालैंड की कुछ जनजातियों में युवा गृहों का प्रचलन था जिनके परिमार्जित स्वरूप आज भी वहाँ देखे जा सकते हैं। ये संस्थाएँ क्रीड़ा-केंद्र होने के अतिरिक्त जनजातीय युवावर्ग में अनुशासन उत्पन्न करती थीं और शैक्षिक संस्था के रूप में उन्हें जनजातीय परंपराओं और मूल्यों से परिचित कराती थीं। अनेक जनजातियाँ गोत्रों में विभाजित

है, जिनमें कई गोत्र-समूहों के विशेष संबंध होते हैं। तमिलनाडु के नीलगिरि क्षेत्र, उत्तर प्रदेश के चकराता क्षेत्र और हिमाचल प्रदेश के कई भागों में बहुपति-प्रथा अभी भी प्रचलित है। यहाँ यह स्मरण रखना आवश्यक है कि उत्तरप्रदेश और हिमाचल के ये समूह कुछ समय पहले ही जनजातियों के रूप में अनुसूचित किये गये हैं और उनकी हिंदू पहचान बनना अभी भी शेष है। कई छोटी-छोटी जनजातियाँ आज भी आदिम खाद्य संकलन के स्तर पर हैं। उनसे कुछ बड़े समूहों में अस्थिर कृषि-व्यवस्था के दर्शन होते हैं। इनकी 'झूम' या 'पोडू' कही जाने वाली कृषि-व्यवस्था में बड़े वृक्षों की डालियों और छोटे वृक्षों और झाड़ियों को काटकर उनमें आग लगा दी जाती है और सीधी या टेढ़ी कुदाल की सहायता से खेती की जाती है। कुछ समूह स्थायी निवास नहीं बनाते और एक स्थान से दूसरे स्थान को जाते रहते हैं। यायावरी उनकी सांस्कृतिक विरासत का अंग है। कुछ जनजातियाँ किसी विशिष्ट आदिम प्रवृत्ति से जुड़ी रहती हैं, कुछ किसी रोजगार को अपना लेती हैं। बड़े समुदायों में स्थायित्व का कारण है कृषि जिसमें हल का उपयोग भी किया जाता है। कृषि की दृष्टि से ये जनजातियाँ गैर-आदिवासी कृषक समाज से भिन्न नहीं हैं। किंतु उनके मिथकों, धार्मिक विश्वासों और क्रियाओं तथा सामाजिक प्रथाओं में जनजातीय रंग पाया जाता है।

भारत का सांस्कृतिक चित्र पच्चीकारी का एक अच्छा नमूना है, जिसमें विविध संस्कृतियों के आकार और रंग मिले हैं। आदिवासी समूह इस रचना में विशेष स्थान रखते हैं। समय-समय पर आदिवासियों और शेष जनसंख्या में संघर्ष की स्थितियाँ आयी हैं; परंतु सामान्यतः जीवन की धारा को कठिन अवरोध का सामना नहीं करना पड़ा। आदिवासियों को अन्य समूहों का उच्चभाव अच्छा नहीं लगता था और वे उनकी आलोचना से दुखी भी हो जाते थे। आदिवासी-बहुल क्षेत्रों में आदिवासियों और गैर-आदिवासियों के संबंधों में स्थायित्व आ गया था। अखिल भारतीय आदिवासी पहचान विकसित नहीं हुई थी। सच तो यह है कि कई जनजातियाँ अपने असली नामों से नहीं जानी जातीं। वे उन नामों से जानी जाती हैं जो उन्हें दूसरों ने दिये। उदाहरण के लिए गोडों का मूल नाम कोइतूर है और मिजो पहले लूशाई नाम से जाने जाते थे। उन्हें आदिवासी, आदिमजाति, जनजाति और गिरिजन जैसी संज्ञाएँ सामाजिक कार्यकर्ताओं द्वारा दी गयी थीं, जो उनके कल्याण की योजनाओं से जुड़े थे। धीरे-धीरे भारतीय उपमहाद्वीप पर उन समूहों की एक अलग पहचान उभरी और वे इन नये नामों से पहचाने जाने लगे। उत्तरपूर्व में ऐसे समूह अपने-आपको आदिवासी की अपेक्षा जनजाति या 'ट्राइब' कहलाना पसंद करते थे। अंग्रेजी सरकार ने अपवर्जित और आंशिक रूप से अपवर्जित क्षेत्रों का निर्माण कर आदिवासियों और गैर-आदिवासियों की दूरी को बढ़ाया। कम-से-कम ऊपरी तौर पर

इस प्रयत्न का उद्देश्य था कि आदिवासियों को शोषण और विलीनीकरण की प्रक्रिया से बचाया जाय। यह कह सकना कठिन है कि आदिवासी किस सीमा तक शोषण से बचे, किंतु उभरती राष्ट्रीय जीवनधारा में आदिवासियों के समाकलन की प्रक्रिया कुछ मंद अवश्य हुई। अल्प परिमार्जन के साथ स्वतंत्र भारत की सरकार ने इस नीति को चालू रखा। कुछ जनजातियाँ 'अनुसूचित जनजातियाँ' कहीं जाने लगीं और कुछ क्षेत्र 'अनुसूचित क्षेत्र' बना दिये गये। नयी नीति में विकास और कल्याण की गति बढ़ायी गयी और आदिवासियों के समाकलन के धीमे और सतर्क प्रयत्न किये गये।

आदिवासी समस्या पर राष्ट्रीय सोच नेहरू-एलविन सिद्धांत से प्रभावित हुआ। नयी नीति आदिवासियों के प्रति संवेदनशील थी। उसके अंतर्गत यह प्रयत्न किया गया कि जहाँ तक हो सके, आदिवासी परंपराओं को छेड़ा न जाये और आदिवासी क्षेत्रों को अति-शासन के दोष से मुक्त रखा जाये। यह भी प्रयत्न था कि आदिवासियों पर अनावश्यक सुधार थोपे न जायें। प्रतिपूरक विभेदीकरण की नयी नीति विकसित की गयी, जिसके अंतर्गत आदिवासियों को विधायी संस्थाओं, सार्वजनिक सेवाओं और शैक्षिक संस्थाओं में आरक्षण दिया गया। राष्ट्रीय बजट में आदिवासी विकास के लिए विशेष प्रावधान किया गया। यह नीति सत् उद्देश्य से प्रेरित थी, किंतु उसका क्रियान्वयन जिस तरह से किया गया, उससे उसके परिणाम संतोषजनक सिद्ध नहीं हुए। कुछ आदिवासी समूहों और क्षेत्रों में जातीय भावना से प्रेरित आंदोलनों ने हिंसात्मक रुख अपनाया। इंदिरा गांधी, जो अपने बचपन में मानव वैज्ञानिक बनकर आदिवासियों का अध्ययन करना चाहती थीं, नये विचारों और नीतियों की प्रेरणा-स्रोत बनीं। उत्तर-पूर्व के राज्यों का पुनर्गठन कर उन्होंने इस आंदोलन की तीव्रता को कम किया। आदिवासी विकास की एक नयी रणनीति बनायी गयी। इस नीति को इंदिराजी का पूरा समर्थन प्राप्त था। विचारों के धरातल पर योजना अच्छी थी, किंतु राज्यों की राजनीतिक अनिश्चितता, राज्य स्तर पर हस्तक्षेप और नौकरशाही के अदूरदर्शी रवैये ने नीति के सफल क्रियान्वयन में बाधा डाली। नागालैंड, मिजोरम, मणिपुर और त्रिपुरा में स्थिति बिगड़ी और वह आज भी चिंताजनक है। आदिवासी भारत के शेष भागों की शांति भी भ्रामक है। नक्सलबाड़ी श्रीकाकुलम और तेलंगाना में जो आंदोलन हुए, उन्हें आंदोलनकारियों का कार्य मात्र ही नहीं माना जाता। इन क्षेत्रों में तीव्र असंतोष व्याप्त था। यदि दूरंदेशी से काम नहीं लिया गया तो छोटा नागपुर और बस्तर में भी स्थिति बिगड़ सकती है। इस संबंध में चेतावनी का स्वर स्पष्ट है। हमें स्थिति पर गंभीर विचार कर सार्थक योजनाएँ बनाना है, जिनसे यह असंतोष कम हो सके। जनजातियों की संवेदनाओं को समझना और आर्थिक अन्याय से उन्हें बचाना आवश्यक है।

देश के आदिवासी-बहुल भागों में जब अस्थिरता और अशांति होती है, तो हमारी जनसंख्या का एक बड़ा भाग उत्तेजित हो जाता है। उसे आश्चर्य होता है कि आदिवासी अपनी प्राथमिक परंपराओं से क्यों चिपके रहना चाहते हैं। वे महान भारतीय परंपरा का अंग बन जाने का विरोध क्यों करते हैं ? संविलयन, उनकी दृष्टि में, आदिवासी समस्याओं का एक मात्र समाधान है। यह अतिसरलीकृत समझ का एक उदाहरण है। यदि हिंदू जातियों ने अपनी जातीय प्रथाओं और रस्म-रिवाजों को बनाये रखा है, तो क्या यह उचित है कि हम आदिवासियों से यह अपेक्षा करें कि वे अपने वैशिष्ट्यसूचक चिह्नों को छोड़ दें विशाल हिंदू परंपरा स्वयं क्षेत्रीय और स्थानीय परंपरा के एक संघ जैसी है। जातीय-भावना-जनित आंदोलन केवल आदिवासी समूहों तक सीमित नहीं है, उन्हें अनेक धरातलों पर अनेक रूपों में अभिव्यक्ति मिली है। बढ़ते हुए सांस्कृतिक अंतर से हमें चिंतित न होना चाहिए। जरूरी यह है कि आर्थिक विषमताएँ कम की जायें। समस्या का आर्थिक पक्ष उतना ही महत्वपूर्ण है जितना उसका सांस्कृतिक पक्ष।

राष्ट्रीय समाकलन का सरलतम उपाय है अंतरावलंबन के ऐसे रूपों का विकास जिसमें अलग-अलग समूहों का काम एक-दूसरे के बिना न चल सके। सैन्य शक्ति से भारत का सांस्कृतिक एकीकरण नहीं किया जा सकता, यह औषधि उस व्याधि से भी खराब है जिसके लिए इसका प्रयोग सुझाया जा रहा है। इससे विभेदक शक्तियों को सहारा मिलेगा, सांस्कृतिक दूरियाँ बढ़ेंगी। आदिवासियों के अधीनस्थ और अन्य समूहों को प्रमुख मानना रुग्ण मानसिकता का परिचायक है। आदिवासी क्षेत्र देश के आंतरिक अपनिवेश नहीं हैं। हमें स्मरण रखना चाहिए कि भारतीय संविधान के अनुसार सभी नागरिक समान हैं, प्रजाति, धर्म, विश्वास और जाति से उनकी स्थिति में अंतर नहीं आता। किसी भी वर्ग या समूह को कोई विशेषाधिकार नहीं है। वैसे महान भारतीय परंपरा में भी विसंगतियाँ, असमताएँ और अन्याय अंतर्निहित हैं। जहाँ गाँवों में इतनी पीड़ा, इतना शोषण है, वहाँ कुछ समूहों में उच्च भाव का आधार क्या है ? क्यों हम चाहते हैं कि आदिवासियों के जीवन की खुशियाँ खत्म हो जायें, उनसे उनके गीत और नृत्य छिन जायें ?

आदिवासियों और गैर-आदिवासियों के बीच 'हम'/'वे' का अंतर बढ़ रहा है। इसके मूल में है हमारी दोषपूर्ण ऐतिहासिक समझ और बहुसंख्यकों की झूठी उच्च भावना। दोनों को नजदीक आना है, किंतु इस प्रक्रिया में आदिवासियों का आकृतिहीन बनना जरूरी नहीं है। आदिवासी क्षेत्रों से न्यस्त हितों वाले छोटे से वर्ग को निर्मूल करना आवश्यक है, जिससे आदिवासियों का शोषण रुक सके। हमारे वन राष्ट्रीय संपदा हैं, पर हजारों वर्षों से आदिवासियों की संस्कृति, विशेष कर अर्थव्यवस्था, उन पर अवलंबित रही है। वनों की रक्षा के नाम पर हम उन्हें अपने पारंपरिक

अधिकारों से वंचित नहीं कर सकते। आदिवासी क्षेत्रों में बहुमूल्य खनिज संपदा है। इन क्षेत्रों में बड़े-बड़े उद्योग लग रहे हैं। व्यापक सामाजिक हित में यह जरूरी है, किंतु आदिवासियों के पुनःस्थापन के सार्थक प्रयत्न भी उतने ही जरूरी हैं। अब तक ये प्रयत्न दुर्बल और अप्रभावी रहे हैं। आदिवासियों के लिए विकल्प की तलाश हमें सहानुभूति और दूरदर्शिता से करना है। प्रयत्न यह करना है कि औद्योगीकरण की प्रक्रिया उनके लिए अप्रिय और विघटनकारी न हो। उनकी कृषि-व्यवस्था का आधुनिकीकरण किया जा सकता है और आने वाले दशकों में वे वन की उपज के परिष्कर्ता बन सकते हैं। उनके लिए शिक्षा की ऐसी प्रविधि अपनायी जा सकती है जो उन्हें अपनी संस्कृति से विमुख न करे। प्रतिपूरक विभेदीकरण की नीति को हमें आगामी कई दशकों तक चालू रखना होगा, पर धीरे-धीरे हमारे कार्यक्रमों का झुकाव उनकी ओर होना चाहिए, जिनकी जरूरतें सबसे अधिक हैं।

आदिवासी जीवन पर रोमेंटिक ढंग से विचार करना व्यर्थ है, पर हमारे सोच में मानवीय संवेदना और सामाजिक स्रोत अवश्य होना चाहिए। सामाजिक प्रवृत्तियों के तीव्र प्रहार से उनका उत्पीड़न हुआ है और वे विपन्न बन गये हैं। समता के धरातल का सहानुभूतिपूर्वक व्यवहार ही उन्हें भारतीय जीवन का सशक्त अंग बना सकता है। 'हम' और 'वे' की भावना को राष्ट्रीय जीवन में विखंडनकारी शक्ति के रूप में नहीं उभरना चाहिए।

लोक-कलाओं का भविष्य

समसामयिक समाज में दो विपरीत प्रवृत्तियाँ लक्षित हो रही हैं। एक ओर पृथ्वी की दूरियाँ सिकुड़ रही हैं और मानव जाति 'एक ग्रह, एक मानवता' के आदर्श की ओर बढ़ती दिखायी दे रही है; वेश-भूषा, खान-पान, मनोरंजन आदि के क्षेत्रों में परंपरागत सीमाएँ टूट रही हैं और एक नया रुचि-वैविध्य लोकप्रिय होता जा रहा है, जो 'अपने' और 'पराये' के बारे में अधिक चिंतित नहीं है; कलाएँ इस पारस्परिक आदान-प्रदान से अछूती नहीं रही हैं, उनमें पर-संस्कृति प्रभाव व्यापक रूप से देखे जा सकते हैं। दूसरी ओर 'जड़ों की खोज' या 'बुनियाद की तलाश' का उपक्रम बड़े शक्तिशाली ढंग से उभरा है। यह प्रवृत्ति गहराई में जाकर संस्कृति की जड़ों को खोजने तक ही सीमित नहीं रही है, उसका आग्रह समूहों की विशिष्ट परंपराओं और सांस्कृतिक अस्मिता की वापसी की ओर भी है। इस तरह जहाँ एक ओर एकीकृत विश्व-संस्कृति पुष्ट होती दिखायी देती है, तो दूसरी ओर सांस्कृतिक व्यक्तित्व का प्रश्न विभिन्न मानव समुदायों के बीच विभाजन की नयी रेखाएँ खींचता है। पहली प्रवृत्ति विश्वव्यापी प्रबुद्ध तथा बौद्धिक संस्कृति और दूसरी ओर लोकप्रिय (पापुलर) या जन (मास) संस्कृति को जन्म देती और संवर्धित करती है तो दूसरी प्रवृत्ति भूली-बिसरी और विशृंखलित तथा क्षीण होती लोक परंपराओं को पुनर्जीवित करने का आश्वासन देती है। इन प्रवृत्तियों के टकराव के दूरगामी प्रभाव क्या होंगे, यह कह सकना कठिन है। आने वाले कल का स्वरूप बहुत कुछ आज अपनायी गयी सांस्कृतिक नीतियों और सांस्कृतिक नियोजन की व्यूहरचना पर निर्भर होगा।

कलाओं के उद्भव और विकास का पहला चरण लोकभावना और सामुदायिक चेतना से अनुप्राणित रहा। कला के सृजन और उपभोग दोनों में सामुदायिक स्पष्ट रूप से दिखायी पड़ती थी। समूह मिल-जुलकर गाता और नाचता था। हजारों वर्षों तक सीमित संख्या के अभिप्रायों (मोटिव्स) वाली लोक-कथाओं ने बच्चों की कई पीढ़ियों का मनोरंजन और ज्ञानवर्द्धन किया। ये लोक-कथाएँ पूरे समुदाय की होती थीं, उन पर किसी परिवार अथवा समूह-विशेष का एकाधिकार नहीं होता था। समुदाय के मिथक उसका इतिहास और दर्शन होते थे, लोक-जीवन-दृष्टि इनमें अभिव्यक्ति पाती थी। भित्तिचित्र और साधारण आकृतियाँ समुदाय का कोई भी सदस्य प्रायः समान योग्यता से बना लेता था। सामान्य जीवन में उपयोग में आने वाली वस्तुओं को भी कलात्मक

ढंग से सजाया-सँवारा जाता था। कलाकार और श्रोता अथवा दर्शक का अंतर स्पष्ट नहीं था, दोनों की भूमिकाएँ मिली-जुली होती थीं। एक ही व्यक्ति कभी गायक या नर्तक होता था, तो कभी वह दर्शक बन जाता था। गायन, नृत्य, कहानी कहने अथवा चित्रांकन की क्षमताओं में अंतर अवश्य होता था, किंतु इन क्षेत्रों में विशेषज्ञता विकसित नहीं हुई थी। विभिन्न कला-रूपों के संबंध में समूह के प्रत्येक व्यक्ति को जानकारी होती थी और वे थोड़े-बहुत अंतर से उनमें सहभागी बन सकते थे। सामाजिक संरचना में जटिलता आने के बाद कलाओं में भी विशेषीकरण आरंभ हुआ, किंतु लंबे समय तक उनमें सामूहिकता के तत्व बने रहे और थोड़े-बहुत परिवर्तन के साथ आज भी बने हुए हैं।

लोक-कलाएँ जीवन के अंग-प्रत्यंग से जुड़ी रहती थीं। कठिन शारीरिक श्रम के काम संगीत से हलके किये जाते थे। पेड़ काटना, नाव चलाना, बोझ खींचना, चक्की पीसना आदि किसी-न-किसी प्रकार के संगीत से जुड़े होते थे। हर ऋतु के अपने गीत और नृत्य होते थे। जीवन के संक्रमण काल--जन्म, विवाह, मृत्यु--नृत्य और गायन के अवसर तो होते ही थे, उनसे चित्रांकन, मृद् कलाएँ, काष्ठ शिल्प आदि भी संबद्ध होते थे। आर्थिक क्रियाओं में भी किसी-न-किसी तरह जाने-अनजाने कलाएँ प्रवेश पा जाती थीं। धर्म और जादू-टोने से भी कलाएँ असंपृक्त नहीं होती थीं। सच तो यह है कि धार्मिक क्रियाओं और लोक-कलाओं में सावयवि संबंध था। यह कहना शायद उचित न हो कि शुद्ध सौंदर्यवादी दृष्टि से कलात्मक सृजन होता ही नहीं था, परंतु यह निश्चित रूप से कहा जा सकता है कि कलाओं का उपयोगवादी पक्ष किसी भी दृष्टि से गौण नहीं था। आद्यकला-सृष्टियों के कई रूपों के संबंध में आज हम केवल अनुमान ही कर सकते हैं, उनके व्यवहारवादी पक्षों पर प्रामाणिक टिप्पणी करना संभव नहीं है। अल्जीरियाई सहारा मरुस्थल के मध्य आश्चर्यजनक चित्रकला के नमूने अवशिष्ट हैं, जो कठिन यात्रा के बावजूद हर वर्ष हजारों दर्शकों को अपनी ओर खींचते हैं। आदिमानव ने इन चित्रों की रचना क्यों की ? आज इस प्रश्न का कोई संतोषजनक उत्तर नहीं दिया जा सकता। ये चित्र सौंदर्यबोध को अभिव्यक्त तो करते ही हैं, पर शायद उनके साथ कोई धार्मिक या आर्थिक कार्य भी जुड़े हों। यही प्रश्न भोपाल के समीप भीमबेटका के चित्रों को देखकर उठता है। आदिमानव ने यूरोप में 'विलेनडार्फ की वीनस' की प्रसिद्ध मूर्ति क्यों गढ़ी ? सिंधु सभ्यता से जुड़ी चित्रकला और मूर्तिकला के पीछे मूल भावना क्या थी ? ये प्रश्न ऐसे हैं जिनका पूर्णतः विश्वसनीय उत्तर शायद हमें कभी न मिले। इतना अवश्य कहा जा सकता है कि उनमें सौंदर्यदृष्टि तो थी ही, उनका कोई व्यवहारवादी पक्ष भी अवश्य रहा होगा। दैनिक जीवन में उपयोगी कितनी ही वस्तुओं का अलंकरण किया जाता था। परिधान--चाहे वे घास या पत्तों के हों, वल्कल के हों या हथकरघे से बने कपास या रेशम के हों--आकर्षक

डिजाइन और आकृतियों से अलंकृत होते थे। धनुष-बाण, कुल्हाड़ी, हारपून, बूमरेंग आदि अस्त्र-शस्त्रों में भी नक्काशी और पच्चीकारी की जाती थी। मिट्टी, लकड़ी, पत्थर या धातुओं के बर्तन सजाए-सँवारे जाते थे। प्रशांत महासागर के द्वीपों में नौकाओं को कलात्मक ढंग से बनाया जाता था, मूर्तियाँ और भाँति-भाँति के आकर्षक डिज़ाइन उनके अविभाज्य अंग होते थे। फिर उन्हें कौड़ियों, सीपियों और शंखों से भी सजाया जाता था। धर्म-भावना ने काष्ठ, प्रस्तर और धातु शिल्प को भी प्रेरित किया। अमरीकी इंडियंस के टोटम स्तंभ, सालोमन द्वीप की विशाल और विकराल मूर्तियाँ, अफ्रीका के मुखौटे और अनेक अन्य शिल्प-रूप धर्म-भावना के प्रतिनिधि माने जा सकते हैं। कला और जीवन का अंतरावलंबन लोक-कलाओं के आरंभिक रूपों की एक उल्लेखनीय विशेषता है। थोड़े-बहुत परिवर्तन के साथ यह विशेषता आज भी लोक-कलाओं में बनी हुई है। लोक-कलाकार ने अपनी कला को जीवन से काटकर देखने का प्रयत्न नहीं किया, उसकी कला जीवन से जुड़ी कला है। जिंदगी के बदलते आयाम इस दृष्टि में परिवर्तन ला रहे हैं, किंतु लोक-कलाओं का व्यवहारवादी पक्ष अभी भी पूरी तरह विशृंखलित नहीं हुआ।

लोक-कलाओं के विभिन्न रूपों के प्रकार्य भी भिन्न-भिन्न होते थे। गीत, कहानी, पहेलियाँ, नृत्य आदि मनोरंजन के प्रमुख साधन थे। अनेक अर्थों में चित्रांकन और मूर्ति-निर्माण द्वारा भी व्यक्ति और समूह अपना मनोरंजन करते थे। उस काल का सांस्कृतिक परिदृश्य ही कुछ ऐसा था कि परंपरागत खेलों और लोक-कलाओं के अलावा मनोरंजन के लिए अन्य कोई विकल्प ही नहीं था। खेलकूद आदि के साथ भी संगीत और नृत्य जुड़े थे। लोक-कलाएँ मनोरंजन के अतिरिक्त अन्य उद्देश्यों को भी पूरा करती थीं। उनके माध्यम से सांस्कृतिक परंपराओं का ज्ञान एक पीढ़ी से दूसरी पीढ़ी तक पहुँचाया जाता था। मिथक और किंवदंतियों के द्वारा श्रोताओं को जातीय इतिहास और सामाजिक मान्यताओं, विश्वासों और रीति-रिवाजों का ज्ञान मिलता था। एक लंबे अर्से तक समाज में अलग शैक्षिक संस्थाओं का अस्तित्व नहीं था। परंपरागत शिक्षा-प्रणाली काफी हद तक लोक-कलाओं पर आश्रित होती थी। इस तरह मनोरंजन, परंपरा-बोध और शिक्षा के मिले-जुले कार्य लोक-कलाओं के माध्यम से किये जाते थे। उन कला-रूपों में समुदाय का जीवन-दर्शन अभिव्यक्ति पाता था और उनमें जीवन की सूक्ष्म व्याख्या अंतर्निहित होती थी। लोक-मानस और लोक-चिंतन के गंभीर पक्षों की सामग्री लोक-कलाओं के विश्लेषण से निकाली जा सकती है। संस्कृति-विश्लेषण की नयी विधाओं ने इस सामग्री का उपयोग कर जीवनदर्शन, सामाजिक मूल्य, सांस्कृतिक प्राथमिकताओं आदि पर गंभीर शोध किया है, जो संस्कृतियों के बाह्यरूप मात्र को देखकर संभव नहीं होता। ये कलाएँ सौंदर्यबोध की अभिव्यक्ति करती थीं और उनके द्वारा व्यक्तियों और समूहों को सृजनात्मक

आनंद भी प्राप्त होता था।

लोक-कला किसी भी अर्थ में अचल या जड़ नहीं होती। विशिष्ट काल-संदर्भों में उसके रूप में परिवर्तन होते रहते थे। लोक-कलाओं की प्रकृति के संदर्भ में यह कहा जा चुका है कि उसके प्रायः प्रत्येक कला-रूप में समुदाय की सहभागिता होती थी। कलाकृति-प्रदर्शनकारी अथवा रूपंकर--किसी व्यक्ति-विशेष की रचना न होकर अनेक अर्थों में सामूहिक रचना होती थी। लोक-कविता के साथ उसके रचनाकार का नाम नहीं जुड़ता था। छोटे गीतों की बात अलग है, खंडकाव्य और महाकाव्य के आकार के लोककाव्य में भी रचयिताओं के नाम का कोई उल्लेख नहीं है। लोक-कलाकार चित्रफलकों पर अपने हस्ताक्षर नहीं करता था। लोक-वास्तुशिल्प की महान कृतियों को भी किसी व्यक्ति-विशेष से नहीं जोड़ा जा सकता। पहले ही कहा जा चुका है कि गीतों और नृत्यों में सभी शरीक होते थे। सहभागिता की यह प्रवृत्ति कला-रूपों में परिवर्तन का कारण बनती थी। सहभागी अपनी ओर से उसमें कुछ-न-कुछ जोड़ते-घटाते रहते थे। नाट्य-रूपों में परिवर्तन-परिवर्द्धन और नवाचारों की प्रवृत्ति विशेष रूप से लक्षित होती थी, क्योंकि उनमें सामयिक समीक्षा भी आ जाती थी। रूपंकर कलाओं में भी समुदाय के प्रयोगों और सुझावों का प्रभाव देखा जा सकता था। मिथक और धार्मिक विश्वासों से जुड़े कला-रूपों में परंपरा का अधिक आदर होता था, किंतु यह मानने का कोई कारण नहीं है कि उनका रूप भी स्थिर और स्थायी होता था। प्रस्तुतकर्ताओं के व्यक्तित्व की छाप उन पर भी पड़ती थी, दो विभिन्न दलों की प्रस्तुतियों में स्पष्ट अंतर देखे जा सकते थे। लोक-कलाओं में एक निरंतरता होती है। उनके स्वरूप के कुछ पक्ष अपेक्षाकृत कम बदलते हैं, पर अन्य पक्षों पर समय का प्रभाव देखा जा सकता है। लोक-कलाकार भी बदलते सामाजिक परिदृश्य के प्रति संवेदनशील होते हैं। यदि कला-विधाओं का बाह्य रूप अपरिवर्तित रहता है तो भी समय उनके अभिप्रायों और अर्थों को प्रभावित करता है। इस तरह विशिष्ट समय-संदर्भों से अलग कर यदि हम लोक-कलाओं को समय-प्रवाह से जोड़कर देखें तो हमें उनके बाह्य और आंतरिक गठन तथा अंतर्निहित मूल्यों और अर्थों में स्पष्ट अंतर दिखायी पड़ते हैं। दूसरे शब्दों में लोक-कलाओं के मूल और शुद्ध रूप की खोज एक अर्थहीन प्रयास बन सकता है। जिन कलारूपों में शैलीगत वैशिष्ट्य और स्थायित्व-सा आ जाता है, वे भी पूरी तरह अपरिवर्तनशील नहीं होते। गतिशीलता मानव समाजों की एक अनिवार्य प्रवृत्ति है और मूलतः सामाजिक उत्पादन होने के नाते लोक-कलाओं का एक भाग विकसित और परिमार्जित होकर शास्त्रीय परंपरा (क्लासिकी कला) की श्रेणी में आ जाता है। लोक-कलाओं के भविष्य के संबंध में विचार करते समय हमें उनकी परिवर्तशीलता की इस प्रवृत्ति को ध्यान में रखना आवश्यक है।

विभिन्न मानव-समाजों की सामाजिक-आर्थिक संरचना में जिस मात्रा में जटिलता

और विशेषीकरण के तत्व आये, उसी मात्रा में उनकी सामूहिक चेतना भी प्रभावित होती गयी। नगरीकरण और औद्योगीकरण ने सामाजिक जीवन को नये आयाम दिये । इनके कारण समाज में स्तरीकरण बढ़ा और वर्गभेद सशक्त रूप से प्रकट हुए। वैसे ये सामाजिक प्रक्रियाएँ नव-पाषाण युग में कृषि के आरंभ और स्थायी कुटीर उद्योगों की स्थापना के समय से ही शुरू हो गयी थीं। शिक्षा और विज्ञान के विकास और फैलाव ने मानवीय चेतना का विस्तार किया और इनके कारण मानसिकता के स्वरूप में भी क्रमशः अनेक परिवर्तन आये। समाज में नये मूल्यों का उदय हुआ और नयी जीवनदृष्टियाँ स्वीकृति पाती गयीं। इस तरह समाज में एक छोटे प्रबुद्ध वर्ग का प्रादुर्भाव हुआ और इस वर्ग और जनसाधारण के बीच की दूरी बढ़ती गयी। परिष्कृत कलाओं का क्रमशः विकास हुआ। इनमें से कुछ लोक-कलाओं से उपजी थीं, कुछ स्वतंत्र रूप से विकसित हुई थीं। कला-रूपों में विशेषज्ञता भी विकसित हुई और कलाओं का आंशिक अथवा पूर्ण व्यवसायीकरण होने लगा। इस प्रक्रिया में यदि एक ओर शैलीगत वैशिष्ट्य रूढ़ हुआ तो दूसरी ओर नवाचारों और प्रयोगों ने कलाओं को नये मोड़ भी दिये। अलग से पहचानी जा सकने वाली कलाकारों की एक नयी श्रेणी समाज में उभरी। धर्म और विश्वास की भूमिका में बदलाव आया और कलाओं पर उनका प्रभाव कम हुआ। आर्थिक प्राविधिक क्रांति ने उत्पादन का स्वरूप तो बदला ही, साथ ही उत्पादन से जुड़े परंपरागत मूल्यों को भी अस्त-व्यस्त कर दिया। सामान्य उत्पादन में अंतर्निहित सौंदर्यचेतना क्षीण हुई और उपयोगितावाद ने उसके सृजनात्मनक पक्षों पर प्रतिकूल प्रभाव डाला। मनोरंजन के नये रूपों ने जन्म लिया और जनसंचार के माध्यमों के विकास ने सामूहिकता के स्वरूप को नया विस्तार दिया। कला-रूपों और प्रकारों में संघर्ष और सह-अस्तित्व की नयी प्रक्रियाएँ आरंभ हुईं। अंतर-सांस्कृतिक संपर्कों ने दीर्घकालीन परिदृश्य में, आदान-प्रदान द्वारा संस्कृतियों को नये तत्व दिये, जिन्हें भिन्न मात्राओं और अलग-अलग रूपों में आत्मसात् किया गया।

आर्थिक-प्राविधिक और सामाजिक उद्‌विकास की स्थितियों ने विभिन्न मानव समाजों को अलग-अलग मात्राओं में प्रभावित किया और उन्हें अलग-अलग दिशाएँ दीं। एक ही समाज के अलग-अलग समुदायों और समूहों के विकास की गति में भी अंतर था। आज भी कुछ समाज ऐसे हैं, जो छोटे-छोटे पारिवारिक झुंडों में खंडित हैं और जिनकी ये इकाइयाँ प्रायः स्वयं-पूर्ण हैं। इसी प्रकार के अन्य पारिवारिक झुंडों से वे लड़कियों का लेन-देन तो करते हैं, पर उनके अन्य सांस्कृतिक संबंध प्रायः नगण्य होते हैं। संसार के अधिकांश भागों की आदिवासी संस्कृतियों में सामाजिक विकास और गठन का यह आद्य रूप देखा जा सकता है। इस प्रकार के झुंडों के विलयन से एक नये सामाजिक गठन ने जन्म लिया, जिसे 'दल' या 'बैंड' कहा जाता है।

दलों के सम्मिलन से जनजातियाँ या 'ट्राइब्स' बनीं, जनजातियों के एकीकरण से राष्ट्र या नेशन बने। सामाजिक उद्‌विकास की स्थितियों का प्रतिनिधित्व करने वाले समूह और छोटे-बड़े समुदाय आज भी मिलते हैं। इन सबमें सामूहिक चेतना का प्राधान्य होता है और इनकी संस्कृतियों को लोक-संस्कृति की संज्ञा दी ज़ा सकती है। नव-प्रस्तर युग की प्रविधि एक नयी आर्थिक, सांस्कृतिक और सामाजिक क्रांति की अग्रदूत थी । इसने ग्रामीण समुदायों को जन्म दिया और लोक-संस्कृति को इस काल में नया विस्तार और आयाम मिला। नगरीकरण की प्रक्रिया ने लोक-संस्कृतियों को पूरी तरह विशृंखल और विनष्ट तो नहीं किया, पर उसके स्वरूप और गठन में महत्वपूर्ण बदलाव अवश्य आये। नगर और ग्राम संस्कृतियों का सह-अस्तित्व बना रहा और संसार के कई भागों में इन दोनों में सावयवी संबंध विकसित हुए। कस्बाई और छोटे नगरों की संस्कृति ग्रामीण संस्कृति से बहुत अलग नहीं थी। बड़े नगरों और महानगरों के जीवन में भी लुके-छिपे लोक-संस्कृति के कुछ तत्व बने रहे। औद्योगीकरण ने लोक-संस्कृतियों और लोक-कलाओं के सामने एक नयी चुनौती प्रस्तुत की। इसके प्रभाव से लोक-संस्कृतियाँ लुप्त तो नहीं हुईं, पर उन्हें एक नयी उभरती संस्कृति से अपना अनुकूलन करना पड़ा। नये सांस्कृतिक प्रतिमानों और कला-रूपों को सहयोग और प्रतिस्पर्धा की स्थिति से निपटकर सह-अस्तित्व की नयी शर्तें स्वीकार करनी पड़ीं। आधुनिकीकरण की आँधी ने लोक-संस्कृतियों और लोक-कलाओं को बुरी तरह झकझोरा। सामूहिकता के ह्रास, विशेषीकरण के उदय और जीवन के पक्षों के अंतरावलंबन के बदलते स्वरूपों ने लोक-संस्कृति और लोक-कला के प्रकार्यों को ही बदल दिया. मनोरंजन के नये रूप विकसित हुए। सौंदर्यबोध और कलात्मक सृजन ने नयी दिशाएँ अपनायीं, शिक्षा की विषयवस्तु बदली और विशेषीकृत शैक्षिक संस्थाओं ने जन्म लिया। ज्ञान-विज्ञान के सीमांतों का विस्तार हुआ, जिसने आस्था और विश्वासों का मूल्यांकन करने की प्रेरणा दी। जीवन के प्रवाह को भी दिशा और गति मिली, नयी जीवन-दृष्टियाँ और जीवन-शैलियाँ विकसित होने लगीं। प्रयोग और नवाचार एक नये सम्मान के अधिकारी बने। संक्रमण की यह प्रक्रिया लोक-संस्कृतियों और लोक-कलाओं के अस्तित्व के लिए चुनौती बन सकती थी, किंतु उनकी अदम्य जीवन-शक्ति और अनुकूलन-क्षमता ने उन्हें मौत से बचा लिया। यह सच है कि कुछ लोक-संस्कृतियाँ विनष्ट हो गयीं और लोक-कलाओं के कुछ रूप लुप्त हो गये, किंतु उनका काफी बड़ा भाग थोड़े-बहुत बदलाव के साथ आज भी जी रहा है। एशिया, अफ्रीका और लातिनी अमरीका में लोक-संस्कृतियाँ अभी भी सशक्त हैं, यद्यपि औद्योगीकरण और आधुनिकीकरण ने उन पर अपना प्रभाव अवश्य छोड़ा है। पश्चिमी यूरोप और उत्तरी अमरीका में लोक-संस्कृतियों और लोक-कलाओं पर प्रबल प्रहार हुए, किंतु वहाँ भी सांस्कृतिक चेतना अतीत के कुछ तत्वों को कम-से-

कम संकेत-चिन्हों के रूपों में--पुनर्जीवित कर रही है। सोवियत यूनियन और अन्य कम्युनिस्ट देशों ने ऐसी सांस्कृतिक नीति अपनायी कि समाजों का आधुनिकीकरण तो हो, किंतु साथ ही उनकी क्षेत्रीय और लोक-संस्कृतियों का वैशिष्ट्य समाप्त न हो। बदलते जीवन-मूल्यों के संदर्भ में किस सीमा तक लोक-संस्कृतियाँ और लोक-कलाएँ अपनी आत्मा को जीवित रख सकती हैं और अपने स्वरूप को परिवर्तन से बचा सकती हैं, यह एक खुला प्रश्न है।

लोक-संस्कृतियों और लोक-कलाओं के संदर्भ में कुछ पूर्वाग्रह और शुद्धतावादी दृष्टिकोण चौंकाने वाले हैं। कुछ दिन पहले 'मध्यप्रदेश आदिवासी लोक कला परिषद्' की बैठक में इस विषय पर अनायास ही लंबी बहस छिड़ गयी जिसमें कुछ गर्मी भी आ गयी। बैठक में आदिवासी और लोक-कलाओं के कुछ विशेषज्ञ अध्येता थे, कुछ लोक-कलाकार। अधिकांश सदस्य लोक-कलाओं से जुड़े थे, सभी को उनसे गहरा लगाव था, चिंता व्यक्त की गयी कि बस्तर के लोक-कलाकार अब रंग-बिरंगी टीशर्ट और जीन्स पहनने लगे हैं और अपनी परंपरागत वेशभूषा छोड़ते जा रहे हैं। प्लास्टिक की कंघियों के बढ़ते व्यवहार पर दुःख प्रकट किया गया। ट्रांजिस्टर-रेडियो की बढ़ती माँग पर भी आक्रोश व्यक्त किया गया। कुछ ने कहा कि आदिवासी और लोक-कलाकारों को राजधानियों के कार्यक्रमों में शहरी और फिल्मी ढंग से सजाया-सँवारा जाता है। मैं इस बहस में मौन ही रहा, पर दिमाग में बेचैन करने वाले सवाल उठते रहे। बैठक की अध्यक्षता मध्यप्रदेश के मुख्यमंत्री श्री अर्जुनसिंह कर रहे थे। राजवंश के होते हुए भी वे सामान्य-सी बुश्शर्ट, पैंट और चप्पल पहने थे। पुरानी परंपरा के अनुसार तो उन्हें राजसी वेश-भूषा में होना चाहिए था। मखमली जूते, सोने-चाँदी के काम वाला मोटा रेशमी चोंगा, साफा और हीरे-मोतियों और अन्य रत्नों से जड़ित आभूषण कुछ भी तो नहीं पहने थे वे। यदि उनके सिर पर राजमुकुट होता तो शोभा और भी बढ़ जाती। उन्हीं के पास मैं भी बैठा था--ब्राह्मण कुल में जन्मा, पर शिखा-सूत्र विहीन, कुरता, धोती और खड़ाऊँ में नहीं, अर्जुनसिंहजी की तरह ही बुश्शर्ट, पैंट और चप्पल में। बस्तर के आदिवासियों के शर्ट और जीन्स पहनने पर जिन्हें गम था, उन्होंने अर्जुनसिंहजी या मेरे परिधान पर कोई चिंता व्यक्त क्यों नहीं की ? क्या आदिवासियों को अपनी रुचि के कपड़े पहनने का अधिकार नहीं है ? संस्कृति की स्वस्थ और विकृत धाराओं से वे भी प्रभावित होते हैं। प्लास्टिक पर्यावरण को कितना ही प्रदूषित करता हो पर उसका उपयोग विश्वव्यापी हो गया है। प्यार के प्रतीक के रूप में आदिवासी युवक अपनी प्रेमिका को हाथ से बनायी और अलंकृत कंघी दे या प्लास्टिक की, इसका निर्णय हम करें या युवक-युवती की अभिरुचि पर छोड़ दें ? जन-संचार माध्यमों की क्रांति यदि आदिवासी क्षेत्रों को भी स्पर्श करे तो इसमें दुःख या आश्चर्य की बात क्या है ? गंभीर रूप से बीमार आदिवासी

की आप प्रभावी आधुनिक औषधि देंगे या उसे सलाह देंगे कि वह जादू-टोने से अपना उपचार करा ले (?) यदि वह नयी औषधि अपना सकता है तो उसे ट्रांजिस्टर-रेडियो भी अपनाने दीजिए। मिजो लोग मॉड वेश-भूषा, पाश्चात्य संगीत और नृत्य, और वीडियो तक अपनाकर कम मीजो नहीं हो गये हैं। विज्ञान और प्रविधि के तत्वों को रोका नहीं जा सकता। फिल्मी ढंग से सजाये आदिवासी कलाकार स्वाभाविक नहीं दिखते, पर यदि वे ही स्वयं इस नयी साज-सज्जा की माँग करते हैं, तो हम उन्हें कब तक और कैसे रोक सकते हैं ? उन्हें समझाया अवश्य जा सकता है कि उनकी परंपरागत वेश-भूषा का अपना विशिष्ट सौंदर्य है। वैसे दिल्ली में मुरिया युवतियों के वक्षों की प्रदर्शनी भी कुछ अच्छी नहीं लगती। स्वयं उन्हें और हमें भी लोक-जीवन में अनिवार्यतः बदलते परिवेश के प्रभाव दिखेंगे। हमें इस पर अधिक चिंता करने का कोई कारण नहीं है। ऐसे कलाकार और उनका समुदाय स्वयं कभी सोचेंगे कि किस सीमा तक बदलाव उचित है और किन स्थितियों में अनुचित है। वैसे कलाओं का शुद्ध रूप क्या है, इसका निर्णय उसके अध्येता भी नहीं कर सकते। हर कला-रूप में परिवर्तन-परिवर्धन होते ही रहे हैं और उसे एक विशिष्ट समय-खंड या सांस्कृतिक संदर्भ से जोड़ा नहीं जा सकता। कुछ परिवर्तन स्वतः-स्फूर्त होते हैं, कुछ बाह्य प्रभावों से जनित होते हैं। ये दोनों ही लोक-कलाओं को संवर्धित कर सकते हैं। सीमाओं का निर्धारण हमें लोकमानस के विवेक पर छोड़ देना चाहिए। प्रबुद्ध वर्ग का हस्तक्षेप कभी-कभी दुःखदायी और चिंताजनक स्थितियाँ उत्पन्न कर सकता है। लोक-कलाओं को किसी एक स्तर पर 'फ्रीज' नहीं किया जा सकता। ऐसा कर सकने के कोई वैज्ञानिक और विवेक-सम्मत मानदंड भी नहीं हैं। यदि हमने यह किया भी तो इसके दूरगामी प्रभाव घातक हो सकते हैं।

लोक-कलाओं का भविष्य क्या है ? इस प्रश्न पर उत्तर पहले तो 'लोक' के बदलते रूप पर निर्भर होगा, दूसरे, हमारी सांस्कृतिक नीतियों पर।

आज के सांस्कृतिक मानचित्र को देखिए। आधुनिकीकरण के प्रबल आग्रह के बावजूद जातीय स्मृतियाँ सशक्त ढंग से उभर रही हैं और नयी सांस्कृतिक चेतना परंपरा को विस्मृत करने के पक्ष में नहीं है। समाज का ढाँचा चरमरा रहा है। वैयक्तीकरण ने एक अजीब-सी दिशाहीनता की स्थिति उत्पन्न की है, जिसमें निजी हित व्यापक सामाजिक हितों पर हावी हो गये हैं। जिस वैकल्पिक भविष्य की तलाश हम कर रहे हैं, उसमें मानव समाज के पुनर्गठन की योजना भी सम्मिलित है। इस नये समाज का आधार होगा अर्थपूर्ण मानवीय संबंधों की पुनःस्थापना। यदि हमें औद्योगीकरण और महानगरीकरण की विकृतियों से बचना है और अमानवीयकरण के उफान को रोकना है तो हमें उद्योगों का रूप बदलना होगा और साथ ही सामाजिक संबंधों का आधार भी। नयी सामाजिक इकाइयाँ ऐसी होनी चाहिए कि उनमें

सामूहिकता और सहभागिता दोनों संभव हों। इसका अर्थ हुआ एक नये प्रकार की लोक-संस्कृति की ओर लौटना। इस संस्कृति में कला की पहुँच निश्चित रूप से विस्तारित होगी। संस्कृति का सृजन और उपयोग दोनों मूलभूत मानवीय अधिकार के रूप में प्रतिष्ठित होंगे।

संस्कृति के प्रश्नों पर सतत सार्थक संवाद आवश्यक है। सांस्कृतिक नीति की बात उठने पर कई विद्वान और संस्कृतिकर्मी चौंक पड़ते हैं, उन्हें मिरगी के दौरे-से आने लगते हैं, किंतु यदि सामाजिक नीति संभव और आवश्यक है तो सांस्कृतिक नीति की जरूरत को भी नकारा नहीं जा सकता। सांस्कृतिक अराजकता से बचने के लिये दूरदर्शी सांस्कृतिक नीति आवश्यक है। इस नीति के कुछ आयाम होंगे :

(1) सांस्कृतिक धरोहर के प्रति सम्मान और आत्मीयता की भावना का विकास।

(2) बिना सांस्कृतिक एकरूपता संबंधी दुराग्रह के सांस्कृतिक विविधता को अभिव्यक्ति के समान अवसर।

(3) लोक-कलाओं और प्रबुद्ध, परंपरागत और शास्त्रीय-कलाओं को समान सम्मान और विकास के समान अवसर।

(4) विभिन्न क्षेत्रों और स्तरों की संस्कृतियों के बीच सेतु-निर्माण।

(5) जनसंचार के साधनों और पारंपरिक कलाओं के व्यर्थ संघर्ष का अंत और इन साधनों द्वारा लोक और शास्त्रीय कलाओं के प्रचार और प्रसार का योजनाबद्ध प्रयत्न।

(6) सांस्कृतिक प्रश्नों और गतिविधियों पर संवाद की सभ्यता का समर्थन जिसके अंतर्गत सार्थक बहस संभव हो।

(7) अर्थहीन अनुकरण और सांस्कृतिक विसंगतियों और विकृतियों पर जनमत जाग्रत् करना।

(8) संस्कृतिमूलक बीज प्रश्नों को हर प्रकार के भ्रम, उन्माद और वितंडावाद से बचाना। इंडोनेशिया में 'रामायण' और 'महाभारत' की संस्कृति और इस्लाम का सह-अस्तित्व संभव है, मलेशिया ने परंपरा को छोड़कर कुछ खोया ही है। इस्लामीकरण पाकिस्तान और भारत के मुसलमानों को कौन-सी सांस्कृतिक दिशा देगा? ईसाई धर्म अपनाकर क्या आदिवासियों को अपने परंपरागत शिल्प और कलाएँ छोड़ना चाहिए? परंपरा की नींव से असंपर्कित होकर समाज अपनी जीवन-शक्ति का ह्रास करता है या नयी शक्ति पाता है?

(9) संस्कृति की सामर्थ्य द्वारा बुनियादी मानवीय समस्याओं को हल करने का प्रयत्न।

(10) आज के विवेकहीन प्रश्नों के पर्यावरण में सृजन और निर्माण की धाराओं

को दिशा और शक्ति देना।

यह खुशी की बात है कि आज की सांस्कृतिक बहस इस प्रकार के मुद्दों पर केंद्रित है और सांस्कृतिक नीतियाँ इन चुनौती-भरे प्रश्नों का उत्तर खोजने का प्रयत्न कर रही हैं। अंधानुकरण और उन्माद समस्याएँ भी उत्पन्न कर रहे हैं, पर यह लड़ाई नयी नहीं है।

लोक-कलाओं के भविष्य के संबंध में हमें चिंतित होने की आवश्यकता नहीं है। जातीय भावना का विकास, नयी सांस्कृतिक चेतना का उदय, भविष्य के समाज की उभरती परिकल्पनाएँ और सांस्कृतिक नीति के कई पक्ष हमें आश्वस्त करते हैं कि लोक-संस्कृतियाँ अस्तित्व के संकट का सामना कर सकेंगी। संभावना यही है कि वे पुष्पित, पल्लवित और पुष्ट होंगी। लोक-संस्कृतियों के संस्कृति की मुख्य धारा में विलयन-संबंधी दुराग्रह हमें छोड़ने होंगे। लोक-जगत् में उन्हें दूसरी श्रेणी की नागरिकता देना न केवल लोक-कलाओं के लिए वरन् सामान्य रूप से सभी कलाओं के लिए विघातक सिद्ध होगा। हमें ऐसा दृष्टिकोण अपनाना है जो लोक-कलाओं के विकास और उत्कर्ष का मार्ग भी अवरुद्ध न करे, उन्हें अपनी दिशा खोजने का मौका दे और अपनी गति से आगे बढ़ने दे। गाँव की धरती छोड़कर जब वे महानगरों के मंच पर जायेंगी तब उनका रूप तो बदलेगा ही, सांस्कृतिक आदान-प्रदान भी उन्हें प्रभावित करेगा।

संस्कृति और सत्ता

संस्कृति और सत्ता के अंतर्संबंधों पर लंबे समय से गंभीर बहस चल रही है। विचारकों का एक सशक्त और मुखर वर्ग संस्कृति की स्वायत्तता का समर्थक है, उसे संस्कृति के क्षेत्र में सत्ता का कोई हस्तक्षेप स्वीकार नहीं। इसके विपरीत ध्रुव पर विचारकों का दूसरा वर्ग है, जो संस्कृति के संबंध में विचार करते समय उन आर्थिक, सामाजिक और राजनीतिक प्रक्रियाओं और शक्तियों को नहीं भूलता जिनके द्वारा अंततः संस्कृति का स्वरूप निर्धारित होता है। नये सामाजिक उद्देश्य, नियोजित आर्थिक बदलाव की दिशा और उनसे संबद्ध राजनीतिक निर्णय अनिवार्यतः संस्कृति को प्रभावित करते हैं और स्वयं संस्कृति से प्रभावित होते हैं। इस तरह सामाजिक शक्तियों से--जिनमें आर्थिक और राजनीतिक शक्तियाँ सन्निहित हैं--संस्कृति असंपृक्त नहीं होती, सामाजिक निर्णय उसमें प्रत्यक्ष या अप्रत्यक्ष रूप से हस्तक्षेप करते ही रहते हैं। वैकल्पिक भविष्य के निर्माण के प्रयत्न और इतिहास की प्रक्रियाओं को नया मोड़ देने का संकल्प समसामयिक मानवीय चेतना का अंग बन गये हैं। दोनों ही संस्कृति-परिवर्तन के व्यापक कार्यक्रम के रूप में अभिव्यक्त होते हैं। यह दृष्टिकोण संस्कृति से क्षेत्र में सार्थक हस्तक्षेप को ऐतिहासिक अनिवार्यता मानता है। तीसरा वर्ग उन विचारकों का है जो न संस्कृति की पूर्ण स्वायत्तता को स्वीकार करते हैं, न राजसत्ता के निरंकुश हस्तक्षेप के अधिकार को। संस्कृति स्वयंपूर्ण और स्वतंत्र इकाई नहीं होती, मानवीय आवश्यकताओं के दबाव उसके स्वरूप को बदलते रहते हैं। सामाजिक और मनोवैज्ञानिक पर्यावरण में होने वाले परिवर्तन संस्कृति के स्वरूप को नये मोड़ देते है, उसके लक्ष्यों और साधनों को पुन परिभाषित करते हैं। संस्कृति की अंतःप्रक्रियाएँ इन परिवर्तनों के मूल में रहती हैं। इस दृष्टि से संस्कृति के अनेक पक्षों का--जिनमें कला रूप भी शामिल है--न मानकीकरण किया जा सकता, न स्थायीकरण। संस्कृति की परिवर्तनशीलता या गतिशीलता उसकी प्रकृति में है। बाह्य कारक भी संस्कृति को प्रभावित करते हैं। संस्कृति अपने संबंध में सचेत निर्णय लेने के लिए स्वतंत्र नहीं है । राजनीतिक निर्णय प्रत्यक्ष और अप्रत्यक्ष रूप से उसकी दिशा निर्धारित करते हैं। इस संदर्भ में यह कहना भी जरूरी है कि सत्ता और उसके अधिकारी तंत्र को संस्कृति के संवेदनशील पक्षों पर--विशेषकर उन पहलुओं पर जो सर्जना और कलात्मकता से जुड़े हैं--नियंत्रण और निर्णय के असीमित अधिकार नहीं दिये जा

सकते। सत्ता का निरंकुश हस्तक्षेप दीर्घावधि में विघातक हो सकता है, क्योंकि सत्ताधारियों और नौकरशाही के सांस्कृतिक विवेक के साथ कई प्रश्नचिह्न जुड़े हैं। कार्यपरक क्षेत्रों में वृत्तिमूलक नेतृत्व होना चाहिए और इस नेतृत्व के निर्णय की शक्ति को बढ़ावा मिलना चाहिए। आदर्श स्थिति तो वह होगी जिसमें सत्ता और वृत्तिमूलक समूहों में निरंतर संवाद हो और सत्ता स्वयं अपने अधिकार-क्षेत्र का परिसीमन करे।

परिभाषा का प्रश्न

संस्कृति की दो प्रकार की व्याख्याएँ संभव हैं -- व्यापक और सीमित। मानवविज्ञान सीखे हुए व्यवहार-प्रकारों की समग्रता को संस्कृति की संज्ञा देता है। इसकी परिधि में मानव और प्रकृति, मानव और समाज और मानव और अदृश्य जगत् की शक्तियों के सभी अंतर्संबंध आते हैं। मानव का अंतर्जगत्--विचार, विवेक, व्यक्तिगत मूल्य, ऊर्जा की अभिव्यक्ति--भी संस्कृति का अंग होता है। सुविधा के लिए संस्कृति को अवयवों और पक्षों में विभाजित किया जा सकता है, पर उसके घटक एक-दूसरे से सावयवी रूप से जुड़े होते हैं। उनका अंतरावलंबन संस्कृति को संपूर्णता देता है। संस्कृति के भौतिक पक्ष को उसके विचार-पक्ष और क्रिया-पक्ष से अलग नहीं किया जा सकता। इसके विपरीत संस्कृति की सीमित व्याख्या उसे ध्यानाकर्षी और विशिष्ट उपलब्धियों से जोड़ती है। इन व्याख्याओं में दार्शनिक चिंतन, वैचारिक उत्कर्ष और कलात्मक अवदानों को प्राथमिकता दी जाती है, दैनिक जीवन से जुड़े संस्कृति के अन्य पक्ष गौण माने जाते हैं। चिंतन, विचार और सृजन अपने-आप में महत्वपूर्ण हैं, किंतु उन्हें जीवन और संस्कृति के व्यापक संदर्भों से काटा नहीं जा सकता। इस विराट पृष्ठभूमि में ही वे संपोषण और अर्थ पाते हैं।

सत्ता के दो पहलू हैं--निर्णय और निर्णय का प्रवर्तन। दूसरे शब्दों में सत्ता निर्णय करती है और उनका प्रवर्तन भी। सत्ता के कई धरातल होते हैं। पद और अधिकार ही सत्ता के स्रोत नहीं होते, निर्णय और उनके प्रवर्तन की प्रक्रिया को प्रभावित करने वाले व्यक्ति और समूह भी उसमें भागीदार होते हैं। कई महत्वपूर्ण सांस्कृतिक निर्णय औपचारिक अधिकार-तंत्र द्वारा किये जाते हैं, किंतु उनके पीछे परंपरा, बदलती सांस्कृतिक रूझानों और वृत्तिमूलक समूहों की शक्ति और उनके दबाव भी होते हैं।

सांस्कृतिक नीति और राज्य से उसके संबंधों का विश्लेषण करते समय हमें संस्कृति की व्यापक और सीमित व्याख्याओं और सत्ता की बहुवादी अवधारणा को ध्यान में रखना आवश्यक है।

हस्तक्षेप के क्षेत्र

संस्कृति के क्षेत्र में सत्ता का हस्तक्षेप प्रत्यक्ष और परोक्ष रूपों में निरंतर होता रहता है। संस्कृति के संरक्षण, संवर्धन और नियंत्रण में राज्य की उल्लेखनीय भूमिका रही है। इन भूमिकाओं से अनेक प्रश्न जुड़े हैं, जिन पर अलग से विचार किया जायेगा, किंतु उसके पहले सामान्य राजनीतिक निर्णयों और सामाजिक क्रियाओं के सांस्कृतिक प्रभावों की संक्षिप्त विवेचना जरूरी है।

राज्य के अनेक निर्णय और उनसे जुड़ी नीतियाँ उस भूमि का स्पर्श नहीं करते, जो संस्कृति की परिसीमित व्याख्या-क्षेत्र में आती है। शिक्षा को एक स्वतंत्र और स्वायत्तताशाली क्षेत्र माना जाता है, पर संस्कृति से उसका गहरा संबंध है। आधुनिक शिक्षा कई तरह से परंपरा के क्षेत्र का अभिक्रमण करती है। शिक्षा नये जीवन-मूल्य देती है, नयी क्षमताएँ देती है और परंपरा के कई पक्षों के पुनर्परीक्षण की प्रेरणा बनती है। शिक्षा का स्वरूप अतीत, वर्तमान और भविष्य के संबंध में हमारा दृष्टिकोण निर्धारित करता है। लोकव्यापी शिक्षा, दीर्घकालिक परिप्रेक्ष्य में, सामाजिक संरचना के स्वरूप और उसकी प्रकृति को बदलती है। शिक्षा का प्रभाव लोक-रुचियों और व्यक्तिगत अभिरुचियों पर भी पड़ता है। स्पष्ट है कि शिक्षा संस्कृति के क्षेत्र में हस्तक्षेप है। आज के समाज में शिक्षा को राज्य का महत्वपूर्ण उत्तरदायित्व माना जाता है।

समसामयिक विश्व में, विकास के संदर्भ में, विज्ञान और प्रविधि की अनेक महत्वाकांक्षी योजनाएँ बड़े पैमाने पर प्रवर्तित की जाती हैं। उनसे व्यक्ति और समाज को नयी जीवन-दृष्टि मिलती है, जिससे कालांतर में जीवन के आयाम ही बदल जाते हैं और नयी जीवन-शैलियाँ जन्म लेती हैं। यह भी 'संस्कृति' के क्षेत्र का अभिक्रमण है। वैसे विज्ञान और प्रविधि को संस्कृति का ऐसा अंग भी माना जा सकता है, जिससे समाज की अनुकूलन-क्षमता में वृद्धि होती है और समस्या-समाधान की योग्यता तीक्ष्ण होती है।

जन-संचार के साधन सत्ता से अपने समीकरण स्थापित करते हैं। इनमें कुछ समाचार-पत्र और अन्य नियतकालिक प्रकाशन--अपने लिए समर्थक की भूमिका चुनें या प्रतिपक्ष की, सत्ता की सहायता की आवश्यकता उन्हें भी होती है। उनमें और सत्ता में टकराव की स्थितियाँ आती हैं, पर उनमें निरंतर युद्ध नहीं होता। रेडियो और टेलीविजन जैसे संचार-माध्यमों का कई देशों में सत्ता से सीधा सरोकार होता है। तीसरी दुनिया और समाजवादी देशों में उनका संचालन सरकार द्वारा किया जाता है। यदि ऐसा न भी हो तो उनकी नीतियों और कार्यक्रमों पर सत्ता का कुछ-न-कुछ नियंत्रण होता ही है। उदाहरण के लिए बी. बी. सी. को जन-संचार माध्यम

की स्वतंत्रता के आदर्श के रूप में प्रक्षेपित किया गया है, किंतु उसकी हकीकत भी वह नहीं है जो दुनिया के सामने पेश की जाती है। 1982 में मालविनास फाकलैंड युद्ध के अवसर पर बी. बी. सी. पर आरोप लगाया गया था कि उसके समाचारों की प्रस्तुति पूर्वग्रह-ग्रस्त और पक्षपातपूर्ण थी। बी. बी. सी. के तत्कालीन अध्यक्ष जार्ज हॉवर्ड ने उस समय अपनी संस्था के बचाव में कहा था कि वे अपने देश और आक्रमणकारी के बीच तटस्थ नहीं हैं, पर वे यह भी नहीं चाहते कि "युद्ध के हताहतों की सूची में 'सत्य' का क्रमांक पहला हो।" उस समय के प्रबंध निदेशक रिचर्ड फ्रेंसिस की प्रतिक्रिया और भी तीखी थी। उन्होंने कहा था, "बी. बी. सी. को देशभक्ति का पाठ सरकार से नहीं सीखना है..... पोर्ट्समथ और ब्यूनास ऐयर्स की विधवाओं में हमारी दृष्टि में कोई अंतर नही है।" ये शब्द शूर-वीरों की भाषा के थे, पर इस प्रसंग में बी. बी. सी. की स्वायत्तता की नींव हिल गयी थी। इसके बाद ही 'वास्तविक जीवन' शृंखला की एक कड़ी 'संविलयन के कगार पर' नामक वृत्तचित्र ने दूसरा संकट उपस्थित किया। उसमें उत्तर आयरलैंड के दो अतिवादियों का चित्रण किया गया था। बी. बी. सी. का मत था कि यह चित्रण संतुलित और निष्पक्ष है, पर प्रधानमंत्री मार्गरेट थैचर अतिवादियों को प्रचार के ओषजन द्वारा जीवनदान करने के पक्ष में नहीं थीं। सरकार के दबाव के कारण नियंत्रक मंडल को यह तय करना पड़ा कि फिल्म अपने असंशोधित रूप में नहीं दिखायी जायेगी। 1987 के आरंभ में 'द सीक्रेट सोसाइटी' नाम की शृंखला पर गहरा विवाद हुआ जिसका अंत बी. बी. सी. के महानिदेशक मिलने के त्यागपत्र से हुआ। यह उदाहरण संचार माध्यम की ऐसी संस्था का है, जिसे अपनी संपादकीय स्वतंत्रता पर गर्व है। जो माध्यम सरकार के सीधा नियंत्रण में हैं उनकी स्थिति और भी स्पष्ट है। सरकार उनके काम में हस्तक्षेप करती है और माध्यम संस्कृति में हस्तक्षेप करते हैं।

जनसंचार के माध्यमों के तीन मुख्य प्रकार्य हैं--मनोरंजन, सूचना और शिक्षा। तीनों संस्कृति को प्रभावित करते हैं। कालांतर में ये माध्यम स्वयं संस्कृति के प्रभावी अंग बन जाते हैं और परंपरा तथा समाज के बीच मध्यस्थता करते हैं।

विकास के कार्यक्रम भी एक तरह से संस्कृति के क्षेत्र में हस्तक्षेप होते हैं। विकास की योजनाएँ समाज के आर्थिक आधार को बदलती हैं और नागरिकों की संस्कृति के उपभोग की क्षमता और उसकी प्रक्रियाओं में सहभागिता की संभावना को विस्तार देती हैं। जब गरीबी की संस्कृति बदलती है, पूरी संस्कृति का ढाँचा बदलता है। युवा पीढ़ी के प्रति दृष्टिकोण, स्त्री की सामाजिक स्थिति और सामाजिक स्तरण में राज्य की नीतियों द्वारा लाये गये परिवर्तनों के सांस्कृतिक परिणाम महत्वपूर्ण होते हैं।

और अधिक उदाहरणों की आवश्यकता नहीं है। यह स्पष्ट है कि राज्य के

क्रियाकलाप--सत्ता के निर्णय और उनका प्रवर्तन--व्यापक दृष्टि से परिभाषित संस्कृति के लिए अर्थ रखते हैं। यदि हम संस्कृति की सीमित व्याख्या ही करें तब भी ऐसे निर्णयों का अप्रत्यक्ष प्रभाव उसके उपादनों पर पड़ता है। सत्ता का संस्कृति के क्षेत्र में हस्तक्षेप पूरी तरह रोका नहीं जा सकता, उसकी शर्तों और स्वरूप का नियमन जरूर किया जा सकता है।

संरक्षण

कई स्थितियों में, सांस्कृतिक संपदा की रक्षा का उत्तरदायित्व राज्य को स्वीकार करना होता है। इस संपदा का सर्वेक्षण और संरक्षण व्यय और कष्टसाध्य होता है। पुरातत्वीय सर्वेक्षण और प्राचीन तथा ऐतिहासिक स्मारकों का रख-रखाव निजी उपक्रमों द्वारा संभव नहीं होता। कभी-कभी तो समस्या इतनी गंभीर और खर्चीली होती है कि ऐसे प्रयत्नों में अंतर्राष्ट्रीय सहभागिता अनिवार्य हो जाती है। उदाहरण के लिए मिस्र के अस्वान बाँध की डूब में आने वाले आबू सिंबल के स्मारक, इंडोनेशिया में पानी के रिसाव से संकटापन्न बोरोबुदर का बौद्ध मंदिर और प्रकृति के तत्वों और युद्ध का खतरा उठाता कंबोडिया (कंपूचिया) का अंगोर वाट राज्य के सीमित साधनों द्वारा नहीं बचाये जा सकते थे। युनेस्को के तत्वावधान में इनकी रक्षा के प्रयत्न अंतर्राष्ट्रीय तकनीकी सहयोग और वित्तीय सहायता से किये गये। प्राचीन मूर्तिकला और चित्रकला तथा स्थापत्य की रक्षा की जिम्मेदारी अंततः राज्य की होती है। उनके संग्रहालयों का निर्माण और प्रबंधन राज्य को करना होता है। दुर्लभ और विनष्ट होते कला-रूपों के संरक्षण में भी राज्य की अहम् भूमिका है।

राष्ट्रीय सांस्कृतिक संपदा की रक्षा के योजनाबद्ध प्रयत्न आवश्यक हैं। इसके लिए दूरगामी और कल्पनाशील नीतियाँ विशेषज्ञों के सहयोग से ही बनायी जा सकती हैं। यह उत्तरदायित्व सत्ताधीशों और नौकरशाहों पर छोड़ना अपर्याप्त होगा। साथ ही जागरूक जनमत की इस क्षेत्र में सचेतक की महत्वपूर्ण भूमिका है।

अभिवृद्धि

संस्कृति की अनेक श्रेष्ठ उपलब्धियाँ राजाश्रय के कारण संभव हुई हैं। इस क्षेत्र में यूरोप में चर्च ने महत्वपूर्ण योगदान किया, भारत में मंदिरों ने। दोनों को राज्य का समर्थन प्राप्त था। इस्लामी संस्कृति के उत्कृष्ट सर्जन में भी धर्म और सत्ता का सहयोग था। जैन और बौद्ध स्थापत्य, मूर्तिकला और चित्रकला की पृष्ठभूमि में भी यही शक्ति थी। आज के बदले हुए परिवेश में सत्ता की भूमिका गौण नहीं हुई।

भारत में संस्कृति की अभिवृद्धि के लिए पहले केंद्र और राज्य स्तर पर अनेक अकादमियों की स्थापना की गयी। ये स्वायत्तशासी संस्थाएँ थीं और वृत्तिमूलक समूहों के सहयोग से चलायी जाती थीं। इन संस्थाओं ने कुछ उपयोगी समन्वेषी कार्य किये, कई पुरस्कारों की स्थापना की और प्रकाशनों तथा परिचर्चाओं द्वारा अपने कार्यक्षेत्र का विस्तार किया। फिर भी बात कुछ बनी नहीं। इनमें से अधिकांश संस्थाएँ अपनी आंतरिक राजनीति में उलझ गयीं। शासकीय दबावों और संबद्ध व्यक्तियों की गुटबंदी ने उनकी शक्ति क्षीण कर दी और वे अपनी विश्वसनीयता खो बैठीं। पुस्तकों के प्रचार-प्रसार के लिए 'नेशनल बुक ट्रस्ट' की स्थापना की गयी। यह संस्था आरंभ से ही गतिरोध का शिकार हो गयी। उसके लक्ष्य स्पष्ट नहीं थे और योजनाएँ अव्यावहारिक थीं। राज्य ने फ़िल्मों में रुचि लेना भी आरंभ किया। भारत में फिल्मों के अंतर्राष्ट्रीय समारोह आयोजित किये जाने लगे, पर उनका उद्देश्य भी स्पष्ट नहीं था। फ़िल्म पुरस्कार स्थापित हुए और कलात्मक तथा सामाजिक उद्देश्यों से प्रेरित फिल्मों के निर्माण के लिए वित्तीय सहायता दी जाने लगी। पुरस्कारों से फिल्मों और उनसे संबद्ध लोगों को थोड़ी-बहुत ख्याति तो मिली, पर दर्शकों की संख्या में आशातीत वृद्धि नहीं हुई। प्रदर्शन-गृहों और दर्शकों की कमी के कारण अच्छी फिल्में सिर्फ समारोहों में दिखायी गयीं। 'सांस्कृतिक संबंधों की भारतीय परिषद्' ने देश-विदेश में नृत्य और संगीत के कार्यक्रम आयोजित करना आरंभ किया। भारतीय मूल के लोग जिन देशों में काफी संख्या में थे वहाँ भारतीय संस्कृति के केंद्र स्थापित किये गये।

पिछले कुछ वर्षों में भारत की सांस्कृतिक चेतना ने बड़ा आक्रामक रूप अपनाया है। इंग्लैंड, फ्रांस, अमेरिका और सोवियत संघ में बड़े पैमाने पर भारतीय संस्कृति महोत्सव आयोजित किये गये। इनमें शास्त्रीय कलाओं के साथ परंपरागत लोक-कथाओं को भी स्थान मिला। इन महोत्सवों की लागत और उनके लाभ का लेखा-जोखा अभी तक नहीं किया गया है। आलोचकों ने पूछा--भारतीय संस्कृति के महोत्सव भारत के बाहर क्यों ? मानो इसी प्रश्न के उत्तर में देश की राजधानी में विशाल 'अपना उत्सव' किया गया, जो अपनी परिकल्पना में संस्कृति का महाकुंभ था। इस समारोह का मूल्यांकन भी अभी नहीं हुआ, पर उससे उपजे प्रश्न उत्तर की तलाश कर रहे हैं।

संस्कृति के इस विस्फोट के साथ अनेक नयी सांस्कृतिक संस्थाओं का उदय हुआ। भोपाल में, मध्यप्रदेश सरकार की पहल और केंद्रीय समर्थन से 'भारत भवन' बन चुका था। गुणवत्ता के विकास पर केंद्रित इस संस्था ने अपने कुछ ही वर्षों के जीवन में राष्ट्रीय और अंतर्राष्ट्रीय ख्याति पायी और कई बार वह विवादों से घिर गयी। विवाद के कुछ बिंदु ऐसे थे जिनका उत्तर उसकी मूल परिकल्पना में ही दिया

जा चुका था। पहली शिकायत यह रही है कि संस्था के कार्यक्रमों में मध्यप्रदेश की उपेक्षा हुई है। विवाद का दूसरा कारण रही है उन नामों की सूची जो संस्था और उसके कार्यक्रमों से जुड़े रहे हैं। 'भारत भवन' की नींव प्रादेशिक संस्था के रूप में नहीं डाली गयी थी, आरंभ से उसका धरातल राष्ट्रीय था। मध्यप्रदेश के सांस्कृतिक हितों का ध्यान रखने के लिए 'साहित्य परिषद्', 'कला परिषद्' और 'आदिवासी लोक-कला परिषद्' की स्थापना अलग से की गयी थी। उर्दू, सिंधी और संस्कृत के उन्नयन के लिए भी अलग संस्थाएँ बनायी गयी थीं। उसके राष्ट्रीय चरित्र की आलोचना का कोई औचित्य नहीं है। किसे, कब और क्यों बुलाया गया, ऐसे प्रश्न हैं जिनके समाधानकारक उत्तर संभव नहीं है। संस्था सक्रिय रही है और उसे सृजनधर्मी व्यक्तियों का व्यापक सहयोग मिला है। यह संभव है कि उसने कुछ अच्छे लोगों का सहयोग न माँगा हो या वे स्वयं उससे दूर रहे हों। वैसे भी सबको खुश रखना कठिन काम है और ऐसा करने का प्रयत्न संस्था को आकृतिहीन बना सकता है। तीसरे, व्यक्तिगत त्रासदियाँ भी 'भारत भवन' की भर्त्सना का कारण बनीं, हालाँकि संस्था उनके लिए उत्तरदायी नहीं थी। निश्चय ही 'भारत भवन' अभिजात रुझान की संस्था है, उसकी प्रवृत्तियाँ जनोन्मुख नहीं हैं। क्या संस्कृति के उन पक्षों की उपेक्षा की जा सकती थी जिन पर संस्था ने अपना विशेष ध्यान केंद्रित किया है ? यह भी सच है कि उसकी उपलब्धियों का उपभोग करने वाले लोगों की संख्या अभी सीमित है, पर विचार और प्रयोग के क्षेत्रों में उसके कुछ नवाचार दीर्घजीवी होंगे और उनका व्यापक प्रभाव होगा। संस्था आलोचना से परे नहीं है, पर उसके घोषित उद्देश्य--गुणवत्ता का उत्कर्ष--के आधार पर भी उसकी उपलब्धियों का आकलन होना चाहिए।

'अपना उत्सव' के साथ-साथ और उसके बाद देश भर में अनेक सांस्कृतिक केंद्रों की स्थापना हुई। इनका उद्देश्य भी स्पष्ट नहीं है, यद्यपि आयोजनों और प्रदर्शनों द्वारा वे शास्त्रीय और लोक-कलाकारों की पहुँच बढ़ा रहे हैं और दर्शकों-श्रोताओं को संस्कृति के आस्वाद का अवसर दे रहे हैं। यह भी साफ नहीं है कि केंद्र और राज्य-स्तरीय सांस्कृतिक संस्थाओं से इन केंद्रों के क्या संबंध होंगे।

ऐसा प्रतीत होता है कि देश में संस्कृति से जुड़े पुरस्कारों और सम्मानों की बाढ़ आ गयी है। पहले पुरस्कारों की संख्या कम थी, उनकी राशि छोटी थी, पर उनका सम्मान था। संख्या-स्फीति के बाद उनका अवमूल्यन हुआ है। ज्ञानपीठ पुरस्कार के समकक्ष संस्कृति के अलग-अलग क्षेत्रों में कई बड़े-बड़े पुरस्कार स्थापित हो गये हैं। अपेक्षाकृत छोटे पुरस्कारों की संख्या तो हजारों में चली गयी है। कोई भी पुरस्कार या सम्मान पूरी तरह विवादमुक्त नहीं होता, पर इनमें से कुछ ने अपनी विश्वसनीयता कायम की है। यह भी सच है कि पुरस्कारों की राजनीति ने गंदगी फैलायी है और कई पुरस्कृत कृतियाँ या व्यक्ति गुणवत्ता की कसौटी पर खरे नहीं

उतरते। कहा नहीं जा सकता कि इन पुरस्कारों से संस्कृति की अभिवृद्धि कितनी हुई है और उनसे कितनी अवसरवादिता पनपी है।

शासन द्वारा नियंत्रित जनसंचार के साधन भी संस्कृति के उन्नयन में क्रियाशील हैं। रेडियो ने वर्षों से शास्त्रीय और लोक-कलाओं को प्रोत्साहन दिया है, हालाँकि कला का लोकप्रिय रूप उस पर हावी रहा है। यही काम टेलीविजन अधिक प्रभावी ढंग से कर रहा है, पर उसकी भी सीमाएँ हैं। दर्शकों के बहुस्तरीय चरित्र के कारण उसे सभी रुचियों का ध्यान रखना पड़ता है। सांस्कृतिक तत्वों का चुनाव बड़ा जोखिम-भरा काम है, जिसके परिणाम घातक हो सकते हैं। नया माध्यम होने के कारण टी.वी. की आकृति रूढ़ नहीं हुई। उसे अप-संस्कृति का माध्यम बनने से बचाया जा सकता है।

नियंत्रण

संस्कृति के क्षेत्रों में सत्ता द्वारा नियंत्रण की सीमा हमेशा विवादास्पद रही है। सुरुचि और कुरुचि की परिभाषाएँ अधिनियमों द्वारा निर्धारित नहीं की जा सकतीं। श्लील और अश्लील की विभाजन-रेखा सदा ही क्षीण रही है। गुणवत्ता शासन के आदेश से प्रोत्साहित नहीं की जा सकती। शासन का निर्णय समय का निर्णय नहीं होता।

देशकाल के संदर्भ में उचित और अनुचित की परिभाषा का आधार सांस्कृतिक होता है। कई पश्चिमी समाजों और अमेरिका में सामान्य और अप्राकृतिक यौन संबंधों की 'ब्लू फिल्में' वयस्कों को दिखायी जा सकती हैं। दक्षिण-पूर्व एशिया के कुछ देशों में भी इस प्रवृत्ति का अनुकरण हो रहा है। वहाँ स्पष्ट सेक्स अन्य वयस्क फिल्मों में स्वीकृत है। भारत में यह संभव नहीं है। कथानक और कला की आवश्यकता ही यह निश्चित करेंगी कि शरीर का कितना प्रदर्शन हो और शारीरिक क्रियाएँ किस सीमा तक दिखायी जायें। अपराध और सशक्त मादक पदार्थों के सेवन को बढ़ावा देने वाली फिल्मों पर भी अंकुश जरूरी है। अपरिपक्व मस्तिष्कों को भटकाने वाले दृश्यों को जन-संचार के माध्यमों से दूर रखने में ही बुद्धिमत्ता है। इस संबंध में दृष्टिकोण धीरे-धीरे बदल रहा है, परंतु कुत्सित चित्रण सदा नियंत्रण की परिधि में रहना चाहिए।

साहित्य और रूपंकर कलाओं के मानदंड दूसरे हैं। इनका प्रभाव-क्षेत्र अपेक्षाकृत सीमित होने के कारण इनमें अभिव्यक्ति की अधिक स्वतंत्रता संभव है। यहाँ भी कुत्सित, जुगुप्सा पैदा करने वाले, धार्मिक-क्षेत्रीय-भाषाई द्वेष फैलाने वाले और अपराधवृत्ति को बढ़ावा देने वाले प्रसंगों का परिसीमन आवश्यक है।

सामाजिक आवश्यकताओं का दबाव और अनपेक्षित परिणामों का पूर्वानुमान हमारा दिशानिर्देश कर सकते हैं। सत्ता को निरंकुश नियंत्रण से बचना चाहिए।

संस्कृति की राजनीति

राजनीति द्वारा संस्कृति के उपादानों और प्रतीकों का उपयोग लंबे समय से होता आया है। ये समर्थन जुटाने और राजनीतिक उपयोग के लिए समुदाय को समाकलित करने में उपयोगी सिद्ध हुए हैं। संस्कृति के साथ, स्थिति के अनुसार, जातीयता, क्षेत्रीयता, धर्म और भाषा के प्रश्न भी जोड़ दिये जाते हैं। राजनीति की व्यूह-रचना में संस्कृति का खुलकर अपयोग किया गया है, कभी शुद्ध सांस्कृतिक उद्देश्यों के लिए, कभी राजनीतिक लाभ--सत्ता की प्राप्ति--के उद्देश्य से। अधिकांशतः दोनों प्रकार के उद्देश्य मिश्रित होते हैं।

संस्कृति की रक्षा और संवर्धन, संस्कृति का पुनरुत्थान और उसकी जीवनी शक्ति की अभिवृद्धि, परंपरा की ओर प्रत्यावर्तन और परंपरा का पुनर्मूल्यन आदि संस्कृति की राजनीति के मुख्य आधार रहे हैं। इनका उपयोग एकीकरण की राजनीति के लिए किया गया है और विघटन की राजनीति के लिए भी। परिवर्तन की राजनीति भी अपने निहितार्थ में संस्कृति की राजनीति है। इस राजनीति के साथ परंपरा के पुनर्मूल्यांकन और विकल्पों की तलाश के प्रश्न जुड़े हैं। परंपरा और परिवर्तन के विपरीत आकर्षणों में सामंजस्य स्थापित करना सत्ता के सम्मुख निर्णय का बीज-प्रश्न होता है, क्योंकि समाज के लिए दोनों की आवश्यकता है।

पिछले दशक में संस्कृति के क्षेत्र में सत्ता की क्रियाशीलता बहुत बढ़ी है। सत्ता से जुड़े कुछ केंद्रीय व्यक्तित्वों ने इस दिशा में न केवल रुचि दिखायी, वरन् उदार आर्थिक समर्थन से संस्कृति-संबंधी योजनाओं का क्रियान्वयन संभव बनाया। इनमें से कुछ को प्रतिबद्ध संस्कृति-कर्मियों का सहयोग मिला, जिनकी उपलब्धियाँ विवादास्पद होने के बावजूद प्रभावशाली थीं। विवादों का न होना आश्चर्य का विषय होता, क्योंकि एक ओर सरकार के अनुदान से चलने वाली संस्थाओं में दखल देना राजनीति से जुड़ा हर छोटा-बड़ा व्यक्ति अपना जन्मसिद्ध अधिकार मानता है तो दूसरी ओर साहित्य और रूपंकर प्रदर्शनकारी कलाओं में सक्रिय लोग अपनी अतिसंवेदनशीलता और पल-पल बदलते तेवर और अदाओं के लिए मशहूर हैं। कुछ अपवादों को छोड़ दें तो जोड़-तोड़ और साँठ-गाँठ की राजनीति भी इन्हें खूब आती है। सफल प्रयोगों के अनुकरण एक के बाद एक बहुत हुए, क्योंकि संस्कृति का उन्नयन एक संक्रामक रोग की तरह फैल गया। कई संगठनों और राज्यों में यह कल्पनाहीन नित्यकर्म बन गया। गद्दियों पर बैठे लोगों ने संस्कृति को आश्रयदान का साधन बनाया। इससे उनकी छवि बनी,

प्रशंसा भी मिली। कई सांस्कृतिक संस्थाओं का नेतृत्व संदिग्ध योग्यता के अविश्वसनीय व्यक्तियों के हाथ में पहुँच गया। संस्कृति के लिए उपलब्ध साधनों की बंदर-बाँट 'अपने लोगों' में होने लगी। कार्यक्रमों और पुरस्कारों के लिए चयन में गुणवत्ता को पीछे धकेल कर चाटुकारिता और गुटबंदी आगे आयीं। संस्कृति-सामंतों, उनके मनसबदारों और बिचौलियों ने पर्यावरण को प्रदूषित कर दिया।

विदेश में होने वाले महोत्सवों के उद्देश्य अस्पष्ट थे, उनमें की गयी प्रस्तुतियों के चयन में तार्किक आधार और सुसंगति की कमी थी। वे चकाचौंध उत्पन्न करने में तो समर्थ थे, पर उनमें विदेशों में भारत की छवि स्थायी रूप से बदलने की क्षमता नहीं थी। उल्काओं की तरह संस्कृति के नये ज़ार और ज़ारीना कुछ समय तक अपनी चमक दिखाकर लुप्त हो गये। प्रदर्शन के कुछ हिस्से चमत्कृत करने वाले थे, किंतु उनके अभिप्राय के संबंध में अधिकांश दर्शकों में विभ्रांति रही।

देश में हुए उत्सवों और समारोहों से संस्कृति राष्ट्रीय मंच के केंद्र में अवश्य आयी, किंतु यह कह सकना कठिन है कि उससे सांस्कृतिक चेतना का विस्तार कितना हुआ। यह भी नहीं कहा जा सकता कि राष्ट्रीय ऊर्जा विघटन की योजनाओं से हटकर संस्कृति के रचनात्मक कार्यक्रमों पर केंद्रित हो गयी। निश्चित है कि ये रंग-बिरंगे कार्यक्रम बहुत समय तक जनता का ध्यान गरीबी, बेरोजगारी, अशिक्षा, सार्वजनिक स्वास्थ्य के स्तर आदि से नहीं हटा सकेंगे। संस्कृति भी एक आधारभूत आवश्यकता है, पर वह रोटी और आश्रय के पहले नहीं आती।

प्रदर्शन से जुड़े प्रश्न

भारत की सांस्कृतिक धरोहर के प्रदर्शन के विराट उपक्रम कई आशंकाएँ और प्रश्न उत्पन्न करते हैं।

यह स्वीकार किया जा चुका है कि भारत उत्सवों में विदेशों में भेजी गयी उत्कृष्ट मूर्तियों में से कई क्षत-विक्षत हालात में वापस आयीं। इनमें दीदारगंज की यक्षी की प्रसिद्ध मूर्ति भी है। क्या हम अपनी प्रदर्शनप्रियता के उत्साह में अपनी अनमोल कलानिधियों की बलि देने को तैयार हैं? सचेतन विशेषज्ञों ने चेतावनी दी है कि कला की अप्रतिम उपलब्धियों को देश के बाहर नहीं भेजना चाहिए। इनकी सूची में हरिदास स्वाली, सदाशिव गोरक्षकर और देवांगना देसाई जैसे विद्वानों के नाम हैं। इस विषय पर नीति कब निर्धारित होगी? और किसके द्वारा?

दूसरा प्रश्न है : प्रदर्शन के लिए विधाओं, कलाकारों और कलाकृतियों के चुनाव का आधार क्या है? क्या वे अपनी उत्कृष्टता और प्रतिनिधि चरित्र के लिए चुनी जाती हैं? या विदेशों में उनके लोकप्रिय होने के पूर्वानुमान पर? उनका चुनाव कौन

करता है ? क्या एक छोटी-सी चुनाव समिति सभी विधाओं, कलाकारों और कृतियों से चुनाव की योग्यता रखती है ?

तीसरा प्रश्न है : क्या हमने गंभीर विचार किया है कि कलाकारों पर, विशेषकर लोक-कलाकारों पर, विदेश-यात्राओं का और देश के कला-केंद्रों की बार-बार की यात्राओं का क्या प्रभाव पड़ता है ? उनमें अनुकरण और मिश्रण की प्रवृत्ति बढ़ सकती है। इसका अपने-आपमें त्रासद होना अनिवार्य नहीं है, किंतु हमें इस खतरे का भी ध्यान रखना चाहिए कि कई कलारूप अपनी परंपरागत शुद्धता खो बैठेंगे और अनेक प्रभावों की बेमेल खिचड़ी बन जायेंगे।

आखिरी प्रश्न विशेष रूप से आदिवासी और लोक-कलाओं से संबंधित है। चित्रकला, मूर्तिकला, संगीत और थियेटर स्वतंत्र रूप से प्रस्तुत किये जा सकते हैं, किंतु लोक-कलाएँ जीवन के व्यापक संदर्भों से जुड़ी होती हैं और समग्र संस्कृति की पृष्ठभूमि में अर्थ पाती हैं। प्रदर्शनकारी कलाओं के रूप में उनकी प्रस्तुति उनका अर्थ ही बदल देती है। उनके परंपरागत विस्तार का प्रदर्शन की सीमाओं में संक्षिप्तीकरण उनके रूप को विकृत करता है। उन्हें प्रदर्शन योग्य बनाने के प्रयत्न, जिसका प्रबल मोह अधकचरे संस्कृतिज्ञान वाले मध्य स्तर के प्रशासक संस्कृति-कर्मियों में होता है, कभी-कभी उन्हें हास्यास्पद बना देते हैं।

इन प्रश्नों के उत्तर मिलने शेष हैं। सत्ता समाधानकारक उत्तर दे सकने में असमर्थ है।

सांस्कृतिक नीति की ओर

वैकासिक कार्यक्रमों में संस्कृति की उपेक्षा के परिणाम अब स्पष्ट होते जा रहे हैं। सांस्कृतिक कारकों से यदि कुछ योजनाओं को सहायता मिली है तो उनकी अवहेलना से अनेक उपक्रम निष्प्रभावी हो गये हैं। अर्थशास्त्री भी अब यह स्वीकार करने लगे हैं कि आर्थिक-प्राविधिक नियोजन और सांस्कृतिक नियोजन में सामंजस्य और तालमेल जरूरी है। व्यापक सांस्कृतिक नीति की आवश्यकता अब तर्कों का समर्थन नहीं चाहती, वह बहुस्वीकृत हो चुकी है। साथ ही इस सत्य को रेखांकित करना भी आवश्यक है कि संस्कृति का विकास नीति के घेरे में अवरुद्ध नहीं किया जा सकता, संस्कृति की अंतःप्रतिक्रियाएँ उसकी गति और दिशा को निर्धारित करती हैं। नीति दिशासूचक हो सकती है, कार्यक्रम की विशद रूपरेखा नहीं। सांस्कृतिक नीति आदेशात्मक रुख नहीं अपना सकती। इसके अंतर्गत सभी कार्यक्रम समयबद्ध भी नहीं हो सकते, क्योंकि संस्कृति के अनेक पक्ष असंलक्ष्य होते हैं और परिणामों की नियति के संबंध में पूर्वज्ञान असंभव-प्राय है।

सांस्कृतिक नीति के मुख्य तत्व क्या हों ? यहाँ उसके कतिपय प्रमुख बिंदुओं का स्पर्श मात्र ही किया जा सकता है।

सांस्कृतिक नीति का बहुआयामी होना ही उसे नीति का सच्चा अर्थ देगा। विज्ञान और प्रविधि भी संस्कृति के अंग हैं। समसामयिक संदर्भ में उनकी उपेक्षा नहीं की जा सकती। इसी तरह कलाओं को विलास की वस्तु नहीं माना जा सकता। सांस्कृतिक नीति में विज्ञान की संस्कृति और कला की संस्कृति का कल्पनाशील अंतर्ग्रंथन स्थिति की अनिवार्यता है। उसे परिवर्तन और विकास की नीतियों से जोड़ना उसे नये अर्थ देगा।

संस्कृति के क्षेत्र में सत्ता का बढ़ता वर्चस्व अनेक आशंकाओं को जन्म देता है। राज्य की भूमिका महत्वपूर्ण है, किंतु केंद्रीकरण और एकाधिकार की प्रवृत्ति एक नये सांस्कृतिक सामंतवाद को जन्म दे सकती है। ऐसा न हो कि स्वैच्छिक संगठन अशक्त होकर कुंठाग्रस्त हो जायें। सत्ता से जुड़े और स्वैच्छिक संगठनों में सहयोगी संबंधों का विकास सांस्कृतिक नीति का एक लक्ष्य होना चाहिए।

सांस्कृतिक नीति का एक प्रयोजन यह भी हो कि संस्कृति की पहुँच बढ़े। कलाएँ एक सीमित अभिजात और प्रबुद्ध वर्ग के संकुचित विशेषाधिकार न बन जायें। यह तभी संभव होगा जब सांस्कृतिक नीति कला की समझ बढ़ाने के लिए आवश्यक प्रयत्न और नवाचार करेगी। कला की पहुँच बढ़ाने के लिए साधनों और सुविधाओं का विस्तार भी करना होगा।

परंपरा का मोह संस्कृति की स्वतःस्फूर्त स्वाभाविक धारा को अवरुद्ध कर सकता है। परंपरा का मूल्यांकन भी सांस्कृतिक नीति का आवश्यक अंग होना चाहिए। प्रयोग के प्रति संस्कृति के नियामकों का दृष्टिकोण यदि सहिष्णु और संवेदनशील नहीं हुआ तो संस्कृति में रुग्ण जड़ता आ सकती है। शास्त्रीय शुद्धता एक सीमा तक अपेक्षित है, परंतु असहमति, विरोध और विद्रोह की सर्जनात्मक भूमिका भी संस्कृति के उन्नयन में कम महत्व की नहीं रही है। सांस्कृतिक नीति इस लक्ष्य को भूल नहीं सकती।

संस्कृति की गतिशीलता के लिए प्रयत्नों का सहयोग और समायोजन आवश्यक है। साथ ही, विरोधी विचारधाराओं में निरंतर संवाद भी उसकी एक शर्त है। सांस्कृतिक नीति को इन तत्वों को अपनी परिधि में उचित स्थान देना होगा।

अपसंस्कृतियों का उदय मानवीय अस्मिता और मूल्यों को चुनौती है। उसके विरुद्ध सप्रयोजन युद्ध का सांस्कृतिक नीति में समावेश होना ही चाहिए।

सत्ता को संस्कृति से अलग नहीं रखा जा सकता, प्रयत्न यह होना चाहिए कि वह अपने हस्तक्षेप की मर्यादाएँ स्वयं निर्धारित करे और उनका सम्मान करें। सजग जनमत संस्कृति के स्वस्थ और स्वतंत्र विकास का अनिवार्य आधार है।

यह विष का लावा कहाँ से फूटा ?

भारत। बीसवीं सदी के आठवें दशक का अंतिम चरण। पर्यावरण में प्रदूषण की अंतहीन परतें। बढ़ती हिंसा के गहरे स्याह कुहरे में सदियों के प्रयत्न से विकसित देश की आत्मछवि धूमिल, अदृश्य-प्राय।

क्या यह वही देश है जिसके दर्शन ने व्यक्तिमात्र को ब्रह्म का प्रतिरूप माना था ? वह देश, जहाँ नारी शक्ति मानी जाती थी और जिसकी पूजा को एक सामाजिक आदर्श बनाया गया था ? क्या यह वही देश है जहाँ वर्द्धमान महावीर ने जीव-दया का सिद्धांत प्रतिपादित किया था और अहिंसा को परम धर्म के रूप में प्रतिष्ठित किया था ? वह देश, जिसमें गौतम बुद्ध का महाकरुणा का सिद्धांत जन्मा और पल्लवित-पुष्पित हुआ था ? क्या यह वही देश है जहाँ के दरिद्र समुदाय में गांधी ने नारायण के दर्शन किये थे ? आज तो सब कुछ बदला-बदला नजर आता है, पुराना कुछ पहचाना ही नहीं जाता। हिंसा मनोरंजन बन गयी है, क्रूरता उसका अलंकरण। ब्रह्म को ब्रह्म क्षत-विक्षत कर रहा है, खा रहा है। नारी के प्रति आदर छेड़-छाड़ में अभिव्यक्त होता है, उसका चरम है बलात्कार। कम दहेज को निमित्त बनाकर कितनी स्त्रियाँ रुलाई जाती हैं, जलायी जाती हैं ? यही है नारी का सम्मान, उसकी पूजा ? हिंसा के बढ़ते ज्वार ने जीवदया और करुणा के प्रकाश-स्तंभों को ध्वस्त कर दिया है। हिंसा को अब धर्म का बहाना नहीं चाहिए, परंपरा का सहारा भी नहीं। यह नंगी, क्रूर हिंसा का युग है, जो सामाजिक नैतिकता का मुहावरा बदल रही है। दरिद्रता अभिशाप थी, आज भी है; शोषण के साथ उत्पीड़न के नये आयाम उसके साथ जुड़ गये हैं। आबाद बस्तियाँ उजड़ती हैं, उजड़ें। वहाँ गरीब रहते हैं। हरिजन जलाये जाते हैं, उनका अंग-विच्छेद किया जाता है, उनकी निर्मम हत्या की जाती है। ठीक है, सब चलता है। गांधी ने इन अछूतों का दिमाग खराब कर दिया था।

बात यहीं खतम नहीं होगी। यह जंगल की आग है, कल इसकी लपटें समाज के दूसरे अंगों को भी अपनी लपेट में ले लेंगी। यह झूठे संतोष का समय भी नहीं है, हृदय-मंथन का समय है। आज की निष्क्रियता कल हमारे अस्तित्व का विराट प्रश्न बन जायेगी।

यह विष का लावा कहाँ से फूटा ? राष्ट्रीय स्वतंत्रता के चौथे दशक में, अपनी सीमित

आर्थिक-प्राविधिक उपलब्धियों के बावजूद, हम नैतिक रूप से एकाएक अपंग क्यों हो गये ? सांस्कृतिक विघटन की प्रक्रिया चुपचाप चलती रही, हमें उसका अहसास तब हुआ जब उसने अपने एक तेज़ झटके से हमारी मूल आशाओं और मान्यताओं को ही तहस-नहस कर दिया। खंडित परंपराओं और विशृंखलित मूल्यों के अवशेषों को सहेजते हुए हम सोच रहे हैं, यह क्या हो गया, कैसे हो गया ?

इस संदर्भ में एक साथ कई प्रश्न उठते हैं। क्या भारतीय संस्कृति का वास्तविक रूप वही था जो उसके आदर्श रूप में चित्रित किया जाता है ?

भारतीय समाज-व्यवस्था ने अपने विरोधाभासों और अपनी विसंगतियों को किस तरह नियंत्रित किया कि उसका बाह्य रूप और आंतरिक सामंजस्य कई हज़ार वर्षों तक प्रायः जैसा-का-तैसा बना रहा ?

स्वाधीनता-प्राप्ति के बाद माहौल इतनी तेज़ी से क्यों बदला ? तीन हज़ार वर्षों की परंपराएँ तीस वर्षों में अवमूल्यित कैसे हो गयी ? हिंसा के विस्फोट के साथ लिप्सा और स्वार्थ का तांडव किस तरह आरंभ हुआ ?

भारतीय परंपरा और संस्कृति के संतुलित मूल्यांकन के लिए एक आत्मस्वीकृति आवश्यक है।

भारत में सच्ची ऐतिहासिक दृष्टि कभी भी पूरी तरह विकसित नहीं हुई और इसके अभाव में हमारी संस्कृति का आकलन एकांगी रहा है। इतिहास और मिथक लंबे अरसे तक एक-दूसरे से घुले-मिले रहे, उनके सीमांकन के प्रयास ही नहीं किये गये। लोक-मानस पर इतिहास के जिस रूप की छाप है उसमें मिथकों और जनश्रुतियों का प्रभाव अब भी शेष है। हमारी नजरों में वे आज भी इतिहास के अंग हैं। दूसरे, हमारे इतिहास का एक महत्वपूर्ण स्रोत है राजा-महाराजाओं की विरुदावलियाँ और उन पर समकालीन 'इतिहासकारों' द्वारा लिखी गयीं 'प्रशस्तियाँ'। यह चारण धर्म का पालन स्थितियों और तथ्यों के साथ न्याय करने में बाधक हुआ। इस कोटि के इतिहास में उन आर्थिक, सामाजिक और सांस्कृतिक शक्तियों और धाराओं का विश्लेषण नहीं हुआ जो इतिहास को नये मोड़ देती हैं। पश्चिम की बौद्धिक परंपराओं से साक्षात्कार ने इतिहासलेखन की प्रवृत्ति को नया बल दिया। इस संपर्क से प्रभावित इतिहास में दो विपरीत धाराएँ लक्षित होती हैं--एक में पश्चिम की सांस्कृतिक श्रेष्ठता और उसकी तुलना में भारत की हीनता को स्वीकार किया गया था, दूसरी में, इसके विपरीत, यह दर्शाने का प्रयत्न किया गया था कि पश्चिम की उपलब्धियाँ प्राचीन

भारत के लिए नयी नहीं थीं। पश्चिम के प्राच्यविदों, विशेष कर भारतविदों ने भारतीय संस्कृति का जो रूप प्रस्तुत किया, उसे हमने प्रायः बिना तर्क और विश्लेषण के स्वीकार कर लिया, क्योंकि इसमें हमारे अतीत का उज्ज्वल पक्ष उभरकर आया था और यह छवि पराजय की पीड़ा को कम करने में सहायक थी। यह चित्र धर्म और दर्शन ग्रंथों से चुने गये आदर्शों से बनाया गया था, साधारण जन की जीवित संस्कृति से उसका बहुत थोड़ा संबंध था। समसामयिक सांस्कृतिक जड़ता और पिछड़ेपन से उत्पन्न हीनभाव को दूर करने के प्रयत्नों में हम अतीत-जीवी बनते गये और इस प्रवृत्ति को समर्थन मिला भारतविद्या की एकांगी ऐतिहासिक दृष्टि से। इस प्रक्रिया में यदि एक ओर हमारी संस्कृति के कुछ महत्वपूर्ण पक्ष स्पष्ट हुए तो दूसरी ओर कुछ नये मिथकों का जन्म भी हुआ। हमने अपने सामाजिक अंतर्विरोधों को अनदेखा करना आरंभ कर दिया और इतिहास के अरुचिकर अध्यायों पर झूठे तर्कों का मुलम्मा चढ़ाने लगे।

हिंसा की एक धारा हमारी संस्कृति में हमेशा ही रही है। दर्शन और भक्ति उसका उन्मूलन करने में असमर्थ रहे हैं। समाज के अलग-अलग स्तरों पर, अलग-अलग युगों में उसकी अभिव्यक्ति के स्वरूप भी अलग-अलग रहे हैं। बलि प्रथा--जिसमें नर-बलि भी सम्मिलित रही है--हर युग में किसी-न-किसी रूप में पायी गयी है। भारत के बहुविज्ञापित 'सर्व धर्म समभाव' की पृष्ठभूमि भी रक्तरंजित है, संघर्ष और हिंसा की व्यर्थता प्रमाणित हो जाने के बाद ही समाकलन का यह आयाम समाज द्वारा स्वीकृत हुआ। एक काल वह भी था जब 'वैदिकी हिंसा' हिंसा नहीं मानी जाती थी। कई जातियों में--जिनमें कम-से-कम एक उच्चवर्ग भी शामिल है--कई लड़कियाँ जन्म के फौरन बाद ही मार दी जाती थीं। विवेक यह स्वीकार नहीं करता कि सती होने वाली प्रत्येक स्त्री स्वेच्छा से ही अपने पति के साथ अपनी जीवनलीला समाप्त करती थी। भारतीय संस्कृति के मुख्य रूप से आध्यात्मिक होने की भ्रामक परिकल्पना भी इसी स्रोत से आयी है। जीवन के भौतिक पक्ष इस संस्कृति में कभी गौण नहीं रहे। आर्थिक हितों की लड़ाइयों में प्रकट और छद्म हिंसा की सदा एक निश्चित भूमिका रही है। अपनी इच्छा बलपूर्वक दूसरों से मनवाने की परंपरा प्रायः हर युग में रही हैं और उसके साधनों का रूप भी थोड़ा-बहुत ही बदला है। मारण, उच्चाटन, सम्मोहन, वशीकरण भी इसी परंपरा के अंग थे। एकलव्य और द्रौपदी के प्रतीकात्मक मूल्य को हम भली भाँति नहीं समझे। न जाने कितने एकलव्यों के अंगूठे काटे गये हैं, न जाने कितनी द्रौपदियाँ बलपूर्वक निर्वसना की गयी हैं! अवसर और साधन के अनुसार बल प्रयोग और हिंसा का रूप बदलता रहा है। सांस्कृतिक मान्यताओं और मूल्यों ने उन पर अंकुश अवश्य रखा, पर जब भी संस्कृति की नियंत्रण-शक्ति क्षीण हुई, ये पाशविक शक्तियाँ अपने उग्र और हिंस्र रूप में आगे आयीं।

एक कड़वा सच और।

भारतीय समाज-व्यवस्था मूलतः असमतावादी थी और शोषण पर आश्रित थी। वर्ण और जाति का आधार-शुचिता की भावना थी, किंतु समाज के स्तरभेद के ऐतिहासिक विकास में शुद्ध-अशुद्ध के विचार के साथ आर्थिक और राजनीतिक शक्ति के समीकरण भी जुड़े थे। सत्ता के आगे समाज-व्यवस्था झुकती थी, संगठित दबाव उसकी कठोरता को कम करते थे। कर्म के समाज-दर्शन ने ऊपरी तौर पर सामाजिक ढाँचे को सामान्य स्वीकृति दिलायी, पर उसके कुछ पक्षों के खिलाफ अंदरूनी लड़ाई हमेशा चलती रही। गरीबी की संस्कृति में भाग्यवाद पनपता अवश्य है, किंतु पूरी तरह स्वीकृत शायद ही कभी होता है। कर्मों के फल और भाग्य में लिखे की स्वीकृति एक मजबूरी थी जिनके विरुद्ध असहमति और असंतोष, आक्रोश और विद्रोह के तीव्र स्वर समय-समय पर उभरते रहे हैं। अटूट निरंतरता के मुहावरे में भारतीय संस्कृति का सच्चा रूप प्रतिलक्षित नहीं होता, सनातन माने गये धर्म को भी समय-समय पर कड़ी चुनौतियों का सामना करना पड़ा है। उसके मुख्य तत्वों को भी पूरी स्वीकृति कभी नहीं मिली।

यह सच है कि व्यवस्था में आमूल परिवर्तन कभी नहीं हुए। दार्शनिक तर्कों के इंद्रजाल ने परंपरागत ढाँचे के विरोधाभासों को नये-नये अर्थ दिये। भक्ति की भूलभुलैया में सामाजिक आंदोलन दिग्-भ्रमित हो गये। सतत प्रयत्नों से कुछ समूहों ने अपनी स्थिति सुधारी और समाज के ऊपरी स्तरों में आ गये। शक्ति और सत्ता के आधार पर कुछ को समाज ने स्वयं ही ऊँचा दर्जा दे दिया। शोषित ऊँचे स्तर पर पहुँचकर खुद शोषक बन गया। यह गतिशीलता समाज-व्यापी नहीं थी, नीचे तबके के एक छोटे-से भाग को ही उसका लाभ मिला। छोटी-मोटी रियायतें, जो बहुजन को समय-समय पर मिलीं, उनके अस्थायी संतोष का कारण बनीं। परंपरा ने जो सीमित सुरक्षा निचले स्तर को दी थी, उसका सहारा इस स्तर को अंधकारमय अनिश्चित भविष्य से बचाता था। सहारा तिनके का ही सही, फिर भी सहारा तो था। धर्म और भक्ति एक आशामय भविष्य की संभावना की ओर इशारा करते थे, भले ही वह इस जन्म के बाद चरितार्थ होने वाला सुखद स्वप्न ही हो। वर्गहित की सीधी लड़ाई संभव भी नहीं थी, क्योंकि पद और सत्ता दोनों न्यस्त हितों वाले अल्पसंख्यकों के साथ थे। यही कारण है कि परंपरागत भारत के अधिकांश आर्थिक-सामाजिक आंदोलनों का रूप धार्मिक और सांस्कृतिक था। भक्ति के मलहम ने शोषक और शोषित दोनों को अधिक या कम राहत पहुँचायी। उसके कारण एक के स्वार्थों पर सीधी और कड़ी चोट नहीं हुई, दूसरे को कुछ रियायतों के साथ बहुत सारा क्षणिक संतोष मिला।

आज़ादी पाने के बाद भारत ने प्रजातंत्र, समता और सामाजिक न्याय के आदर्श अपनाये और उन्हें अपने संविधान में समाहृत किया। पश्चिम में ये मूल्य दीर्घकालिक सामाजिक-आर्थिक प्रक्रियाओं की उपज थे, सामाजिक गठन के नये रूपों के साथ उनका क्रमिक विकास हुआ था। इसके विपरीत, भारतीय संदर्भ में इन्हें आरोपित मूल्य ही माना जा सकता है। राजनीतिक नेतृत्व का एक प्रबुद्ध तथा पश्चिम-प्रभावित अंश भारत को अविलंब आधुनिक विश्व का अंग बनाना चाहता था। उसके आग्रह से ही ये आदर्श अपनाये गये। नेतृत्व को भी सही अनुमान नहीं था कि इन्हें व्यावहारिक रूप देने में कौन-सी और कितनी कठिनाइयाँ होंगी। इन आदर्शों की कोई निश्चित परिभाषा भी नहीं थी, अलग-अलग स्तरों ने अपने हितों के अनुकूल उनमें अलग-अलग अर्थ देखे। जब तक ये मूल्य केवल संविधान की शोभा रहे, उनसे किसी को कोई कष्ट नहीं पहुँचा। भाषणों का अलंकरण भी उनसे बेझिझक किया गया। तकलीफ तब शुरू हुई जब उन्हें आर्थिक और सामाजिक कार्यक्रमों का अंग बनाने की कोशिश की गयी। परंपरा-पोषित सामंती मूल्यों और नव-स्वीकृत आधुनिक मूल्यों की टकराहट ने नये संघर्षों को जन्म दिया। धीरे-धीरे हिंसा इन संघर्षों का भाग बनती गयी और उसका रूप उग्र से उग्रतर होता गया। धर्मनिरपेक्षता के सिद्धांत का भी यही हाल हुआ। भारत ने इस सिद्धांत की व्याख्या सर्वधर्म-समभाव के रूप में की थी, धर्म-विमुखता के रूप में नहीं। नयी मौखिक संस्कृति का अंग तो यह सिद्धांत आसानी से बन गया, पर धर्म के क्षेत्र में भी हितों की टकराहट की परिणति हिंसात्मक संघर्ष में ही हुई। ओढ़े हुए आदर्शों और सामाजिक यथार्थ के बीच की खाई धीरे-धीरे चौड़ी होती गयी। ये आदर्श समसामयिक भारत की विडंबना बन गये।

सामाजिक परिवर्तन की प्रक्रिया के तीन परिणाम उल्लेखनीय हैं : एक--मूलतः समुदाय-केंद्रित भारतीय समाज धीरे-धीरे व्यक्ति-केंद्रित होता गया। सामूहिकता के ह्रास के साथ सामाजिक उद्देश्यों और साधनों की परिभाषाएँ भी बदलती गयीं। सामूहिक नियंत्रण में पहले ढील आयी, फिर वह अशक्त हो गया। व्यक्तिगत स्वतंत्रता की भावना बलवती होती गयी और धीरे-धीरे ऐसी स्थिति आयी कि वह सामाजिक उत्तरदायित्व से असंपृक्त हो गयी। सामाजिक अनुशासन के अभाव ने उन रीतियों और नीतियों को क्षीण कर दिया जिनके द्वारा समाज का नियमन होता था। स्वार्थ पर अंकुश कम हुआ। क्रमशः बढ़ती रुग्ण मानसिकता ने हिंसा को हितों की साधना का अस्त्र बना दिया। दूसरा परिणाम था जीवन के प्रायः प्रत्येक पक्ष का राजनीतिकरण। बदलते परिवेश की नयी राजनीतिक संस्कृति में सत्ता साध्य और साधन दोनों बन गयी। सत्ता की लड़ाई में संख्या की भूमिका महत्वपूर्ण थी। आस्था और विश्वास के पत्र-पुष्प के रूप में अपने वोट भेंट कर जब तक शोषित समुदाय ने नेतृत्व में अपनी श्रद्धा व्यक्त की तो कोई समस्या नहीं हुई। उलझन तब शुरू हुई

जब समाज के इस अंग ने अपनी संख्या की शक्ति को पहचाना और अधिकार की लड़ाई में अपना स्वतंत्र स्वर मुखरित किया। यह वह समय था जब भारतीय राजनीति पर आदर्शों के मुलम्मे की चमक फीकी पड़ चुकी थी और नग्न सत्ता की राजनीति अपना गांधीवादी मुखौटा उतारने को तैयार हो चुकी थी। इस स्थिति में संख्या का नियंत्रण आवश्यक था और इसके लिए यथा अवसर साम, दाम, दंड और भेद की नीतियाँ अपनायी गयीं। दंड ने धीरे-धीरे आक्रामक हिंसा और आतंक का रूप ले लिया। तीसरा परिणाम है धर्म की आस्थाओं और मान्यताओं से अलगाव का। भारत की राष्ट्रीय नीति ने धर्म-विमुखता को कभी प्रोत्साहित नहीं किया, पर आधुनिकीकरण की प्रक्रिया ने धर्म की जड़ों को ही अशक्त कर दिया। धर्म से जो अनुशासन समाज को मिलता था, वह मिलना बंद हो गया, उसके रिक्त स्थान की पूर्ति न आंतरिक अनुशासन से हुई और न संस्थाजनित अनुशासन से। विश्वास का स्थान विकल्प ने लिया, पर विकल्प को समाजोन्मुख करने का कोई योजनाबद्ध प्रयास नहीं हुआ। विवेक के अभाव में विकल्प ने जो मार्ग अपनाया, वह तात्कालिक स्वार्थसाधन का मार्ग था, समन्वित सामाजिक विकास का नहीं। दिशा-निर्देश के अभाव में व्यक्ति-केंद्रित, राजनीति से आक्रांत और धर्मों के अनुशासन से कटा हुआ भारतीय समाज न अपने नये लक्ष्य निर्धारित कर पा रहा है, न उनकी प्राप्ति के लिए उचित साधन। सामाजिक लक्ष्यहीनता और साधनों का अनिश्चय आत्मघाती हिंसा को बढ़ावा दे रहा है।

बदलते परिवेश का एक पक्ष है--सर्वव्यापी हिंसा। समाचारपत्र हत्या और बलात्कार के समाचारों से भरे रहते हैं। कई उन्हें ऐसे रूप में प्रस्तुत करते हैं कि उनसे कुत्सित मानसिकता को भोजन मिले। सत्यकथाओं के नाम पर बेची जाने वाली सामग्री देखिए, उसमें नब्बे प्रतिशत यही सब पायेंगे। अधिक बिकने वाले विदेशी और देशी कथा-साहित्य में सेक्स और हिंसा का अद्भुत योग मिलता है। एक नज़र लोकप्रिय फिल्मों पर डालिए। उनका मसाला बिना मार-पीट, खून-खराबे, बलात्कार और हत्या के अधूरा रहता है। यह ठीक है कि इन सबसे सीधे हिंसा की प्रेरणा नहीं मिलती, पर हम इनके अप्रत्यक्ष प्रभावों को भी नज़र-अंदाज़ नहीं कर सकते। हिंसा के विविध रूपों को पढ़ते और देखते अनजाने ही हम उसे असामान्य न मान-कर सामान्य मानने लगते हैं। इन अमानवीय कृत्यों के प्रति जो तीव्र प्रतिक्रिया होनी चाहिए, वह धीरे-धीरे कमज़ोर हो जाती है, आक्रोश का स्थान एक मौन तटस्थता ले लेती है।

हिंसा की स्वीकृति के कई और रूप हैं। राजनीति की गणित अस्त्र के रूप में हिंसा का उपयोग करती है। कल तक जो गुंडे के रूप में तिरस्कृत था, आज वही राजनीतिक कार्यकर्ता के रूप में सम्मानित है। कितनी ही संस्थाओं का नियंत्रण ऐसे ही तत्वों के हाथ में चला गया है। श्रमिक संगठनों और स्थानिक स्वायत्त संस्थाओं

पर कई जगह उनके कब्जे की प्रामाणिक कहानियाँ छप चुकी हैं। सम्मानित राजनेताओं के इर्द-गिर्द ऐसे लोग अकसर देखे जा सकते हैं। दूसरों को विधायक और सांसद बनाते-बनाते ये तत्व अब स्वयं इन पदों के प्रत्याशी बन गये हैं और कुछ तो इन नयी ऊँचाइयों को छूने में सफल भी हुए हैं। मुख्य न्यायाधीश के रात्रि-भोज में कुख्यात डाकू भी सम्मिलित हो सकता है, शर्त सिर्फ यह है कि वह विधायक बन गया हो। पुलिस से यदि रक्षा नहीं मिलती तो त्रस्त नागरिक असामाजिक तत्वों की शरण लेता है। थोड़ी-बहुत सुरक्षा उसे मिलती है पर किस कीमत पर ? गरीबों के प्रति दया की इक्की-दुक्की घटनाएँ किंवदंतियों के रूप में फैलकर भक्षकों को रक्षकों के रूप में प्रतिष्ठित कर देती हैं। इस तरह हिंसात्मक प्रवृत्तियाँ सामाजिक तिरस्कार का विषय न रहकर आदर की अधिकारिणी बन जाती हैं।

सत्ता और संख्या का उभरता समीकरण आज की बढ़ती हिंसा के पीछे है। दर्शन, भक्ति और देशप्रेम अब स्वार्थ के संघर्ष को रोक सकने में असमर्थ हैं। रणनीति के साथ व्यूहरचना भी बदलती है। संप्रदाय, जाति-उपजाति, स्वर्ण-अवर्ण, क्षेत्रीयता, भाषा आदि के आधार पर गठबंधन होते हैं, टूटते हैं, और नये सिरे से फिर जोड़-तोड़ की जाती है। मूल लड़ाई न्यस्त स्वार्थों और मानवीय अधिकारों की है, पर उसे न उचित दिशा मिली, न उपयुक्त संगठन। अराजक हिंसा इसीका परिणाम है।

संघर्ष और हिंसा के बीज हमारी समाज-रचना और संस्कृति में आरंभ से ही रहे हैं--आंतरिक अंतर्विरोधों के रूप में। पहले उन्हें दर्शन और धर्म ने नियंत्रित किया, बाद में ऐसे सांस्कृतिक आंदोलनों ने, जिनकी परिणति भक्ति के किसी स्वरूप में हुई। नवजाग्रत् राष्ट्रीयता या स्वाधीनता के दर्शन और देशभक्ति ने यही भूमिका निभायी आजादी के पहले दो दशकों में। आज का युग है सत्ता और स्वार्थ की लज्जाहीन राजनीति का, जिस पर अंकुश रखने में विघटित होता समाज और विशृंखलित होते मूल्य असमर्थ हैं। प्रशासन असहाय है। उसका भी सामाजिक चरित्र वही है जो सारे देश का। दबी हुई हिंसा ही चिनगारियाँ भड़क रही हैं। नेतृत्व का मनोबल अशक्त हो गया है। उसमें न दूरदर्शी विराट कल्पना है, न सामाजिक साहस। दिशाहीन संक्रमण ने देश को अनिश्चय की घाटियों में धकेल दिया है। हम अपने ही घर में आग लगाकर तमाशा देख रहे हैं।

संचार और सांस्कृतिक विकास

I

मानव के सामाजिक और सांस्कृतिक विकास की कहानी अभी अधूरी है; उसके कई अध्यायों का कच्चा और आरंभिक रूपांकन ही हम अब तक कर पाये हैं। इस इतिहास के कुछ पक्ष ऐसे हैं जिनमें हम केवल सतह को ही छू पाये हैं और कई ऐसे हैं जिनमें हमारी जानकारी सिर्फ ऊपरी दो-तीन परतों तक ही सीमित है। हमें यह मालूम है कि मानव की विकास-परंपरा का हर मुख्य मोड़ एक या अधिक क्रांतियों से जुड़ा है, पर इन क्रांतियों के स्रोतों और जटिल अंतर-संबंधों का विश्लेषण जिस बारीकी से होना चाहिए था, वह अभी तक नहीं हुआ। अब तक के इन प्रयत्नों में हम कुछ विशेष क्रांतियों में इतनी बुरी तरह उलझे रहे हैं कि मानव-जीवन को अधिक व्यापक रूप से प्रभावित करने वाली और उसके आयामों को बदल देने वाली दूसरी क्रांतियों की ओर हमारा ध्यान ही नहीं गया। उदाहरण के लिए, प्राविधिक नवाचारों से सांस्कृतिक विकास को मिलने वाली दिशा और गति के बारे में हमारी जानकारी संतोषजनक है, परंतु विचार और संचार की भूमिकाओं के संबंध में हमारा ज्ञान बहुत ही सीमित है। पिछले तीन दशकों में इस महत्वपूर्ण पर अँधेरे पक्ष पर कुछ उल्लेखनीय अध्ययन हुए हैं, जिनके कारण संचार का क्षेत्र सामाजिक विज्ञानों के एक नये सीमांत के रूप में उभरा है। संचार की प्रक्रिया तथा उसके प्रभावों और परिणामों, संभावनाओं और सीमाओं को गहराई में जाकर समझना आवश्यक है। अब तक हुए अनुसंधानों से कुछ उपयोगी अवधारणाएँ विकसित हुई हैं, किंतु जब तक उनका परीक्षण विभिन्न सांस्कृतिक परिवेशों में नहीं हो जाता, हम उन्हें मानक सैद्धांतिक स्थापनाओं के रूप में स्वीकार नहीं कर सकते। संचार का क्षेत्र अनेक बौद्धिक चुनौतियों का क्षेत्र है। इस क्षेत्र में हमारी उपलब्धियाँ सैद्धांतिक और व्यावहारिक दोनों दृष्टियों से उपयोगी प्रमाणित होंगी।

जीव-जगत् में मानव अपने-आपको एक विशिष्ट और उच्च कोटि का प्राणी मानता है। यह उसका दंभ नहीं है क्योंकि उसकी कई क्षमताएँ अद्वितीय हैं। वह विचार कर सकता है, वह अपने विचारों को अभिव्यक्त कर सकता है, और उसने विचारों की

अभिव्यक्ति के कई ऐसे माध्यम विकसित कर लिये हैं जो उसके विचारों और चिंतन को स्थायित्व दे सकते हैं। ये योग्यताएँ किसी अन्य प्राणी में नहीं हैं; इसी कारण मानव स्वयं अपने-आपको मेधावी कह सकता है। संदेश दे और ले सकने की क्षमता ने मानव के सामाजिक अंतर-संबंधों को एक विशेष स्वरूप दिया है; इस क्षमता का विकास इन संबंधों के क्षेत्र को विस्तारित और पुष्ट करता है। विचारों को स्थायित्व दे सकने की योग्यता जिस गति से विकसित होती गयी, उसी गति से उसकी संस्कृति की विविधता और जटिलता भी बढ़ती गयी। सीमित संचार-साधनों के काल में मानव समाज छोटी-छोटी स्वतंत्र इंकाइयों में खंडित रहा। इसके विपरीत, जन-संचार के माध्यमों के अभूतपूर्व विकास ने समसामयिक विश्व को संकुचित कर एक बड़ा-सा गाँव बना दिया है। इन ध्रुवांतों के बीच की स्थितियाँ भी अपने-आपमें बड़ी महत्वपूर्ण थीं। उनके प्रत्यक्ष और परोक्ष प्रभावों ने मानव के सामाजिक गठन और उसकी जीवनदृष्टि को नये मोड़ और नये रूप दिये। संचार माध्यमों की हर क्रांति मानव जीवन में गुणात्मक परिवर्तन लायी है। इन परिवर्तनों का सूक्ष्म विश्लेषण और मूल्यांकन अभी तक नहीं हुआ; जो प्रयत्न हुए हैं वे अपने-आपमें महत्वपूर्ण होते हुए भी पूरी तरह संतोषजनक नहीं हैं। स्थिति यह है कि प्रश्न अधिक उठे हैं, उनके उत्तर कम मिले हैं। इन प्रश्नों का उठना ही स्वयं एक उपलब्धि है, क्योंकि वे खोजयात्रा की दिशा निर्धारित करते हैं।

क्या संदेश दे और ले सकने की क्षमता केवल मानव तक ही सीमित है ? इस प्रश्न का निर्णयात्मक उत्तर पहले ही दिया जा चुका है। वह है--नहीं। जैविकीय संचार-व्यवस्था पर की गयी पुरानी खोजों के आधार पर यह उत्तर दिया गया था, पर नयी खोजों ने प्रक्रिया के कई अनबूझे रहस्यों को उद्घाटित किया है।

जीव-रचना में ही एक आंतरिक संचार-प्रक्रिया निहित है, कोशिकाएँ स्वयं एक-दूसरे को संदेश देने में समर्थ हैं। इन तथ्यों का सूक्ष्म विश्लेषण संचार-अध्ययनों की एक स्वतंत्र शाखा--कोशिकीय संचार--द्वारा किया गया है। जीवित कोशिकाएँ हार्मोनों और तंत्रिका-तंतुओं द्वारा संवाद करती हैं। यह संचार उस सूचना-संकलन पर आधारित होता है जो न्यूक्लीक अम्ल के अणुओं में निहित होता है। ये सूचनाएँ तीन सामान्य वर्गों में विभाजित की जा सकती हैं--आँनुवंशिक, उपापचयी या मेटाबोली, और तंत्रिकीय। प्रत्येक वर्ग के संवाद (और संचार-प्रक्रियाएँ) अपनी स्वतंत्र संहिताओं द्वारा अनुशासित होते हैं। यह विषय अपने-आपमें बड़ा रोचक है, और इस क्षेत्र में होने वाले अनुसंधानों से जैविकीय प्रक्रियाओं के कई रहस्यपूर्ण पक्ष स्पष्ट हुए हैं। इस क्षेत्र में होने वाले समसामयिक अनुसंधान से जो संभावनाएँ उभरी हैं,

वे और भी महत्वपूर्ण हैं। आप शायद यह सुनकर चौंकें कि कोशिकीय संचार के क्षेत्र में होने वाले अनुसंधान हमें धीरे-धीरे एक गंभीर दार्शनिक समस्या के हल की ओर ले जा रहे हैं। वह समस्या है--यथार्थ और मन का संबंध। उत्तर से हम अभी भी दूर हैं, पर उसे पाने के प्रयत्न जिस योजनाबद्ध ढंग से हो रहे हैं और उनमें अब तक जो सफलताएँ मिली हैं, उनसे बड़ी आशा बँधती है।

संवाद मनुष्य के अतिरिक्त अन्य जीव भी कर सकते हैं। उनके संवाद के तीन प्रमुख माध्यम होते हैं--रासायनिक द्रव्यों का स्राव, अंग-संचालन या गतियाँ, और ध्वनियाँ। स्पष्टीकरण के लिए कुछ उदाहरण लें। न्यू गिनी में उड़ने वाली गिलहरी से मिलता-जुलता और लगभग उसी आकार-प्रकार का एक प्राणी है--शुगर ग्लाइडर। रासायनिक स्रावों से वह अपना संदेश अपनी जाति के दूसरे सदस्यों तक पहुँचा देता है। इस प्राणी के सिर के सामने के भाग में एक ग्रंथि होती है। इस ग्लैंड का स्राव नर और मादा को एक दूसरे से जोड़ देता है। उसकी गंध से नर अपनी मादा को पहचानता है, मादा नर को। साथ ही, जाति के अन्य सदस्यों के लिए यह गंध चेतावनी भी होती है बने हुए जोड़ों को तोड़ने के विरुद्ध। नर के पैरों, वक्ष और हाथों के समीप अन्य ग्रंथियाँ होती हैं, जिनका स्राव और उसकी लार उसके क्षेत्र को सीमांकित कर देते हैं। इस गंध से वे अपने क्षेत्र को पहचानते हैं; और जाति के दूसरे सदस्यों की क्षेत्र-सीमाओं को जानकर उनसे दूर रहते हैं। दूसरा उदाहरण, संचार की दृष्टि से अच्छी तरह जाँची-परखी गयी मधुमक्खी का है। मधुमक्खी के शरीर से निकले अलग-अलग रासायनिक द्रव्य और उनकी गंध जाति के लिए भिन्न-भिन्न संकेतों का अर्थ रखते हैं। उनकी राजकुमारी जब अपनी सुहागरात की उड़ान पर जाती है तब वह ऐसी भाप छोड़ती जाती है जिसकी गंध पुंमक्षिका--ड्रोन नर--को कामातुर कर उनकी ओर आकृष्ट करती है। उनके एक छत्ते की गंध दूसरे छत्ते की गंध से भिन्न होती है; मधुमक्खियाँ 'अपने' और 'दूसरे' छत्तों का अंतर इस गंध से सरलतापूर्वक समझ लेती हैं। अंग-संचालन और गति द्वारा संदेश पहुँचाने के भी अनेक उदाहरण मधुमक्खियों में मिलते हैं। उनका 'वैगल डांस' जैविकी और सामाजिक विज्ञानों में समान रूप से चर्चित रहा है। 1945 में जर्मन जीव-वैज्ञानिक कार्ल फ़ान फ्रिश ने इस नृत्य की अंतर्निहित संकेत-संहिता का विश्लेषण प्रस्तुत किया था। श्रमिक मक्खी कभी-कभी अपने छत्ते के समीप यह नृत्य करती है। इसके दो अर्थ हो सकते हैं। पहला यह कि उसने कोई नया खाद्य भंडार खोजा है, और दूसरा यह कि उसे नया छत्ता बनाने के लिए कोई उपयुक्त स्थान दिखा है। इस नृत्य में वह एक सेकंड में तेरह से पंद्रह बार उड़कर अंग्रेज़ी 8 का आकार बनाती है। यह क्रम कई बार दुहराया जाता है। बीच-बीच में वह सीधी भी उड़ती है। नृत्य गंतव्य की ओर संकेत करता है, सीधी उड़ान की सीमा छत्ते और गंतव्य की दूरी का बोध कराती है। साथ ही अपनी

सखियों को आकृष्ट करने के लिए वह पंखों से एक विशेष प्रकार की ध्वनि भी करती है।

कीट-पतंगों से लेकर बड़े-बड़े पशुओं तक में अंग-संचालन की खास शैलियाँ और विशेष मुद्राएँ कतिपय स्पष्ट अर्थों की अभिव्यक्ति करती हैं। क्रोध, भय, संतोष, काम-पीड़ा आदि की मुद्राएँ आसानी से समझी जा सकती हैं। ये भाव कई प्राणी ध्वनि के माध्यम से भी व्यक्त करते हैं। बहुधा अंग-संचालन और ध्वनियाँ इन दोनों का प्रयोग साथ-साथ संकेत और संदेश देने के लिए किया जाता है। यहाँ यह स्मरण रखना आवश्यक है कि अन्य प्राणियों में संचार के लिए किये गये प्रदर्शनों की संख्या बहुत सीमित होती है। रीढ़ वाले सामाजिक प्राणियों में इस प्रकार के प्रदर्शन 30-35 से अधिक नहीं होते; कई प्राणियों में उनकी संख्या इससे भी कम होती है। सामाजिक प्राणियों की संचार-संहिता अधिक जटिल और विकसित होती है, पर मनुष्य की तुलना में वह नगण्य प्रतीत होती है। उसकी शक्ति कुछ सीमित अर्थ अपने सीमित प्रतीकों से व्यक्त करने की होती है।

मानव की संचार-शक्ति के विकास की तुलना में अन्य जीवों में यह शक्ति बहुत ही अल्पविकसित है। उनके पास न मौखिक भाषा है, न उसका लिखा हुआ रूप, पर मनुष्य की संकेत-संहिता में वे सभी तत्व हमें आज भी मिलते हैं जो अन्य जीवों को अर्थ की अभिव्यक्ति के लिए प्रकृति से उपलब्ध हैं। मानवीय प्रयत्नों से अन्य प्राणी एक सीमा तक शब्दों का अर्थ समझने लगते हैं। कुछ शब्दों की ध्वनियाँ कुत्तों के लिए स्पष्ट अर्थ रखती हैं। प्रयोगों से यह प्रमाणित हुआ है कि शिंपाजी को न केवल शब्दों या प्रतीकों का अर्थ सिखाया जा सकता है, उन्हें शब्द-क्रम और पद-विन्यास के नियम भी सिखाये जा सकते हैं। इतना ही नहीं, वे स्वयं अपनी ओर से छोटे-छोटे प्रश्नों और वक्तव्यों की रचना भी कर सकते हैं। केलिफोर्निया युनिवर्सिटी के डेविड प्रैमेक ने अपने प्रयोगों में सारा नाम की एक शिंपाजी को 128 शब्द सिखाये, जिनमें मनुष्यों और शिंपाजियों के 8 नाम, 12 क्रियाएँ, 6 रंग, 21 खाद्य-पदार्थ और विविध प्रकार की वस्तुएँ, संबोधन, विशेषण आदि थे। सारा स्वयं बोल नहीं सकती थी, पर मनुष्य द्वारा बोली गयी भाषा को एक सीमा तक समझ अवश्य लेती थी। भाषा के अतिरिक्त अन्य संकेतों और चिह्नों का उपयोग भी उसे अर्थ समझाने के लिए किया जाता था। वह स्वयं इन चिह्नों और प्रतीकों से अपनी बात कह सकती थी। सारा की प्रगति और उपलब्धियाँ बड़ी महत्वपूर्ण हैं, क्योंकि उनसे मनुष्य के अतिरिक्त अन्य प्राणियों की संचार-क्षमता के बारे में हमारी मान्यताएँ बहुत कुछ बदली हैं। मानव से जैविकीय रूप से निकट संबंधित प्राणी भी, सीमित रूप में ही सही, प्रतीकों से संदेश ग्रहण कर सकते हैं और थोड़े-से संदेश दे भी सकते हैं। इस संदर्भ में हमें यह याद रखना चाहिए कि सारा और दूसरे शिंपाजियों ने मनुष्य के कठिन

और प्रयोगात्मक प्रयासों से भाषा सीखी। इन प्रयत्नों की सफलता सीमित थी, क्योंकि वे बहुत थोड़े-से शब्द और पद-विन्यास की शिंपाजियों को सिखा सके। बुद्धिमत्ता के आधार पर चुने गये शिंपाजियों का प्रशिक्षण बड़े कृत्रिम परिवेश में हुआ था और अपने प्रशिक्षण के आधार पर वे मनुष्य से संवाद कर सकते थे, सम-जाति प्राणियों से नहीं। मनुष्य अपनी भाषा सम-जाति प्राणियों के सिखाने और सामाजिक वातावरण से सीखता है। सारा जैसी प्रशिक्षित विदुषी भी अन्य शिंपाजियों को भाषा-ज्ञान नहीं दे सकती थी। यह भी संभव था कि मनुष्य-संपर्क से दीर्घ काल तक अलग रखे जाने पर सारा और दूसरे शिंपाजी भाषा पर अपना अधिकार खो बैठते। संभावनाओं के धरातल पर संचार-शक्ति पर मानव का एकाधिकार भले ही न हो, पर भाषा को जितनी संपन्नता वह दे सका है, उतनी कोई अन्य प्राणी नहीं।

अब एक प्रश्न और उठता है। भाषा और प्रमुखतः उसके आधार पर संचार-शक्ति का विकास मानव ही क्यों कर सका ? इस प्रश्न का सही उत्तर पाने के लिए एक ओर तो हमें मानव की जैविकीय रचना की विशेषताओं को समझना होगा, और दूसरी ओर उन सांस्कृतिक कारकों की ओर भी ध्यान देना होगा जिनसे उसकी संचार-क्षमता में संपन्नता आयी। विकास-क्रम में जब मानव का उद्भव हुआ, उसकी मस्तिष्क-रचना विशेष प्रकार की थी। सीधे खड़े हो सकने की योग्यता ने इस मस्तिष्क-रचना को विकास की एक निश्चित दिशा दी। मानव तार्किक और बीजगणितीय मनोवृत्ति के साथ जन्मा था। संस्कृति के विकास के हर चरण के साथ उसने इस मनोवृत्तियों और उनकी अभिव्यक्ति को संपन्नता और पूर्णता देने का प्रयत्न किया। इस तरह वह कार्य-कारण संबंध स्थापित करने के आरंभिक प्रयत्नों में सफल हुआ, और प्रतीकों की बोधगम्यता विकसित कर उसने अपने चिंतन और अभिव्यक्ति का क्षेत्र विस्तारित किया। इस क्षेत्र में उसकी सफलता संदिग्ध होती यदि प्रकृति ने उसे ऐसा कंठ न दिया होता जो ध्वन्यियों को भाषा का रूप देने में सक्षम था। विचार और अभिव्यक्ति एक दूसरे के सहारे बढ़ते हैं। मानव का मस्तिष्क तार्किक था, उसमें विचार कर सकने की योग्यता थी। साथ ही उसके कंठ की रचना ऐसी थी कि वह भाषा विकसित कर इन विचारों को अभिव्यक्त कर सके। ये दोनों क्षमताएँ एकाएक ही विकसित नहीं हुईं। उनके विकास की प्रक्रिया में बहुत समय लगा। पर जब वे विकसित हुईं तो मानव के सामाजिक-जीवन में एक मूल-भूत परिवर्तन हुआ। समाज संचार पर आश्रित होने लगा, 'संवाद की स्थिति में समूह' को समाज का पर्यायवाची माना जाने लगा। लिपि के अभाव में संचार का क्षेत्र सीमित था। मौखिक संवाद बहुत बड़े समूह के साथ संभव नहीं था। इस तरह के संवाद को

स्थायित्व देना भी कठिन था, यद्यपि इसके प्रमाण खोजना आवश्यक नहीं है कि मौखिक परंपरा ने न केवल लोक-साहित्य को जीवित रखा, उसने शास्त्रीय साहित्य को भी एक पीढ़ी से दूसरी तक पहुँचाया। यह क्रम कई पीढ़ियों तक चलता रहा। लिपि के आविष्कार के बाद स्थायित्व का माध्यम बदल गया, यद्यपि स्मरण-शक्ति की भूमिका इस स्थिति में भी महत्वपूर्ण रही। शब्द प्रतीक होते हैं। उन्हें मौखिक से लिखित रूप देना मनुष्य की एक बहुत बड़ी उपलब्धि थी। मनुष्य की तीक्ष्ण और केंद्रित हो सकने वाली दृष्टि, उसके अंगूठे की रचना, और अंगूठे और शेष उँगलियों के सहयोग से लिपि का आविष्कार और प्रचलन संभव हो पाया। लिपि ने मौखिक भाषा का स्थान नहीं लिया, केवल उसे विस्तारित किया। प्राविधिक विकास की विभिन्न स्थितियों में क्रमशः संचार-क्षेत्र का विस्तार होता रहा।

भाषा का विकास मानवीकरण की प्रक्रिया का एक अंग था। प्राइमेट वर्ग की जिस शाखा ने मानव बनने की राह अपनायी, उसने पूर्ण मानव बनने के पहले ही संस्कृति के कुछ तत्वों को विकसित कर लिया था। इन तत्वों में प्रतीक-व्यवस्था भी थी, जिसने उसे अभिव्यक्ति की सीमित शक्ति दी। मानव के अध्येताओं को एक भी ऐसा समूह नहीं मिला जो भाषाविहीन हो। ऐसे समूह अवश्य मिले हैं जिनका शब्द-भंडार अढ़ाई सौ-तीन सौ शब्दों से अधिक नहीं था, उनसे भी अधिक ऐसे जिनकी शब्द-संख्या सात-आठ सौ से ऊपर नहीं थी। अमूर्त चिंतन और सूक्ष्म अभिव्यक्ति के लिए यह संख्या भले ही थोड़ी लगे, पर इस सीमित शब्द-संख्या में भी सांस्कृतिक संचार की अद्भुत क्षमता थी। मौखिक संस्कृति ने मानव-जीवन के आयाम बदले और परंपराओं को स्थायित्व देने में आश्चर्यजनक सफलता पायी।

लिपि का आविष्कार संचार के क्षेत्र में दूसरी बड़ी क्रांति थी। ध्वनि पर अवलंबित लिपि के विकास के पूर्व मानव ने, भाषा के अतिरिक्त, अभिव्यक्ति के कई अन्य माध्यमों से प्रयोग किये थे। चित्र लिपि या 'पिक्टोग्राफी' इसी तरह का एक प्रयोग था। यह लेखन-विधि चित्रों की एक शृंखला द्वारा किसी घटना या स्थिति का स्वरूप प्रस्तुत करती थी। चित्र-लिपि भाषा से जुड़ी नहीं होती, इसलिए उसकी मौखिक अभिव्यक्ति किसी भी भाषा में संभव होती है। आवश्यक होता है चित्रों को समझना। प्रागैतिहासिक मानव ने संसार के विभिन्न भागों में इस लेखन-शैली का प्रयोग किया। पिक्टोग्राफ़ी के कुछ रूपों ने विकसित होकर 'आइडियोग्राफी' का रूप लिया। यह चित्र-लिपि का संवर्धित रूप था, और उसमें स्थितियों और घटनाओं के प्रस्तुतिकरण साथ-साथ अमूर्त विचारों की अभिव्यक्ति की सीमित शक्ति भी थी। प्रतीक अब केवल वस्तुओं और स्थितियों का चित्रण नहीं करते थे, वे उनसे

संबंधित विचारों और संबोधों को भी अभिव्यक्त करते थे। चित्र-लिपि में छोटा-सा वृत्त सूर्य का प्रतिनिधित्व करता था; आइडियोग्राफी में, संदर्भ के अनुसार, उससे ताप, प्रकाश और दिन का बोध भी होने लगा। इस लिपि में भी प्रस्तुत प्रतीक और उसके बोले हुए नाम में प्रत्यक्ष संबंध नहीं था. चित्र-लिपि की तरह यह भी भाषा-संबद्ध नहीं थी। ध्वनि पर आधारित लिपियों के विकास के पहले कई संक्रमणकालीन लिपियाँ आयीं जो मूलतः आइडियोग्राफी थीं, पर जिनमें धीरे-धीरे ध्वनि-आधारित तत्व सम्मिलित हो रहे थे। प्राचीन मेसोपोटामिया और क्रीट की तथा हिट्टीआइट लिपियाँ इस वर्ग की हैं। लिपियों के विकास के अगले चरण और भी महत्वपूर्ण थे। एक ओर 'लोगोग्राफी' का विकास हुआ जिसमें प्रत्येक शब्द के लिए एक स्वतंत्र चिह्न था। इस लिपि को 'शब्द-लेखन' भी कह सकते हैं। दूसरी धारा थी ध्वनियों के आधार पर लिपियों के विकास को, जिसका चरम उत्कर्ष अक्षरों के आविष्कार में हुआ। इन लिपियों ने लेखन के स्वतंत्र रूप का अंत कर उसे केवल भाषा की अभिव्यक्ति का एक माध्यम बना दिया।

इस क्रांति के प्रभाव बड़े व्यापक थे। लिपिविहीन भाषाओं ने ज्ञान-विज्ञान की परंपरा का वहन किया था, उनमें साहित्य के विभिन्न रूपों की रचना हुई थी और सूक्ष्म दार्शनिक चिंतन भी किया गया था। उस साहित्य को स्थायित्व देने में कठिनाइयाँ थीं। लिपि ने उन्हें बड़ी मात्रा में दूर किया। पत्तों, मिट्टी की पतली ईंटों, पत्थर, चमड़े, वस्त्र आदि पर लिखकर मनुष्य ने अपने संचित ज्ञान को आनेवाली पीढ़ियों के लिए बचाने का यत्न किया। लिपि एक रहस्यमय और चमत्कारी शक्ति थी जिस पर अधिकार रखने वाले थोड़े से लोगों को समाज में ऊँचा स्थान मिला। ज्ञान, इस तरह, एक छोटे-से वर्ग के हाथ में आ गया, जिसने उसका उपयोग बहुत कुछ अपने हितों में किया। यह दूसरी बात है कि आगे चलकर इसी ज्ञान का व्यापक प्रसार हुआ।

यह स्थिति संचार की चौथी क्रांति ने बदली, जिसे कागज और मुद्रण की संयुक्त क्रांति मानना उचित होगा। कागज का आविष्कार मुद्रण के आविष्कार के बहुत पहले हो गया था, पर क्रांतिकारी सामाजिक परिणाम उसी समय स्पष्ट हुए जब कागज और छपाई का मिलन हुआ। कागज के आविष्कार का श्रेय चीन के सा'ई लुन को दिया जाता है, जिसने ईसा के बाद सन् 105 में वृक्षों की कूटी हुई छाल, सन, पुराने कपड़े और पुराने मछली के जालों के मिश्रण से कागज बनाया। पाँच सौ वर्षों तक यह शिल्प चीन में ही रहा। सातवीं शताब्दी के आरंभ में यह कला जापान पहुँची और बौद्ध भिक्खुओं ने मलबरी वृक्ष की छाल से कागज बनाना आरंभ किया। इसी देश में सन् 770 में साँचों से मुद्रण का आरंभ हुआ। सम्राज्ञी शोटोकु की आज्ञा से दस लाख प्रार्थना पत्रक छापे गये। इस योजना को पूरा करने में 6

वर्ष का समय लगा। ज्ञान को सर्वसुलभ बनाने की प्रक्रिया का आरंभ इसी प्रकार के प्रयत्नों से हुआ। धीरे-धीरे छपाई के प्राथमिक रूप संसार के दूसरे भागों में भी पहुँचे। कागज बनाने की कला वहाँ पहले ही जा चुकी थी। चल-टाइप के आविष्कार ने मुद्रण को नया स्वरूप दिया। इसका श्रेय जर्मनी के गटेनबर्ग को दिया जाता है, जिसने संभवतः सन् 1400 और 1468 के बीच चल-टाइप का आविष्कार किया। उसकी 42 पंक्तियों की बाइबल--गटेनबर्ग बाइबल--को कई विद्वान दुनिया की पहली छपी हुई पुस्तक मानते हैं। वैसे यह दावा दूसरी पुस्तकों के लिए भी किया गया है। संभवतः सन् 1300 के आसपास छपी एक कोरियाई धार्मिक पुस्तक अब तक उपलब्ध पुस्तकों में सबसे पुरानी हो। इस पुस्तक में चल टाइप का उपयोग नहीं हुआ था।

मुद्रण के आविष्कार से पुस्तकों और समाचार-पत्रों के प्रकाशन का रास्ता खुला। इस तरह ज्ञान के प्रसार और स्थायित्व की संभवानाएँ बढ़ीं। ज्ञान अब तक एक छोटे-से वर्ग के हाथ में था। पुस्तकों और समाचार-पत्रों ने उसका दायरा बढ़ाया और वह क्रमशः सर्वसुलभ होने लगा। मुद्रण की क्रांति विचारों की क्रांति की शुरुआत थी।

संचार के क्षेत्र में इसके बाद की क्रांतियाँ अपेक्षाकृत नयी हैं। उदाहरण के लिए रेडियो ने अभी अपनी पहली जन्म शताब्दी नहीं मनायी। आपको शायद याद हो कि मारकोनी ने सन् 1895 में बिना तार के संकेत भेजने और उन्हें ग्रहण करने का सफल प्रयोग किया था और 1896 में लन्दन में रेडियो का पेटेंट लिया था। इंग्लैंड के बेयर्ड और अमरीका के जेनकिंस ने 1923 में टेलीविजन के माध्यम से चित्र-सम्प्रेषण का एक कच्चा प्रयास किया था, जिसके दो वर्ष बाद 1925 में उन्हें ऐसा कर सकने में अपेक्षाकृत अधिक सफलता मिली। तब से अब तक संचार की इन विधाओं ने आश्चर्यजनक प्रगति की है।

इस संक्षिप्त-सी रूपरेखा में संचार के अन्य कई साधनों का उल्लेख नहीं किया गया, जैसे तार, टेलीफोन, कैमरा, टेपरिकॉर्डर आदि। जिनकी चर्चा की गयी है, उनमें भी प्रत्येक दशक में उल्लेखनीय परिवर्तन हुए हैं, और वे अपने प्राथमिक रूपों से बहुत अधिक विकसित हो चुके हैं। आज प्रविधि और संचार एक दूसरे के अविभाज्य अंग बन गये हैं और मानव की शारीरिक और मानसिक क्षमताओं को दिन-प्रतिदिन विस्तारित करते जा रहे हैं। समसामयिक समाज में संचार ने एक नयी महत्वपूर्ण सामाजिक भूमिका ग्रहण कर ली है।

आइए, अब हम संचार की सामाजिक भूमिका पर संक्षेप में विचार करें।

संचार समाजीकरण का प्रमुख माध्यम है। संचार द्वारा सामाजिक और सांस्कृतिक परंपराएँ एक पीढ़ी से दूसरी पीढ़ी तक पहुँचती हैं। संचार की विभिन्न विधाओं के बिना सामाजिक निरंतरता बनाये रखने की कठिनाइयों का अनुमान सहज ही किया जा सकता है। समाजीकरण की प्रत्येक स्थिति और उसका हर रूप संचार पर आश्रित है। मनुष्य जैविकीय प्राणी से सामाजिक प्राणी तब बनता है जब वह संचार द्वारा सांस्कृतिक अभिवृत्तियों, मूल्यों और व्यवहार-प्रकारों को आत्मसात् कर लेता है। विसमाजीकरण (अथवा पहले अपनायी गयी रीतिनीति का अवमूल्यन) और पुनर्समाजीकरण (या उनके स्थान पर नयी मान्यताओं और मूल्यों का ग्रहण)--दोनों के लिए संचार आवश्यक होता है। इस तरह सांस्कृतिक निरंतरता और परिवर्तन--समाज की दो अनिवार्य प्रक्रियाएँ--संचार पर आधारित होती हैं।

संचार के साधनों का विकास और उसके संदेशों की सुलभता यदि एक ओर सामाजिकता की परिभाषा को प्रभावित करते हैं तो दूसरी ओर उनके द्वारा समाजीकरण की प्रक्रिया में अनेक मूलभूत परिवर्तन होते हैं। जब मनुष्य के पास केवल मौखिक संचार की सीमित शक्ति थी, व्यक्ति का समाजीकरण परिवार और प्राथमिक समूह के सीमित दायरे में होता था। लिपि के आविष्कार और प्रसार के बाद एक संस्थागत क्रांति हुई, सिखाने का काम स्कूल जैसी संस्थाएँ भी करने लगीं। इस तरह समाजीकरण का स्वरूप बदला, व्यक्ति को दो भिन्न धाराओं से संदेश मिलने लगे। परिवार और अन्य प्राथमिक समूहों का कुछ उत्तरदायित्व इस क्षेत्र में अब भी रहा, परंतु नयी संस्थाओं की साझेदारी उन्हें स्वीकार करनी पड़ी। आश्रमों और पाठशालाओं में हाथ से लिखी पोथियों का उपयोग होता था। अपनी सीमित संख्या और दुर्लभता के कारण ये पुस्तकें विस्मय और श्रद्धा की मिली-जुली भावना को जन्म देती थीं। मुद्रण के आरंभ के बाद पुस्तकें सहज ही उपलब्ध होने लगीं। उनका रहस्य और उनकी पूजनीयता धीरे-धीरे कम होने लगी। परिवार, प्राथमिक समूह, और स्कूल के अतिरिक्त सुलभ पुस्तकें सीखने का एक वैकल्पिक साधन बनीं। जन-संचार के साधनों ने संदेशवाहकों की संख्या में आश्चर्यजनक वृद्धि की। आज के संदर्भ में समाजीकरण के स्रोतों के संबंध में निश्चयात्मक ढंग से कुछ कह सकना कठिन हो गया है। परिवार, सम-रुचि समूह और स्कूल के अतिरिक्त दैनिक अखबार, पत्र-पत्रिकाएँ, रेडियो, सिनेमा और टेलीविजन भी अपने संदेशों से उभरते व्यक्तित्वों को प्रभावित करते हैं। अलग-अलग स्रोतों से आये संदेश हमेशा एक-दूसरे के पूरक नहीं होते। वे एक-दूसरे के विरोधी भी हो सकते हैं। संचार-संदेश का यह अंतर्विरोध यदि एक ओर कुछ समस्याओं को जन्म देता है तो दूसरी ओर उससे ज्ञान-विज्ञान के नये सीमांतों की खोज की प्रेरणा भी मिलती है। यहाँ यह स्मरण रखना आवश्यक है कि संचार परंपरागत मान्यताओं को केवल पुष्ट ही नहीं करता,

उनके संबंध में संवाद का आरंभ कर उनका मूल्यांकन करने की स्थिति को जन्म देता है। समय की कसौटी पर कुछ मान्यताएँ खरी उतरती हैं, पर अनेक इस प्रक्रिया में अवमूल्यित हो जाती हैं और उनके स्थान पर नये प्रतिमान उभरते हैं, नयी मान्यताएँ प्रतिष्ठित होती हैं।

संचार-व्यवस्था का दूसरा मुख्य उत्तरदायित्व है--सामाजिक गतिविधियों की निगरानी करना। जब संचार का आधार केवल मौखिक था (या जिन समाजों में संचार अभी भी मुख्यतः मौखिक है) उनमें भी वह केवल परंपरा का वहन ही नहीं करता, वह सामाजिक आलोचना को भी स्वर देता है और इस रूप में सामाजिक नियंत्रण का साधन बनता है। जन-संचार के साधन भी, अपनी शैली में, यही कार्य करते हैं। इस तरह हम पाते हैं कि एक ओर संचार-व्यवस्था यदि शिक्षक का काम करती है तो दूसरी ओर उसे सामाजिक महानिरीक्षक का उत्तरदायित्व भी ग्रहण करना पड़ता है।

कोई भी समाज-व्यवस्था अपने-आपमें पूर्ण नहीं होती, उसके पास हर सामाजिक प्रश्न और समस्या का उत्तर नहीं होता। सामाजिक और मानसिक पर्यावरण में होने वाले परिवर्तन नये प्रश्नों और नयी समस्याओं को जन्म देते रहते हैं, जिनके समाधान परंपरा की परिधि में पा सकना कभी-कभी कठिन होता है। प्रत्येक समाज के जीवन में ऐसी घड़ियाँ आती हैं जब उसे सामाजिक लक्ष्यों और उन्हें पाने के साधनों के बारे में नये सिरे से न्यूनतम सामाजिक सहमति आवश्यक होती है। सहमति का वातावरण निर्मित करने में संचार का योगदान महत्वपूर्ण होता है। जन-संचार के माध्यमों से की गयी चर्चा से स्थितियों और समस्याओं को उनके व्यापक सामाजिक परिदृश्य में समझने में सहायता मिलती है और उनके विस्तार, स्वरूप और आयामों के संबंध में सामूहिक विवेक उत्पन्न होता है। यह विवेक इन समस्याओं के संभव हल के संबंध में सामाजिक सहमति और प्रयत्नों को जन्म देता है।

संचार का चौथा महत्वपूर्ण कार्य है व्यक्ति और समाज के संज्ञानात्मक मानचित्र का विस्तार। नयी सूचनाएँ मानसिक क्षितिजों को विस्तारित करती हैं और आकांक्षाओं के धरातल को उठाती हैं। उनके कारण नयी अभिरुचियाँ उत्पन्न होती हैं, समस्याओं और उनके संभव समाधानों पर ध्यान केंद्रित होता है और प्रयोग की प्रवृत्ति जाग्रत् होती है।

संचार के दो और कार्यों का उल्लेख आवश्यक है। पहला है--मनोरंजन। जन-संचार के कतिपय साधनों का उपयोग मुख्यतः मनोरंजन के लिए ही किया जाता है। इस कारण जन-साधारण की दृष्टि में वे मनोविनोद के साधन-मात्र होकर रह गये हैं, नये सिरे से उनका शैक्षिक उपयोग करने में कठिनाइयों का अनुभव हो सकता है। वैसे मनोरंजन के बहुत थोड़े स्वरूप ही ऐसे हैं जिनका उद्देश्य मनोरंजन-मात्र

हो और जिनमें प्रत्यक्ष अथवा परोक्ष, प्रगट अथवा अंतर्निहित रूप से दूसरे उद्देश्य घुले-मिले न हों। नानी की कहानियों और कठपुतलियों के नाच तक में एक सबक होता था। आज की कथा में सशक्त सामाजिक आलोचना संभव है। सिनेमा, रेडियो और टेलीविजन के मनोरंजन के उद्देश्य से प्रस्तुत किये गये कार्यक्रम अनेक ऐसे संदेशों का वहन कर सकते हैं जिनकी कल्पना संभवतः उनके प्रस्तुत कर्त्ताओं को भी न हो। मानस की गहराई में उनके प्रभावों का विश्लेषण अब होने लगा है। इस नयी समझ का उपयोग अधिकांशतः व्यावसायिक हितों की दृष्टि से किया गया है। सामाजिक नव-निर्माण और विकास के क्षेत्र में उसकी संभावनाओं का सार्थक उपयोग किया जा सकता है, पर अभी बड़े पैमाने पर ऐसा किया नहीं गया।

दूसरा, संचार-क्षमता और संचार-साधन दोनों में सामाजिक प्रतिष्ठा बढ़ाने का गुण है। व्यक्ति चाहे प्रभावशाली वक्ता हो या मनोरंजक ढंग से कहानी कहने वाला, कुशल अभिनेता हो या सशक्त लेखक, अपनी विशिष्ट संचार-विधा में उसकी क्षमता उसकी प्रतिष्ठा बढ़ाती है। जनसंचार के नये साधन व्यक्ति और विचार दोनों का सामाजिक आदर बढ़ा या घटा सकते हैं। इस युग के बड़े-बड़े शक्ति-सामंत भी समाचारपत्रों, रेडियो और टेलीविजन की इस शक्ति को स्वीकार करते हैं और उसके सामने झुकते भी हैं। नयी अभिवृत्तियों और मूल्यों को पुरस्कृत कर संचार के साधन सामाजिक नवनिर्माण की दिशा में महत्वपूर्ण कार्य करते हैं।

सामाजिक विकास और आधुनिकीकरण के संदर्भ में यदि संचार के इन प्रकार्यों पर हम विचार करें तो इस क्षेत्र में उसकी कई संभावनाएँ स्पष्ट होंगी। संचार-साधनों को उचित दिशा देकर नये मूल्य प्रतिष्ठित कराये जा सकते हैं; समाज को परंपरा से प्रगति की ओर मोड़ा जा सकता है। उनकी सहायता से जन-मानस को आधुनिकीकरण के लक्ष्यों और कार्यक्रमों को स्वीकार करने के लिए प्रेरित किया जा सकता है। जन-संचार के साधन उनके सम्मुख नये जीवन का एक आकर्षक विकल्प प्रस्तुत कर उन्हें जड़ता का मार्ग छोड़ सक्रियता की राह अपनाने की प्रेरणा दे सकते हैं। जाग्रत् जनमत प्रगति की अनिवार्य शर्त है, और इसे तैयार करने में जन-संचार के साधनों की बड़ी ही महत्वपूर्ण भूमिका है। मनोरंजन के साथ-साथ विकास का संदेश बड़े सशक्त ढंग से जन-साधारण तक पहुँचाया जा सकता है।

इन प्रभावशाली संभावनाओं के साथ संचार की सीमाओं पर ध्यान रखना भी आवश्यक है। संचार एक अस्त्र है, उसका उपयोग हो सकता है, दुरुपयोग भी। मूल प्रश्न हैं : यह अस्त्र किसके हाथ में है ? उस पर नियंत्रण करने वालों के सामाजिक लक्ष्य और न्यस्त हित क्या हैं ? क्या उनमें इन साधनों का कल्पनाशील और सार्थक उपयोग करने की क्षमता है ? दूसरे शब्दों में इन साधनों का उपयोग कौन, किस उद्देश्य से, और कितनी क्षमता से कर रहा है ? कुछ हाथों में यदि संचार प्रगति का प्रेरक

बन सकता है तो दूसरे हाथ उसे परंपरा का पोषक बना सकते हैं। उनका उपयोग देश का ध्यान महत्वपूर्ण समस्याओं से हटाकर अर्थहीन प्रश्नों में उलझाये रखने के लिए भी किया जा सकता है। इन संचार-साधनों पर गायी हुई लोरियाँ राष्ट्र को सुला भी सकती हैं। कभी-कभी संचार प्रगति का स्थान ले लेता है; वास्तविक प्रगति कम होती है पर उसे और काल्पनिक प्रगति को संचार के साधन इतने आकर्षक ढंग से प्रस्तुत करते हैं कि जनता शब्दों के मोहक इंद्रजाल में दिशा-भ्रमित हो जाती है। इसके विपरीत अयोग्य संचारकर्ता आशायुक्त संदेशों को कल्पनाहीन तथा अनाकर्षक ढंग से प्रस्तुत कर उनकी हत्या कर सकते हैं। संचार वस्तुतः दो धारों वाला अस्त्र है जिसका उपयोग बड़ी ही सावधानी से होना चाहिए।

अंत में मैं कुछ अन्य नैतिक प्रश्नों का उल्लेख करूँगा जो संचार-साधनों के विकास और उपयोग के साथ अविभाज्य रूप से जुड़े हैं।

आज का युग संदेश-विस्फोट का युग है। अनेक धाराओं से अनेक प्रकार के संदेशों की बौछार समसामयिक मानव पर हो रही है। उसकी व्यक्तिगत विचार-प्रक्रिया पर इसका क्या प्रभाव पड़ता है, यह प्रश्न विचारणीय है। अब तक हुए अनु- संधानों के निष्कर्ष चिंताजनक हैं। आज का मानव बाह्य-निर्देशित होता जा रहा है; वह अपनी विचार-क्षमता पर कम भरोसा करता है, उन विचारों पर अधिक जो उसे जनसंचार के साधनों से मिलते हैं। दूसरे शब्दों में, संदेश विचार और चिंतन का स्थान ले रहे हैं।

समस्या का एक और पहलू उल्लेखनीय है। आज का मानव अपने स्वयं-प्रतिमान जन-संचार द्वारा पुरस्कृत प्रतिमानों के आधार पर बनाता है और अपनी उपलब्धियों और असफलताओं का लेखा-जोखा जन-संचार द्वारा समर्थित मान-दंड से करता है। निश्चित रूप से संस्कृति में रूढ़ दृष्टिवाद पनप रहा है--पुरानी या नयी लीकों पर चलने की वृत्ति बढ़ रही है, उनसे हट कर स्वतंत्र विचार और व्यवहार का आग्रह घट रहा है। क्या ये लक्षण शुभ हैं ?

सामाजिक धरातल पर समस्या का एक और पक्ष विचारयोग्य है। समुदाय को एकसाथ अनेक संदेश मिलते हैं; इनमें न सामंजस्य होता है, न तारतम्य। कई संदेश परस्पर विरोधी होते हैं। यह स्थिति संज्ञानात्मक भ्रम को जन्म देती है। जो कहा जा रहा है, उसमें किस पर विश्वास किया जाये और किस पर नहीं ? इस कारण निश्चय की प्रक्रिया भी गड़बड़ा जाती है। समृद्ध और असमृद्ध दोनों प्रकार के समाजों ने इस समस्या का बड़ी तीव्रता से अनुभव किया है।

सूचनाओं का विस्फोट एक व्यावहारिक समस्या को भी जन्म देता है। प्रत्येक सूचना की कुछ-न-कुछ सामाजिक प्रतिक्रिया होती है, कभी-कभी ये प्रतिक्रियाएँ समय के पर्याप्त व्यवधान के बाद व्यक्त होती हैं। शासन-तंत्र सूचनाओं के प्रभावों और

परिणामों का, अल्पकालिक और दीर्घकालीन संदर्भों में, मूल्यांकन किस तरह करे ? संचारकर्ता अपने संदेश पहुँचाने में कुशल होता है, पर उसे अपने पाठकों, श्रोताओं और दर्शकों के प्रतिक्रिया-संदेश उतनी आसानी से नहीं मिलते। अनियंत्रित संदेश प्रशासन के लिए कई समस्याएँ पैदा करते हैं। वे जनता की आकांक्षाओं और अपेक्षाओं को सरलता से बढ़ा सकते हैं, पर उनकी पूर्ति के लिए जिस तरह की सामाजिक तैयारी आवश्यक है, उसे उत्पन्न करना या तो उनके सामर्थ्य-क्षेत्र के बाहर है या इस पक्ष में वे अधिक सक्षम नहीं हैं।

संचार मानव की एक बड़ी शक्ति है, पर उसकी अन्य शक्तियों की तरह यह भी समस्याहीन नहीं है। उसकी सीमाओं को समझना, उसकी संभावनाओं का पूरी तरह उपयोग कर सकने के लिए आवश्यक है। अनिश्चित भविष्य की अनेक चुनौतियों का सामना करने के लिए हमें इस अस्त्र का सफल और सार्थक उपयोग करना होगा। आने वाले कल के लिए यदि हम एक सूझयुक्त संचार-नीति आज ही न बना सके तो संभव है कि हमारी समस्याएँ और भी उलझ जायें और हम इस उपयोगी अस्त्र का फलप्रद उपयोग न कर सकें।

II

दूसरे महायुद्ध के बाद जिस समस्या ने दुनिया का ध्यान बड़ी तीव्रता से अपनी ओर आकृष्ट किया, वह थी विकास की समस्या। इस काल में संसार के राजनीतिक मानचित्र में बड़े-बड़े परिवर्तन हुए। अनेक देश जो सदियों तक विदेशी दासता के बंधनों में जकड़े थे, स्वतंत्र राष्ट्रों के रूप में विश्व समुदाय के सदस्य बने। राष्ट्रीय मुक्ति, राजनीतिक धरातल पर एक बड़ी उपलब्धि थी। अपने राजनीतिक संघर्ष में विजय पाकर इन देशों का ध्यान आर्थिक पिछड़ेपन और सामाजिक गतिहीनता की समस्याओं की ओर गया। स्वतंत्रता को सार्थक बनाने के लिए यह आवश्यक था कि इन देशों की औपनिवेशिक अर्थव्यवस्था और सामंतवादी सामाजिक गठन में मूलभूत परिवर्तन हों, सामान्य जनता का जीवन-स्तर ऊँचा उठे। आर्थिक विकास और सामाजिक परिवर्तन के जो आरंभिक प्रयत्न इन देशों ने किये, उनमें उन्हें विशेष सफलता नहीं मिली; झटपट प्रगति के उनके स्वप्न पूरे न हुए। कुछ समय बाद ही वे समझ गये कि समस्या को उन्होंने जितना सरल समझ रखा था, वह उससे कहीं अधिक जटिल थी। इसी बीच आर्थिक और सामाजिक न्याय की माँग सशक्त हुई और यह स्पष्ट हो गया कि विकास के कार्यक्रमों में तेजी लाना आवश्यक है। बहुपक्षीय विकास की नयी व्यूह-रचना उनके उत्तरदायित्वों का सबसे महत्वपूर्ण भाग बन गयी। आर्थिक और सामाजिक विकास के संतोषजनक प्रतिरूप की तलाश अभी

भी जारी है।

विकास की समस्या पर जो संवाद हुआ है, उसमें उसकी पूर्व-आवश्यकताओं के दो पक्ष उभरे हैं। पहला पक्ष है अभिवृत्तिक परिवर्तन और चारित्रिक कायापलट का; दूसरा है संस्थागत क्रांति और संगठनात्मक पुनर्रचना का।

विकास की प्रक्रिया का सूत्रपात मनुष्य के मस्तिष्क में होता है। आधुनिकता के लिए किया जाने वाला संघर्ष मूलतः समसामयिक मानव की मान्यताओं, मूल्यों और कार्य-शैलियों को एक नया मोड़ देने का संघर्ष है। अभिवृत्तियाँ और मूल्य व्यवहार-प्रकारों को बदलते हैं; उनमें होने वाला परिवर्तन समाज के संस्थागत और संगठनात्मक आधार को भी प्रभावित करता है। विकास को दिशा और गति देने के लिए चारित्रिक क्रांति आवश्यक है। इस क्रांति को नये दृष्टिकोण और मूल्यों की अपेक्षा है। आधुनिक व्यक्तित्व का प्रमुख गुण है विवेकशील और तर्कसंगत दृष्टिकोण जो जीवन और उसके बदलते परिवेश को कार्य-कारण संबंधों के आधार पर देख सके। परानुभूति, गतिशीलता, और सक्रियता भी आधुनिक व्यक्तित्व के आवश्यक तत्व हैं। यह व्यक्तित्व अतीत-बद्ध नहीं होता, वह परंपराओं का वैज्ञानिक मूल्यांकन करता है और आज और आने वाले कल की चुनौतियों के प्रति सजग रहता है। उसमें उपलब्धि-आकांक्षा होती है और उसे परिवर्तन की संभावनाओं और आवश्यकता पर अटूट विश्वास होता है। श्रम, संपत्ति और बचत के संबंध में इस व्यक्तित्व में एक नया दृष्टिकोण होता है। वह श्रम से दूर नहीं भागता, झूठी आध्यात्मिकता उसे जीवन के भौतिक पक्षों से असंयुक्त नहीं करती, वह आगे आने वाले कल के लिए तात्कालिक तृप्ति को रोक सकता है, और जाँच-तौलकर साहसिक कदम उठाने से घबराता नहीं है। हर नयी चुनौती उसके लिए एक प्रेरणा होती है, क्योंकि समस्याओं का समाधान खोज सकने की अपनी क्षमता में उसे अदम्य विश्वास होता है। विशेष स्थितियों में वह अनिवार्य से समझौता कर लेता है, पर ऐसे समझौते उसे प्रगति के नये रास्ते खोजने से नहीं रोकते। यह व्यक्तित्व भीड़ का अंग तो नहीं बनता, पर वह शेष समाज से सावयवी संबंध भी विकसित करता है, क्योंकि उसे सामूहिक शक्ति और नैतिकता पर विश्वास होता है।

ये अभिवृत्तियाँ और मूल्यों में परिवर्तन एक नया सामाजिक चरित्र विकसित करते हैं जो संस्थागत और संगठनात्मक परिवर्तनों की आधारिक संरचना बनता है। नये सामाजिक संगठन का उद्देश्य मूलतः तीन प्रकार की क्षमताओं को विकसित और पुष्ट करना होता है : साहचर्यात्मक, प्रशासन-प्रबंध संबंधी, और अनुसंधान-मूल्यांकन संबंधी। यह साफ है कि सामूहिक क्षमता के बिना न विकास संभव है, न आधुनिकीकरण। विकास के लिए न्याय और व्यवस्था का वातावरण अपेक्षित है, जो समर्थ, सुप्रशिक्षित और ईमानदार लोक-प्रशासन द्वारा संभव है। नियोजन अपने-

आपमें एक कला है, जो धीरे-धीरे विज्ञान का रूप लेती जा रही है। नियोजन निपुणता तथा साधनों और मानवीय संबंधों का प्रबंध भी विकास के लिए अनिवार्य है। अनुसंधान-क्षमता इसलिए आवश्यक है कि विकास-क्रम में उठने वाली समस्याओं के समाधान बिना विलंब के खोजे जा सकें। विकास की जो योजनाएँ चल रही हैं, समय-समय पर उनका मूल्यांकन भी जरूरी होता है ताकि उनके तात्कालिक और दीर्घकालिक हानि-लाभ का लेखा-जोखा होता रहे और उनमें होने वाले गतिरोधों का भी विश्लेषण किया जा सके। इन क्षमताओं की अभिव्यक्ति के लिए राजनीतिक, आर्थिक, सामाजिक, शैक्षिक और वैज्ञानिक संस्थाओं की एक ऐसी शृंखला आवश्यक होती है जो राष्ट्रीय विकास के विभिन्न पक्षों की माँगों को पूरा कर सके।

नियोजन का तकनीकी और प्रायोगिक पक्ष अपने-आपमें बड़ा महत्वपूर्ण है। विकास के लक्ष्यों को निर्दिष्ट करना, प्राकृतिक और मानवीय साधनों का निर्धारण, विकास-कार्यक्रमों की पूर्वताओं संबंधी निर्णय, लागत-लाभ विश्लेषण के आधार पर पूँजी लगाने के बारे में निश्चय, योजनाओं में अंतरावलंबन और पूरकता विकसित करना तथा मूल्यांकन आदि नियोजित विकास के आवश्यक अंग हैं। यदि मैंने आधारिक संरचना पर जोर दिया है तो वह केवल इसलिए कि अनुभव यह बताता है कि प्राविधिक रूप से पूर्ण और निर्दोष योजनाएँ भी मानवीय प्रयोजन के अभाव में असफल हो जाती हैं। मुझे ऐसा कोई भ्रम नहीं है कि अभिवृत्तियाँ और मूल्य या सामाजिक संगठन किसी जादू की छड़ी को घुमाने से ही बदल जाते हैं। मानव के पास, दुर्भाग्य से, ऐसे जादू की छड़ी नहीं है। नियोजन के परिणाम, बहुत अंशों में, एक नये मनोवैज्ञानिक और सामाजिक परिवेश को जन्म देते हैं। यह कहना हास्यास्पद होगा कि विकास की योजनाएँ तभी शुरू की जायें जब उनके अनुकूल अभिवृत्तिक वातावरण बन जायें। आवश्यक यह है कि प्रारंभिक योजनाओं का निविष्ट-निर्धारण करते समय हम उन कार्यक्रमों का भी समर्थन करें जो प्रगति-प्रेरक पर्यावरण बनाने में सहायक हों। कल्पनाशील और उद्देश्यपूर्ण संचार-व्यवस्था के विकास को इन योजनाओं में प्राथमिकता मिलनी चाहिए।

विकास के लिए संचार आवश्यक है पर वह अपने-आपमें पर्याप्त नहीं है। उसकी अग्रगामी और पूरक भूमिकाएँ विकास के लिए अनुकूल वातावरण तैयार करती हैं और योजनाओं के कार्यान्वयन में अनेक रूपों में सहायक होती हैं।

पहले हम संचार की वैकासिक संभावनाओं पर विचार करें।

विकास की योजनाएँ छोटी हों या बड़ी--स्थानीय हों या क्षेत्रीय--उन्हें राष्ट्रीय संदर्भों से अलग नहीं किया जा सकता। इस प्रकार की योजनाओं के पोषण के लिए

व्यापक राष्ट्रीय योजनाएँ भी आवश्यक होती हैं। भावात्मक एकता और राष्ट्रीय समाकलन का प्रत्यक्ष प्रभाव इन योजनाओं पर पड़ता है। विकासशील देशों में राष्ट्र-निर्माण और आर्थिक विकास प्रायः एक-दूसरे के पर्यायवाची हैं। संचार राष्ट्रीयता की भावना विकसित कर सकता है, नागरिकों को राष्ट्रीय हितों के संबंध में जागरूक बना सकता है और विघटनकारी प्रवृत्तियों के संबंध में उन्हें सचेत कर सकता है। विकास के लिए आवश्यक है कि राष्ट्रीय आत्मविश्वास सशक्त हो और सामान्य नागरिक को राष्ट्रीय संस्थाओं के प्रति आदर हो। संचार द्वारा यह आत्मविश्वास और आदर पैदा कराया जा सकता है।

विकास-संबंधी अधिकांश निर्णय राजनीतिक होते हैं। राजनीतिक व्यवस्था के विभिन्न धरातलों और अंगों में संचार की सुलभता पर सही निर्णयों का समय पर लेना निर्भर होता है। उनके बीच का संचार-अंतराल अनेक समस्याओं को जन्म दे सकता है। एक ओर जहाँ यह आवश्यक है कि ऊँचे धरातल से संदेश बिना विकृत हुए नीचे के धरातल तक पहुँचते रहें, दूसरी ओर यह भी जरूरी है कि ऊँचे धरातल को नीचे होने वाली प्रतिक्रियाओं का पता चलता रहे--सामान्य राजनीतिक कार्यकर्ताओं और जनता की प्रतिक्रियाएँ ऊपर तक पहुँचती रहें। यही बात प्रशासन-व्यवस्था पर लागू होती है। प्रशासनिक गतिरोध, कई स्थितियों में, दोषपूर्ण संचार के कारण होता है। विकास के विभिन्न पक्षों के लिए उत्तरदायी विभागों में बहुधा पर्याप्त संवाद नहीं होता और ऊपर से नीचे की ओर संदेश बड़ी धीमी गति से और प्रायः क्षत-विक्षत होकर पहुँचते हैं। यहाँ भी विभिन्न धरातलों से प्रतिक्रिया न मिलने के कारण योजनाओं में जड़ता और एकरूपता बनी रहती है, स्थिति के अनुसार उनका परिमार्जन नहीं हो पाता। योजनाओं के सफल और सुचारु कार्यान्वयन के लिए संचार के इस पक्ष पर ध्यान अपेक्षित है।

जन-सहमति और जन-सहयोग विकास-योजनाओं की सफलता के लिए अनिवार्य हैं। राष्ट्रीय लक्ष्य और उनकी प्राप्ति के साधन इन दोनों पर न्यूनतम सहमति के बिना विकास-योजनाओं का क्रियान्वयन यदि असंभव नहीं तो कठिन जरूर होता है। जन-सहयोग की भावना विकसित करके ही साधनों और जनशक्ति का समुचित संगठन किया जा सकता है। संचार-साधनों के योजनाबद्ध उपयोग से जनता का ध्यान विकास-योजनाओं पर केंद्रित किया जा सकता है और उसकी रुचि इन योजनाओं में जाग्रत् की जा सकती है। जनशक्ति और साधनों का संगठन ऐसी स्थिति में अपेक्षाकृत सरल होता है।

विकास के लिए अभिवृत्तिक परिवर्तन की आवश्यकता पर बहुत कुछ कहा जा चुका है। एक अन्य संदर्भ में संचार द्वारा इस प्रकार के परिवर्तन लाने की कठिनाइयों के बारे में भी मैं कुछ कहूँगा। यहाँ इतना कहना ही काफी होगा कि

कोई किसी दूसरे के कहने मात्र से ही अपना दृष्टिकोण और अपनी मान्यताएँ नहीं बदल लेता। संचार-कर्मी इस तथ्य से भली भाँति परिचित हैं। जहाँ आदेश विफल होता है, प्रयोग और निदर्शन सफल हो जाते हैं। अल्पकालिक समय-परिप्रेक्ष्य में अभिवृत्तियाँ बदलने में संचार की शक्ति निश्चित रूप से सीमित है, पर प्रयोग की प्रवृत्ति जाग्रत् करने में वह अधिक सक्षम है। निदर्शन संचार की एक उपयोगी विधा है। यदि प्रयोग और निदर्शन सफल हुए तो वे अभिवृत्तियों को नया और अपेक्षित मोड़ देते हैं। संचार के अध्ययनों से यह भी ज्ञात होता है कि जन-संचार के साधनों का शैक्षिक प्रयोग तकनीक और विधि सिखाने के लिए, अभिवृत्ति बदलने की तुलना में, अधिक सफलता से किया जा सकता है। प्राविधिक परिवर्तन की दृष्टि से यह तथ्य अपने-आपमें महत्वपूर्ण है, पर वह इसलिए भी उल्लेखनीय है कि नयी विधियों पर अधिकार अभिवृत्ति-परिवर्तन को सरल बना देता है।

अब तक मैंने आपके सामने संचार की विकास-संबंधी संभावनाओं को जिस तरह रखा है, उससे यह भ्रम हो सकता है कि संचार की प्रक्रिया बहुत सरल है और संदेश, बिना किसी कठिनाई के, अपेक्षित प्रभाव उत्पन्न कर लेते हैं। संभावनाएँ सब अपने स्थान पर ठीक हैं, पर प्रक्रिया बहुत ही जटिल है। संदेश और परिणाम के बीच अनेक समस्याएँ हैं। उसकी जटिलता को समझने के लिए संचार-प्रक्रिया के मुख्य तत्वों और उनसे संबद्ध समस्याओं का विश्लेषण जरूरी है।

इस प्रक्रिया के मुख्य तत्व हैं :

(1) संदेश का स्रोत; (2) संदेश की विषय-वस्तु; (3) उद्दिष्ट श्रोता-दर्शक-पाठक; (4) संदेश संचार का माध्यम; और (5) संदेश का प्रभाव।

संदेश को उसके स्रोत से अलग करके नहीं देखा जा सकता। इस संदर्भ में दो प्रश्न उठते हैं। पहला संदेश-स्रोत की निपुणता और उसकी धारणा की प्रबलता के बारे में, दूसरा श्रोताओं-दर्शकों-पाठकों में उस पर विश्वास के बारे में। संचारकर्ता अपने श्रोताओं-दर्शकों-पाठकों की रुचि कितनी जाग्रत् करता है और कब तक उसे बनाये रखता है? जो संदेश वह दे रहा है, उसके संबंध में स्वयं उसकी धारणा कितनी दृढ़ है और वह किस दृढ़ता और लगन से अपना अभिप्राय अभिव्यक्त करता है? श्रोताओं-दर्शकों-पाठकों की नजर में उसकी कीमत क्या है? वे उसके उद्देश्यों का मूल्यांकन किस तरह करते हैं? क्या वे उसपर विश्वास करते हैं? संचार का प्रभाव बहुत कुछ इन प्रश्नों के उत्तरों पर अवलंबित होता है।

विकास संदेशों की विषयवस्तु के बारे में भी इसी तरह के सवाल उठते हैं। क्या संचार अर्थ का संप्रेषण सफलता से करता है? दूसरे शब्दों में, जो अर्थ संचारकर्ता प्रेषित करना चाहता है, क्या ठीक वही अर्थ श्रोता-दर्शक-पाठक द्वारा ग्रहण किया जाता है? या, संचार-प्रक्रिया में अथवा सांस्कृतिक परिवेश की भिन्नता के कारण

उसमें अर्थ-विकृति उत्पन्न हो जाती है ? इस महत्वपूर्ण प्रश्न के साथ कई व्यावहारिक प्रश्न भी जुड़े हैं। क्या संदेश श्रोताओं-दर्शकों-पाठकों की अपेक्षाओं और सांस्कृतिक पृष्ठभूमि में प्रासंगिक है ? संदेश में जो नये व्यवहार-प्रकार सुझाये जाते हैं, उनमें और श्रोताओं-दर्शकों-पाठकों की मान्यताओं और परंपरा में कितनी संगति या विसंगति है ? क्या वे व्यवहार-प्रकार संस्कृति के तात्कालिक संदर्भ में स्वीकार किये जा सकते हैं ? अर्थ का सही संप्रेषण आवश्यक है। साथ ही यह देखना भी जरूरी है कि संप्रेषित व्यवहार-प्रकारों का स्वरूप ऐसा न हो कि उनमें और स्थापित मान्यताओं में तालमेल होने के बजाय संघर्ष हो जाये।

संचार-प्रक्रिया की चर्चा करते समय दर्शकों-श्रोताओं-पाठकों की प्रकृति को नहीं भुलाया जा सकता। अंतर-वैयक्तिक संचार में श्रोता या दर्शक की स्थिति, रुचि और अभिवृत्ति के अनुकूल संदेश को ढाला जा सकता है, पर जन-संचार सामान्यतः मिले-जुले समूह को संदेश देता है। अभिवृत्ति और मूल्यों को बदलने के ध्येय से प्रेरित संचार भी अपने श्रोताओं, दर्शकों और पाठकों की अभिवृत्तियों और मूल्यों की अवहेलना नहीं कर सकता। ऐसा करने के विपरीत परिणाम हो सकते हैं। श्रोताओं, दर्शकों और पाठकों की प्रस्थिति, सामाजिक संस्तरण में उनका स्थान और उनके न्यस्त हित, संदेश के प्रति उनकी प्रतिक्रिया को स्वरूप देने में निर्णायक सिद्ध होते हैं। बहुत थोड़े संदेश ऐसे होते हैं जो सीधे मत-परिवर्तन में सफल हों। इस क्षेत्र में नेतृत्व और समस्थिति समूह की मध्यस्थ भूमिका भी महत्वपूर्ण होती है। वे प्रस्तावित परिवर्तनों के संबंध में व्यक्तियों और समुदाय के निर्णय को प्रभावित करते हैं।

संचार-माध्यमों की प्रकृति और प्रभावों के संबंध में पिछले दशक में बहुत चर्चा हुई है। इसका बहुत-कुछ श्रेय मार्शल मेकलुहान को है जिन्हें कई लोग इस युग का एक मसीहा मानते हैं। उनकी एक प्रसिद्ध उक्ति है 'माध्यम ही संदेश है।' इसके दो अर्थ हैं : एक यह कि माध्यम का स्वरूप अपनी संभावनाओं और सीमाओं को स्वयं ही निर्धारित करता है, और दूसरा यह कि प्रत्येक माध्यम अपने कई ऐसे भक्त बना लेता है जो उसकी विषय वस्तु की अपेक्षा स्वयं उससे अधिक प्यार करते हैं। उनकी पहली बात अंशतः मानी जा सकती है। समाचारपत्र को व्यक्ति अपनी सुविधा के समय पढ़ सकता है और उसमें अपनी रुचि के विषयों को एक से अधिक बार भी पढ़ सकता है। इसके विपरीत रेडियो और टेलीविजन के विशेष कार्यक्रम खास समय पर ही सुने-देखे जा सकते हैं; व्यक्ति अपनी इच्छा के अनुसार उन्हें कई बार सुन और देख नहीं सकता। चल-चित्रों को देखने के लिए व्यावसायिक सिनेमाघरों में खास समय पर जाना जरूरी होता है। वहाँ भी अपने इच्छित दृश्य बार-बार नहीं देखे जा सकते। दूसरी बात मानना कठिन है, क्योंकि माध्यम का उसकी विषयवस्तु से असंबद्ध कोई स्वतंत्र अस्तित्व नहीं होता। आप रेडियो क्यों सुनते हैं ? सिर्फ इसलिए कि आपको

रेडियो से प्यार है ? या इसलिए कि उसके एक या अधिक प्रकार के कार्यक्रमों में आपकी रुचि है ? मान लीजिए कि रेडियो पर कुछ दिनों तक समाचार, संगीत, चर्चाओं और वार्ताओं के कार्यक्रम बंद हो जायें और उनके स्थान पर कुत्तों के भौंकने का एकरस रिकॉर्ड बजाया जाने लगे। क्या तब भी आपको माध्यम से प्यार रहेगा और मेकलुहान के स्वर में स्वर मिलाकर आप कहेंगे--माध्यम ही संदेश है ? अखबार भी आप केवल दृष्टिसुख या स्पर्शसुख के लिए नहीं पढ़ते। प्रत्येक माध्यम से विशिष्ट प्रकार की विषयवस्तु अपेक्षित रहती है। इन अपेक्षाओं का कारण या तो माध्यम के ऐतिहासिक विकास में देखा जा सकता है, या माध्यम द्वारा विकसित और प्रसारित स्वयं-प्रतिमान में, या विशेष घटनाओं और स्थितियों के संदर्भ में। अधिकांश माध्यम एक से अधिक प्रकार की रुचियों और विषयवस्तु संबंधी अपेक्षाओं का ध्यान रखते हैं। ये रुचियाँ और अपेक्षाएँ कालांतर में बदलती भी हैं और बदली भी जा सकती हैं। भिन्न-भिन्न सांस्कृतिक परिवेशों और सामाजिक व्यवस्थाओं में संचार की शैलियाँ अलग तरह की होती हैं क्योंकि उनमें माध्यमों से भिन्न प्रकार की अपेक्षाएँ की जाती हैं। मेकलुहान के इस विचार से सहमत होना कठिन है कि संचार की विषयवस्तु का विश्लेषण और उसके प्रभावों का अध्ययन विशेष रूप से उपयोगी नहीं है, क्योंकि उसके स्वरूप और गुणों में ही उसका संदेश और उसका प्रभाव निहित है।

संचार-साधनों की अपनी सीमाएँ होती हैं। एक सीमा से अधिक उनका वैकासिक उपयोग नहीं किया जा सकता। इन सीमाओं को समझ लेना जरूरी है, क्योंकि उन्हें समझकर हम साधनों से असंभव अपेक्षाएँ नहीं करेंगे। उनकी सीमाओं से हमें चिंतित नहीं होना चाहिए, क्योंकि इन साधनों की क्षमता और संभावनाओं का पूरा उपयोग अभी नहीं किया गया है। संचार-साधनों की संभावनाओं के पूर्ण उपयोग के दो प्रमुख अवरोधक हैं--साधन के बारे में श्रोता, दर्शक और पाठक का रूढ़ प्रतिमान और संदेशवहन का रूढ़ स्वरूप। प्रत्येक साधन का ऐतिहासिक विकास उसके संबंध में कुछ खास अपेक्षाएँ विकसित कर देता है। साधन का उपयोग यदि किसी अन्य लक्ष्य के लिए किया जाये तो श्रोताओं, दर्शकों और पाठक की ओर से प्रतिरोध होता है। वे मानसिक रूप से उसके नये प्रयोजन को स्वीकार नहीं करते। दैनिक पत्रों से समाचारों और कुछ अंशों में वैचारिक विश्लेषण की अपेक्षा की जाती है। रेडियो मुख्यतः सूचना और मनोरंजन का साधन माना जाता है। सिनेमा से अधिकांशतः मनोरंजन की ही अपेक्षा की जाती है। ये रूढ़ प्रतिमान एकाएक नहीं बदले जा सकते। उन्हें बदलने के लिए समय और कल्पनाशील प्रयोग जरूरी होते हैं। अधिकांश संचार-साधनों के संदेश और उनको वहन करने के तरीके भी रूढ़ हो गये हैं। ये तरीके नये वैकासिक संदेश सफलतापूर्वक जनता तक पहुँचाने में समर्थ

नहीं होते। उनमें न जनजीवन के मुहावरे की पकड़ होती है और न अपने दर्शकों, श्रोताओं और पाठकों की रुचि को जाग्रत् रखने की शक्ति। वे विषयवस्तु को कभी-कभी उन प्रतीकों से प्रस्तुत करते हैं जो सामान्य जन के सांस्कृतिक अनुभव-क्षेत्र से जुड़े नहीं होते। यदि संचार-व्यवस्था इस स्थिति में अपने उद्देश्य की प्राप्ति में पूरी तरह सफल नहीं होती तो दोष साधनों का नहीं होता, उनके कल्पनाहीन उपयोग का होता है।

संचार-प्रक्रिया का अंतिम और सबसे अधिक महत्वपूर्ण तत्व है उसका प्रभाव। यदि संचार अपेक्षित प्रभाव उत्पन्न करने में विफल हुआ तो पूरा संचार-प्रयत्न ही व्यर्थ होता है। कभी-कभी संचार-विचारों और व्यवहार-प्रकारों में अपेक्षित परिवर्तन लाने में सफल होता है, पर इस प्रभाव की हर स्थिति में अपेक्षा नहीं करनी चाहिए। संचार का सुप्त प्रभाव भी कम महत्व का नहीं होता। इस प्रभाव के अंतर्गत नये विचार जड़ तो पकड़ लेते हैं, पर उसका परिणाम कुछ समय बाद स्पष्ट होता है। निदर्शन-परिणाम अनुमोदित व्यवहार-प्रकार की व्यावहारिकता प्रमाणित कर देता है। यह आवश्यक नहीं कि उसके कारण तत्काल ही व्यवहार-परिवर्तन भी हो। कभी-कभी ऐसा भी होता है कि व्यक्ति अपने व्यवहार में स्वयं ही परिवर्तन करना चाहता है पर समर्थन के अभाव में वह ऐसा कर नहीं सकता। संचार इस स्थिति में उसे समर्थन देकर परिवर्तन को संभव बनाता है। संचार के संगठित और लगातार प्रयत्नों से एक ऐसा वातावरण बनाया जा सकता है कि लोगों को यह लगने लगे कि परिवर्तन की आँधी आयी है और सभी अपना व्यवहार बदल रहे हैं। बहुत-से लोग पिछड़ जाने के भय से नये व्यवहार-प्रकार अपनाने को तत्पर हो जाते हैं। इन प्रभावों को हम परिवर्तन के लिए उपयोगी मान सकते हैं।

संचार कुछ विपरीत प्रभाव भी उत्पन्न कर सकता है। कभी-कभी वह विचार और व्यवहारों को बदलने के बजाय पूर्वाग्रहों को सशक्त करता है और कभी-कभी वह जिन समस्याओं पर ध्यान केंद्रित होना चाहिए, उनसे समुदाय का ध्यान हटा देता है। विकास-योजनाओं का मार्ग प्रशस्त करने के उद्देश्य से किये गये संगठित संचार-प्रयत्न अपने विपरीत प्रभावों के कारण उनकी सफलता की संभावना को ही नष्ट कर देते हैं। इस कोटि के प्रभावों का अध्ययन गहराई में जाकर किया गया है। मैं यहाँ विपरीत फलदायिनी कुछ प्रतिक्रियाओं का उल्लेख करूँगा। संचार कहता है, "दूसरे सब अपने तरीके बदल रहे हैं, तुम भी बदलो।" प्रतिक्रिया होती है, "सब तो बदल ही रहे हैं, मैं यदि न बदलूँ तो क्या बिगड़ेगा?" संचार द्वारा जनित तुलना का दबाव कभी-कभी ऐसी दिशा में और इस प्रकार के परिवर्तनों की प्रेरणा देता है जो या तो संभव के सीमा-क्षेत्र में नहीं होते या विकास की प्रक्रिया पर जिनके विघटनकारी प्रभाव होते हैं। भारत यदि चाहे भी तो पाँच या दस वर्षों में पश्चिम

के संपन्न देशों का समृद्धि-स्तर नहीं पा सकता, पर तुलना के दबाव में कुछ लोग अपना ध्यान इसी स्तर पर केन्द्रित किये रहते हैं। अनुकरण की संस्कृति, उपभोक्तावाद जिसका विशेष गुण है, विकास के उद्देश्यों से जनता के एक अंग को विमुख करती है। संचार झूठे आत्म-संतोष--झूठे इतमीनान--को भी जन्म दे सकता है। यह तब होता है जब प्रतिक्रिया होती है, "जो कुछ किया जाना चाहिए, किया ही जा रहा है। जो होगा, ठीक होगा। मैं क्यों चिंता करूँ?" इसके विपरीत, वह कभी-कभी चिंता को इतना बढ़ा देता है कि व्यक्ति अपने-आपको असहाय मानकर निष्क्रिय हो जाता है। संचार की एक प्रतिक्रिया यह भी हो सकती है कि व्यक्ति संसार और देश की उलझनों से घबराकर अपनी एक सीमित व्यक्तिगत दुनिया में सिकुड़ जाये। संचार के दो निपुण अध्येताओं--मर्टन और लाजर्सफेल्ड--ने संचार के एक चिंताजनक पक्ष की ओर हमारा ध्यान आकृष्ट किया है : संचार उदासीनता को जन्म देता है; उसका प्रभाव मादक पदार्थों के प्रभाव जैसा हो सकता है। उनका कहना है कि बहुसूचित नागरिक, विशेष स्थितियों में, सक्रिय नागरिक नहीं रहता, वह अक्रिय नागरिक बन जाता है।

इस तरह हम देखते हैं कि संचार की प्रक्रिया उलझनों से भरी और बहुत ही जटिल है। विशेषकर उसके प्रभावों की भविष्यवाणी कर सकना कठिन है। पर इन कठिनाइयों के सामने घुटने टेक देने से भी काम नहीं चलेगा, क्योंकि हम यह मानकर चले हैं कि विकास का अभियान वस्तुतः समाज का मन जीतने का अभियान है। उलझनों में भी रास्ता खोजा जा सकता है। इस दिशा में दो कदम जरूरी हैं--पहला, संचार-साधनों का समन्वित विकास जो न केवल उनकी पहुँच को विस्तारित करे वरन् उनके प्रभावों को भी तीक्ष्णता दे; और दूसरा, विकास की दृष्टि से देश और समय के परिप्रेक्ष्य में संचार की नयी व्यूह-रचना।

पहले हम भारत की समसामयिक संचार-स्थिति का सर्वेक्षण करें। इस क्षेत्र में एकसाथ कई विसंगतियाँ दिखायी पड़ती हैं :

(1) स्वाधीनता के पहले पच्चीस वर्षों में जन-संचार के साधनों का समुचित और समन्वित विकास नहीं हुआ। यह मानने के कारण हैं कि इसी काल में संचार के कुछ परंपरागत साधनों का ह्रास हुआ है।

(2) जन-संचार के कार्यक्रम और विषयवस्तु मुख्यतः नगरों और समृद्ध वर्ग की अभिरुचि को ध्यान में रखकर विकसित किये जाते हैं।

(3) सूचना और विश्लेषण में 'स्थानीय' और 'क्षेत्रीय' की तुलना में 'अंतर्राष्ट्रीय' और 'राष्ट्रीय' को कहीं अधिक स्थान दिया जाता है।

(4) विकास के प्रश्नों और समस्याओं पर ध्यान देना आरंभ अवश्य किया गया, पर इस दिशा में साहसिक और कल्पनाशील प्रयोगों का अभाव बना रहा।

दैनिक और सप्ताह में दो या तीन बार छपने वाले समाचार-पत्रों की, 1970 में, कुल मिलाकर सिर्फ चौरासी लाख बाईस हजार प्रतियाँ छपती थीं। देश में, 1971 में, 69 रेडियो प्रसारण-केंद्र थे, जिन्हें 138 ट्रांसमीटर उपलब्ध थे, जिनमें से कई बड़ी शक्ति वाले भी थे। पच्चीस वर्ष पूर्व की स्थिति में सुधार तो बहुत हुआ, पर देश की सांस्कृतिक विविधता, भाषाओं और बोलियों के अंतर और देश के विभिन्न वर्गों और हित-समूहों को देखते हुए यह संख्या अभी भी बहुत कम है। इसीलिए रेडियो के अधिकांश कार्यक्रम सामान्य रुचि के ही हो सकते हैं, विशिष्ट समूहों के लिए विशेष कार्यक्रमों की संख्या अनिवार्यतः सीमित होती है। संसार के कई छोटे या विकासशील देशों की तुलना में हमारी प्रसारण-क्षमता अभी भी बहुत कम है। जापान जैसे छोटे देश में 1968 में 652 ट्रांसमीटर थे। इसी वर्ष में मेक्सिको में 528, कैनेडा में 392, सोवियत यूनियन में 407, और अमरीका में 6,337 ट्रांसमीटर थे। फिल्म-निर्माण के क्षेत्र में तो भारत बहुत आगे है, पर देश के भौगोलिक विस्तार और जनसंख्या को देखते हुए सिनेमाघरों की संख्या बहुत कम है। 1966 में देश में 3,889 प्रदर्शन-गृह थे और उनमें जनसंख्या के एक हजार व्यक्तियों में से सिर्फ सात को सीटें उपलब्ध थीं। टेलीविजन अभी भी प्रायोगिक स्थिति में है। कई वर्षों तक दिल्ली में भारत का इकलौता दूरदर्शन केंद्र था, अब इन केंद्रों की संख्या में तीन की वृद्धि हुई है। अभी भी टेलीविजन की पहुँच बहुत ही सीमित है और जो समय उसे उपलब्ध है उस पर कई दबाव हैं। प्रसारण के लिए सेटेलाइट का प्रयोग जब आरम्भ होगा तब इसके क्षेत्र-विस्तार की संभावना है।

कुछ समय पहले मैंने कहा था कि परंपरागत संचार-सूत्रों का ह्रास हो रहा है। इस विषय पर आधिकारिक सर्वेक्षण नहीं हुए, पर क्षेत्रीय संस्कृतियों के अध्येता इस बारे में प्रायः एकमत हैं। यहाँ एक महत्वपूर्ण तथ्य का उल्लेख आवश्यक है। जन-संचार के साधनों और मौखिक संचार-सूत्रों में कोई समन्वित संबंध नहीं हैं, पर उनका असंगठित सहयोग विशेष स्थितियों में प्रसार के क्षेत्र में बड़े प्रभावशाली परिणाम प्रस्तुत करता है। कई साल पहले जब चीन ने भारत पर आक्रमण किया था, मैंने ग्रामीण भारत में आक्रमण-संबंधी सूचना के विभिन्न पक्षों पर एक राष्ट्रव्यापी सर्वेक्षण कराया था। उसके परिणाम स्वयं मुझे अनपेक्षित लगे थे। सर्वेक्षण के लिए चुने गये कई गाँवों में न रेडियो थे और न वहाँ समाचारपत्र पहुँचते थे। फिर भी आक्रमण के कुछ ही दिन बाद हुए इस अध्ययन से पता चला कि अलग-अलग प्रांतों में 58.3 प्रतिशत से लेकर 93.8 प्रतिशत लोगों को स्थिति की संतोषजनक जानकारी थी। इसी प्रकार का एक अन्य सर्वेक्षण प्रथम भारत-पाक युद्ध के संदर्भ में डॉ. योगेश अटल ने कराया

था, जिसके परिणाम भी मेरे सर्वेक्षण के परिणामों से मिलते-जुलते थे।

समाचारपत्रों में प्रकाशित सामग्री और रेडियो के कार्यक्रमों का प्रामाणिक वस्तुसामग्री-विश्लेषण अभी नहीं हुआ। समाजविज्ञान और मनोविज्ञान के छात्रों ने कुछ सीमित अनुसंधान इस विषय में किये हैं। यह निश्चित है कि इन दोनों प्रसार-साधनों का ध्यान नगरों और समृद्ध वर्ग की ओर अधिक है, देश के बहुजन समाज की ओर कम। युवा पीढ़ी के लिए जिन नयी पत्रिकाओं का प्रकाशन आरंभ किया गया है, वे तो एकदम अल्पसंख्यक मॉड पीढ़ी के लिए हैं। यह स्वाभाविक है कि समाचारपत्र और पत्रिकाएँ अपने पाठकों की अभिरुचि का ध्यान रखते हैं, जिनकी संख्या गाँवों में और साधनहीनों में बहुत कम है। रेडियो के युववाणी कार्यक्रमों में देश के युवा वर्ग की दो भिन्न सांस्कृतिक धाराएँ स्पष्ट देखी जा सकती हैं। रेडियो का प्रसार गाँवों में भी हो गया है, फिर भी उसके कार्यक्रमों में नगर और समृद्ध वर्ग की अभिरुचि के तत्वों का अनुपात बहुत अधिक होता है। टेलीविजन अनिश्चय ही स्थिति में है। उसके अधिकांश ग्राहक समृद्ध वर्ग के हैं जिनके लिए वह प्रस्थिति प्रतीक है, पर राष्ट्रीय नीति यह है कि उसका उपयोग मुख्यतः गाँवों और विकास के लिए किया जाय। ग्राहकों का दबाव बढ़ रहा है। देखना है टेलीविजन का विस्तार उनसे किस सीमा तक प्रभावित होता है; घोषित नीति कितने समझौते करती है।

समाचारपत्र, रेडियो और टेलीविजन ने अपने समाचारों और घटना-विश्लेषणों में स्थानीय और क्षेत्रीय की तुलना में राष्ट्रीय और अंतर्राष्ट्रीय को अधिक स्थान दिया है। इनमें भी राजनीतिक समाचारों और विश्लेषणों का बाहुल्य होता है। अन्य पक्षों में संचार-विशेषज्ञता का अधिक विकास नहीं हुआ। इसका एक परिणाम यह हुआ है कि संचार-साधनों का क्षेत्रीय और स्थानीय व्यक्तित्व विकसित नहीं हो पाया। दूसरा परिणाम यह हुआ कि सामान्य पाठक, श्रोता या दर्शक ने उन्हें अपने जीवन के तात्कालिक संदर्भों से जुड़ा हुआ नहीं पाया और उसने यह भी बहुत कम अनुभव किया कि वह वर्णित या विश्लेषित जीवन का अंग है। सहभागी होने की अनुभूति उसे बहुत कम स्थितियों में हुई।

संचार-साधनों की विषयवस्तु में मनोरंजन और राजनीतिक समाचारों को पूर्वता मिलने के कारण वैकासिक संचार को कम समय मिला। संचार-व्यवस्था को इस पक्ष का अधिक अनुभव नहीं था। आर्थिक साधनों की कमी और अपने प्रशासनिक पर्यावरण के कारण संचार-साधन इन क्षेत्रों में अधिक विशेषज्ञता विकसित नहीं कर पाये। कृषि-विकास, सामुदायिक विकास और परिवार-नियोजन के क्षेत्रों में कार्यक्रमों को समय तो दिया गया पर उनमें भी साहसिक और कल्पनाशील प्रयोगों की कमी थी। शिक्षा के पूरक माध्यमों के रूप में भी रेडियो और टेलीविजन का उपयोग हुआ, पर उनमें भी योजना और दृढ़ निश्चय की कमी थी।

संचार की पूरी वैकासिक संभावनाओं का उपयोग करने के लिए उसकी व्यवस्था के पुनर्गठन की समस्या पर नये सिरे से विचार करना होगा। साथ ही संचार की एक नयी व्यूहरचना भी आवश्यक है।

इस व्यूहरचना का पहला तत्व होगा संचार-साधनों की पहुँच को विस्तारित करना। समाचार-पत्र गाँवों तक बहुत कम पहुँचते हैं। रेडियो वहाँ पहुँचा जरूर है पर प्रसार-केंद्रों के पास ग्रामरुचि के और वैकासिक कार्यक्रमों के लिए बहुत कम समय है। टेलीविजन के विस्तार की जो योजनाएँ बनी हैं, वे भी देश की जनता के बहुत कम अंश को स्पर्श कर सकेंगी। इस स्थिति में संचार-साधनों के विकास को अग्रिमता देना आवश्यक है। जब भी यह प्रश्न उठाया जाता है, लोग उसमें आने वाले खर्च के बारे में चिंतित हो जाते हैं। अब समय आ गया है कि हम यह भी सोचें कि इन साधनों का विकास न करने की हमें क्या कीमत चुकानी पड़ेगी।

संचार के अध्येताओं का यह निश्चित मत है कि एक ही सूत्र से भेजे गये संदेश का प्रभाव कम पड़ता है, कई सूत्रों से दिये गये एक ही संदेश का अधिक। यह तथ्य संचार-साधनों के समन्वित और बहुसूत्रीय विकास की आवश्यकता सिद्ध करता है। जन-संचार के अतिरिक्त हमारा ध्यान उन पूरक संचार-साधनों की ओर भी जाना चाहिए जो विभिन्न धरातलों पर संवाद की स्थिति उत्पन्न कर सकें, निदर्शन द्वारा नवाचारों की उपादेयता प्रमाणित कर सकें और आवश्यकता पड़ने पर अभ्यास में सहायक हो सकें। ग्रामीण धरातल पर जन-संचार और अंतर-वैयक्तिक संचार के मिले-जुले प्रयत्न अधिक फलप्रद होते हैं। उनकी उपयोगिता बढ़ाने के लिए इन दोनों प्रकार के साधनों में तालमेल और सावयवी संबंध विकसित होना चाहिए।

तीसरी आवश्यकता है जन-संचार के प्रतिमानों को बदलने की। इन साधनों से की जाने वाली अपेक्षाएँ रूढ़ हो गयी हैं। एक गरीब और पिछड़े देश में वे समृद्ध वर्ग के उपभोग के साधन-मात्र नहीं रह सकते; उन्हें निश्चित रूप से एक व्यापक सामाजिक प्रयोजन का वहन करना चाहिए। यह तभी संभव होगा जब हम ऐसे वातावरण का निर्माण कर सकेंगे जिसमें संचार-कर्मियों की रचनात्मक सृजनशीलता को प्रस्फुटित होने का अवसर मिले। नौकरशाही का पर्यावरण और फाइलों का जंगल सृजनशीलता को कुंठित करता है। परोन्मुखता की कार्यसंस्कृति साहसिक प्रयोगों की प्रेरणा नहीं देती। सामाजिक उत्तरदायित्व की भावना से अनुशासित स्वायत्तता नये वातावरण के निर्माण में सहायक हो सकती है।

संचार की विधाएँ अब इतनी विकसित हो चुकी हैं कि उनका संचालन केवल सामान्य ज्ञान के सहारे नहीं किया जा सकता। इस क्षेत्र में विशेषज्ञता का विकास आवश्यक है। इन विशेषज्ञों का उत्तरदायित्व होगा संचार-साधनों की क्षमता का अधिकतम विकास और उपयोग। पत्रकारिता, रेडियो, टेलीविजन, और संचार की

अन्य सभी विधाओं में विशेषज्ञता की आवश्यकता है, खास तौर पर वैकासिक संचार के विशेषज्ञों की। वे संचार के नये-नये प्रयोग करेंगे, नयी संचार-शैलियाँ विकसित करेंगे और संदेश-वहन के नये मुहावरे को जन्म देंगे। इन सब प्रयत्नों का उद्देश्य होगा जन-अनुनय की एक नयी प्रविधि विकसित करना।

संचार-प्रयत्नों का वैज्ञानिक मूल्यांकन भी आवश्यक है। अब तक इस दिशा में जो प्रयत्न हुए हैं, उनमें केवल यह जानने का प्रयत्न किया गया है कि कौन, कब, क्या पढ़ता, सुनता या देखता है। गहराई में जाकर संचार के प्रभावों को समझने के प्रयत्न बहुत कम हुए हैं। मूल्यांकन से वास्तविक मार्ग-निर्देश तभी मिल सकता है जब हम **परिमाण** के स्थान पर **परिणाम** का विश्लेषण करें।

आने वाले दशकों में संचार से कई नयी माँगें की जायेंगी। क्या शिक्षा के क्षेत्र में जन-संचार के साधनों का व्यापक उपयोग संभव है ? सार्वजनिक स्वास्थ्य-प्रशिक्षण में क्या वे नयी भूमिका ग्रहण कर सकते हैं ? पर्यावरण को दूषित होने से बचाने में उनका क्या उपयोग किया जा सकता है ? कल आने वाली समस्याओं की पूर्वधारणा यदि हमें आज ही हो जाये तो उनके निदान की तैयारी की जा सकती है।

समसामयिक विश्व एक संकट के दौर से गुजर रहा है। आने वाले समय के संबंध में निराशाजनक और चिंताजनक भविष्यवाणियाँ की गयी हैं कि ये संकट की स्थितियाँ बढ़ेंगी ही, घटेंगी नहीं। हमें भविष्य के धक्कों के लिए और उनके द्वारा उत्पन्न नयी-नयी उलझनों और समस्याओं के लिए तैयार होना है। जीवन के ये उभरते आयाम हमसे अपेक्षा करेंगे कि हम पुराना बहुत कुछ भूलें और नया सीखें। मनोवैज्ञानिक धरातल पर संचार हमें अनिश्चय की इन घाटियों में लंबी यात्रा के लिए तैयार कर सकता है और समस्या-समाधान की हमारी क्षमताओं को भी तीक्ष्ण बना सकता है।

[**डॉ. राजेन्द्र प्रसाद स्मारक भाषण,**
आकाशवाणी, नयी दिल्ली]

साहित्य और समाज

साहित्य की मेरी पहचान

बड़े साहित्यिक आयोजनों में मुझे बेचैनी होती है। 'मानव की नियति', 'संस्कृति का संकट' और 'रचनाकार का उत्तरदायित्व' जैसे विराट प्रश्नों पर महिमामंडित और पांडित्य-पीड़ित साहित्यकारों की गर्जना कभी-कभी बहुत उबा देने वाली होती है। संपर्क और संवाद का सच्चा सुख छोटी-छोटी बैठकों में मिलता है। यहाँ कवि, कथाकार, या आलोचक पर चमत्कारी प्रभाव उत्पन्न करने का दबाव नहीं होता। मेरी परेशानी उस समय और भी बढ़ जाती है जब मुझे यह अध्यक्षीय आदेश मिलता है कि मैं सभा को संबोधित करते हुए अपने 'बहुमूल्य विचार' प्रस्तुत करूँ। ऐसी स्थिति में बरबस पचास और साठ के दशकों की एक बहु-विज्ञापित देवी का स्मरण कर उनकी शैली में अपना वक्तव्य शुरू करना चाहता हूँ। आपमें से कुछ को एक विज्ञापन याद होगा जिसका शीर्षक होता था '3 रुपये में एक बच्चा'। पंजाब में कोई जगह होती थी बुढ़ानाला, वहाँ होती थीं एक महिला जिनका नाम था प्रेमप्यारी अग्रवाल। वे समस्त प्यारी बहनों को यह कहकर निरस्त्र कर देती थीं कि वे 'न डॉक्टर हैं, न नर्स'। संतान-सुख से वंचित इस नारी का दुःख एक साधु-महात्मा के बताये नुस्खे से दूर हुआ था और लागत मूल्य मात्र पर वे इसे अपनी ही जैसी दुखियारी बहनों तक, शुद्ध सेवा-भाव से, पहुँचाने के लिए तैयार थीं। मुझे ग़लत न समझें। मैंने प्रेमप्यारीजी के दर्शन भी नहीं किये और न प्रकृति ने यह मौका दिया कि मेरी पत्नी को उनकी निस्वार्थ सेवा का लाभ उठाना पड़े। मैं तो सिर्फ उनके मुहावरे का अनुकरण कर आप सब भाई-बहनों से यह निवेदन करना चाहता हूँ कि न तो मैं साहित्य की किसी रचनात्मक विधा से जुड़ा हूँ और न ही मैं मर्मज्ञ आलोचक ही हूँ। 'साहित्य के मानदंड' या 'साहित्य की परख' जैसे ठोस विषयों पर बोलने का दुःसाहस मैं कभी न करता। आज का विषय--'साहित्य की मेरी पहचान'--आचार्यत्व की माँग नहीं करता, उसमें व्यक्तिगत संवेदन और प्रतिक्रियाओं की अभिव्यक्ति की गुंजायश है, और इसीलिए हिम्मत बटोरकर मैं आपके सामने उपस्थित हूँ।

संसार की प्रायः प्रत्येक भाषा में व्यक्तिवाचक प्रथम पुरुष--मैं--उसके सबसे अधिक व्यवहृत शब्दों में एक होता है, और शायद ही कोई दूसरा शब्द हो जिसका इतना अधिक दुरुपयोग होता है। मनुष्य का यह सबसे बड़ा भ्रम होता है कि वह अपने-आपको--'मैं' को--जितना अधिक जानता है, उतना कोई दूसरा नहीं। 'कुरु

कुरु स्वाहा' के पृष्टों में इस 'मैं' के जो तीन रूप प्रस्तुत किये गये हैं, उनसे कहीं अधिक उसकी कथा-वस्तु और शिल्प में दबे पड़े हैं। साधारणीकरण की व्याख्या उससे कहीं अधिक जटिल है, जिसे आचार्य रामचंद्र शुक्ल ने अपने पांडित्य के समस्त अधिकार से प्रस्तुत किया है। नगेन्द्रजी रस-सिद्धांत के जाने-माने विद्वान हैं और इस क्षेत्र में उनका अनुशीलन हिंदी साहित्य की उपलब्धि माना जाता है, किंतु रस-सम्प्रेषण की प्रक्रिया में पाठक के अंतर्मन की अनेक परतों की ग्रहणशीलता के बारे में उन्होंने बहुत कम कहा है। लेखक के 'मैं' और पाठक के 'मैं' के बीच तादात्म्य स्थापित होता तो है, पर ऐसा शायद बहुत कम स्थितियों में हो पाता है कि लेखक का मंतव्य पाठक ठीक उसी अर्थ में ग्रहण करे जो रचनाकार को अभीष्ट हो। सच तो यह है कि कोई भी लेखक शायद ही कभी ठीक वही कह पाता है जो वह कहना चाहता है। भाषा का माध्यम अभी भी सूक्ष्य और जटिल अनुभूतियों की संपूर्ण अभिव्यक्ति में समर्थ नहीं है। दूसरे, लेखक अनजाने बहुत-कुछ वह भी कह जाता है जो शायद वह कहना नहीं चाहता और जिसके बारे में उसे स्वयं यह पता नहीं होता कि क्या कह गया है। पाठक अनेक कोणों से उसके कुछ ऐसे अंतर्निहित मंतव्यों तक पहुँचते हैं, मनोविश्लेषक और अधिक गहराई में जाकर उनके कई आयामों को समझ लेते हैं। अपने हज़ारों पाठकों के 'मैं' और उसके बाहरी और भीतरी आयामों को समझना किसी भी रचनाकार के लिए असंभव है। इस स्थिति में लेखक और पाठक के बीच जो विनिमय होता है, उसके अनेक पक्षों की व्याख्या संभव नहीं है। पाठक की भूमिका, उसकी प्रकृति, और उसकी बहुरंगी और अनपेक्षित प्रतिक्रियाओं की प्रायः उपेक्षा हुई है, जिसके कारण साहित्य के गंतव्य और मंतव्य दोनों को समझने में बाधा पड़ती है।

मैं कुछ बहक गया। 'मैं' के संदर्भ में अभी जो कहा गया है न, वह न कोई मौलिक स्थापना है और न अधिकारपूर्ण वक्तव्य। उसे आप मेरी कैफियत मान सकते हैं और पेशबंदी भी। साहित्य से मेरा प्राथमिक और अंतरंग संबंध पाठक के रूप में है। बाद में कुछ और भूमिकाएँ भी जुड़ गयी हैं, पर वे सब गौण हैं। मेरे विचार मूलतः एक पाठक के विचार हैं।

साहित्य किसी चोर-दरवाजे से मेरी ज़िंदगी में आया और जमकर बैठ गया है। सुख-दुःख के इस साथी को मैंने कभी अपने से अलग करने की कोशिश नहीं की। आप इसे बेशर्मी मानेंगे यदि मैं कहूँ कि मैं स्थिति और आवश्यकता के अनुसार अज्ञेय की रचनाओं से लेकर सुखा-संचारक कंपनी के सूचीपत्र तक पढ़ सकता हूँ। सागर में जब था, अच्छी पठन-सामग्री के अभाव में अपने ड्राइवर से लेकर ओमप्रकाश शर्मा के उपन्यास और खूनी पंजा सीरीज़ की पुस्तकें तक पढ़ा करता था। आज भी, जरूरत पड़ने पर अपने घर के कर्मचारी रामप्रसाद की 'मेनका' और 'सुषमा'

तथा ऐसी ही अन्य पत्रिकाओं के पन्ने कभी-कभी उलट-पलट लेता हूँ। अच्छा साहित्य पढ़ता हूँ, पर उस समय नहीं जब चिंतन करना होता है या गंभीर लेखन की तैयारी करनी होती है। अच्छे साहित्य में खराबी यह है कि पाठक उसमें डूब जाता है। उसे पढ़ते समय समानांतर किंतु स्वतंत्र विचार-प्रक्रिया संभव नहीं होती। इसीलिए अपने पलंग के दायें-बायें तिपाइयों पर दो भिन्न प्रकार की पुस्तकों के छोटे-छोटे ढेर रखता हूँ। पहला, मनोयोग से पढ़े जाने वाले अच्छे साहित्य का और दूसरा, ऐसे हलके साहित्य का जिसे ग्राहम ग्रीन 'एंटरटेनमेंट' कहते हैं और जिसका प्रमुख उद्देश्य मनोरंजन मात्र होता है। ईमानदारी का तकाज़ा है कि मैं यह स्वीकार कर लूँ कि दोनों प्रकार की पुस्तकों का पलड़ा प्रायः बराबर होता है।

पुस्तकों और पत्रिकाओं का साथ छः-सात वर्ष की अवस्था से आरंभ हुआ। माँ की मृत्यु के बाद, जब मैं प्रायः नौ वर्ष का था, खिलौनों की जगह मुझे किताबें मिलने लगीं। इन उपहारों का उद्देश्य था नैतिक और मानसिक विकास और साथ-साथ मनोरंजन भी। दबाव से पढ़ायी गयी पुस्तकों से वितृष्णा हुई। 'भारत भारती' रटायी गयी थी, इसलिए बाद में कभी दद्दा के काव्य को रुचि से न पढ़ सका। वर्जित साहित्य के प्रति विद्रोही रुझान जाग्रत् हुई और 'चंद्रकांता' और 'भूतनाथ' के काफी हिस्से चोरी-छिपे पढ़ डाले। अदृश्य बना देने वाली बूटी की तलाश में दो-चार घंटे बिताये होंगे, पर इससे अधिक नुकसान वर्जनाओं को तोड़ने के कारण नहीं हुआ। धीरे-धीरे जासूसी उपन्यासों का चस्का लगा। मेरे हाई स्कूल के दिनों में एक पाँच-आना सीरीज़ बड़ी लोकप्रिय थी। उनके डिटेक्टिव होते थे किसी में राबर्ट ब्लेक और किसी में सेकस्टन ब्लेक। एक का सहकारी था स्मिथ, दूसरे का टिंकर। दोनों के पास कुत्ते भी थे-- एक के पास टाइगर, दूसरे के पास पेड्रो। कभी-कभी कथानकों में दो विशिष्ट चरित्र और भी आते थे जिन्हें मैं अभी तक नहीं भुला सका हूँ--एक परम सुंदरी आमेलिया कार्टर और दूसरे चीन के हृदय-सम्राट कुमार अउलिंग। इन उपन्यासों का अपना नशा था और पढ़ते समय मैं उनके पात्रों की दुनिया का अंग बन जाता था। निषेधाज्ञाएँ इन पुस्तकों पर भी लागू थीं। कह नहीं सकता, क्यों? उनसे न रुचि विकृति हुई, न व्यक्तित्व में ही कोई उल्लेखनीय दोष आया। धीरे-धीरे अच्छे साहित्य की ओर रुझान बढ़ती गयी। राबर्ट और सेकस्टन ब्लेक केवल यादें बनकर रह गये। मधु और प्याले का प्रत्यक्ष अनुभव होने के प्रायः दो दशक पहले बच्चनजी की मधुशाला पूरी याद हो गयी थी, बहुत कुछ आज भी है। यदाकदा आचमन-सुख की अपनी कमज़ोरी के लिए मैं बच्चनजी को दोष नहीं दूँगा। जहाँ तक मैं जानता हूँ, मधुघट का उपयोग उन्होंने स्वयं कभी नहीं किया। पंत, निराला, प्रसाद, महादेवी भी धीरे-धीरे इसी काल में मेरे भाव-जगत् में उतरे। साहित्यिक अभिरुचि को दिशा नहीं मिली थी, पर उसे दिशा की तलाश

थी। वय:संधि की अवस्था का भटकाव कभी-कभी बड़ा सार्थक होता है। उससे साहित्य की समझ और पकड़ दोनों विकसित होती है।

सन् 1940 में, जब मैं केवल 18 वर्ष का था, अपनी औक़ात समझे बिना मैंने अपने लेख 'विशाल भारत' और 'हंस' जैसी प्रतिष्ठित पत्रिकाओं में भेजना आरंभ कर दिया। आज आश्चर्य होता है कि ये लेख छपने भी लगे, बिना किन्हीं अस्वीकृतियों के। उन दिनों स्तरीय पत्रिकाओं में छपने का अर्थ होता था लेखक के रूप में प्रतिष्ठित हो जाना। यह एक दुहरी यात्रा का आरंभ था। लिखता रहा। इस आरंभिक लेखक ने जीवन को ध्येय दिया और मैं मानव विज्ञान समाज विज्ञान के अध्ययन की ओर उन्मुख हो गया। लेखक का पढ़ना भी जरूरी होता है। पढ़ना वैसे ही एक मजबूरी बन गया था, अब उसकी मात्रा बढ़ गयी, पठन-क्षेत्र का विस्तार हुआ, उसमें विविधता आयी, बहुत-कुछ आत्मसात् किया, बहुत-कुछ था जो छूट गया। साहित्य मेरे अंतर्मन में कितनी गहराई तक उतर गया है, इसका अहसास उस समय हुआ जब 1962 में एक के बाद एक कठिन आपरेशनों के बाद, ज़िंदगी और मौत के बीच अनिश्चय की घाटियों में भटकते हुए, मूर्च्छा से चेतना की ओर मैं हिंदी कविता-पंक्तियों के साथ लौटता था। साहित्य के साथ इस आत्मीय संबंध के विकास में न मुझे अपने अध्यापकों से विशेष सहायता मिली, न साहित्य शास्त्र के ग्रंथों से। मेरे योग्य अध्यापक यदि इसे अकृतज्ञता न मानें तो मैं यह कहूँगा कि हमारी विश्वविद्यालयीन साहित्य-शिक्षा आचार्यत्व पर केंद्रित होती है, साहित्य-रसिकता का विकास नहीं करती। यही बात पांडित्यपूर्ण ग्रंथों पर भी लागू है। तैरना पत्राचार पाठ्यक्रम से नहीं सीखा जा सकता, प्यार की गुत्थियाँ प्रेम-विश्वकोश से नहीं सुलझाई जा सकतीं, और साहित्य की परख विकसित करने में आचार्य एक सीमा तक ही सहायक हो सकते हैं। पाठक और साहित्य के बीच एक बहुत ही निजी--व्यक्तिगत--एफेयर होता है। प्रत्येक ऐसा संबंध अपने-आपमें विशेष और अनूठा होता है। पाठक की जैविकीय, मनोवैज्ञानिक और सांस्कृतिक पृष्ठभूमि उसे प्रभावित करती है, पर इनके अलावा भी उसके विकास में स्थितियों और अनुभवों का योग होता है। इस संबंध के कई पहलू विश्लेषण और व्याख्या के परे होते हैं।

मेरा एक सिद्धांत है कि जहाँ तक हो सके, काम के साथी और शाम के साथी अलग हों। यह उसूल किताबों पर लागू नहीं होता। मैंने ज़िंदगी के पिछले चालीस साल भारतीय समाज और संस्कृति को समझने में बिताये हैं। प्रत्यक्ष अध्ययन का हिमायती होते हुए भी मैं साहित्य के माध्यम से भी भारतीय समाज में होने वाले परिवर्तनों को समझने की कोशिश करता रहा हूँ। प्रेमचंद, रेणु, श्रीलाल शुक्ल, भीष्म साहनी, राही मासूम रज़ा, कृष्णा सोबती आदि की कहानियाँ और उनके उपन्यास मेरे लिए साहित्यिक रचनाएँ भी हैं, समाज-वैज्ञानिक दस्तावेज़ भी। भारतीय ग्रामीण

जीवन को उन्होंने रचनात्मक दृष्टि से और साहित्यकार की तीसरी आँख से देखा है, और उसके कुछ ऐसे पहलुओं के सूक्ष्म तत्वों की मार्मिक विवेचना की है जो हमारी शुष्क वैज्ञानिक दृष्टि और कष्टसाध्य सांख्यकीय विश्लेषण की पकड़ में नहीं आते। अमेरिका के कार्नेल विश्वविद्यालय में भारतीय परिवार पर एक कोर्स पढ़ाते समय मैंने कापी-राइट कानून का उल्लंघन करते हुए आधा दर्ज़न कहानियों के अनधिकृत अनुवाद कर उनका उपयोग किया था। राजेन्द्र यादव का 'सारा आकाश' कई हफ्तों तक हमारी चर्चाओं का केंद्रबिंदु रहा। भारतीय स्त्री की समस्याओं को समझने में मन्नू भंडारी, उषा प्रियंवदा, दीप्ति खंडेलवाल, मालती जोशी आदि की रचनाएँ जिन पक्षों को उजाग़र करती हैं, उन्हें विश्लेषणात्मक ग्रंथ नहीं उजागर कर पाते। आज जब मैं ग़रीबी की संस्कृति के वैज्ञानिक विश्लेषण में लगा हूँ, 'मुर्दाघर' और 'अनारो' मेरा साथ दे रहे हैं। योगेश गुप्त का उपन्यास भी इस संस्कृति के मनोभावों का प्रभावी चित्रण करता है। दया पवार का 'अछूत' हिंदी अनुवाद में पढ़ने के बाद अभी-अभी मराठी में दलित साहित्य की प्रतिनिधि पुस्तकों का एक सेट पुणे से खरीद-कर लाया हूँ। अल्पसंख्यकों पर बहुत कम लिखा गया है। यशपाल ने 'मेरी-तेरी उसकी बात' में ईसाई समाज के प्रश्नों को उठाया है। मुसलमानों पर 'आग का दरिया' के अलावा मौलिक रूप से हिंदी में राही ने काफी लिखा है और बहुत अच्छा लिखा है। साहित्यकारों को एतराज़ नहीं होना चाहिए कि उनके लेखन का उपयोग समाजशास्त्रीय अध्ययनों में हो रहा है। साहित्य का मुहावरा समाजविज्ञान के मुहावरे से भिन्न होता है, पर दोनों एक ही यथार्थ तक पहुँचने की कोशिश में रहते हैं। सामाजिक यथार्थ का चित्रण और परानुभूति से उसकी भावभूमि का आकलन, मेरी दृष्टि से, अच्छे साहित्य के एक पक्ष की पहचान है। यह संभव है कि समाज-वैज्ञानिक का मूल्यांकन साहित्यकारों के मूल्यांकन से भिन्न हो, पर मुझे इस बात का गर्व है कि 'राग दरबारी' और 'ज़िंदगीनामा' पर मेरी प्रतिक्रिया वही थी जो अंततः साहित्य अकादमी के निर्णायकों की थी।

अभी-अभी मैंने एक नया रोग पाला है। गाँव का सामान्य पाठक क्या पढ़ता है और क्यों, यह जानने के लिए मैंने वहाँ के बाजारों में बिकने वाली पुस्तकें इकट्ठी करना शुरू किया है। 'किस्सा तोता मैना' मैंने अभी पहली बार पढ़ी है। 'बैताल पचीसी' शायद पहले भी पढ़ चुका था। 'हातिमताई', 'चहार दरवेशन' 'कटे सिर की दो-दो बातें', 'सारंगा सदावृक्ष', आदि बड़े चाव से पढ़ रहा हूँ। इस अध्ययन में मेरे दो उद्देश्य हैं। पहले तो मैं यह देखना चाहता हूँ कि इन पुस्तकों से नवसाक्षरों के लिए लोकरुचि का साहित्य तैयार करने में क्या सहायता मिल सकती है। दूसरे, मैं यह भी जानना चाहता हूँ कि इस साहित्य का लोकजीवन-दृष्टि, मूल्यों और अभिवृत्तियों के निर्माण में क्या योगदान रहा है। प्रबुद्ध साहित्य का अपना महत्व

है, पर जनरुचि के साहित्य की भी उपेक्षा नहीं होनी चाहिए। नये साक्षरों की मानसिक भूख हमारे साहित्य की एक बड़ी संभावना है।

समापन के तौर पर मैं मूल प्रश्न का संक्षिप्त-सा उत्तर देने का प्रयत्न करूँगा, वह भी व्यक्तिगत मुहावरे में।

साहित्य की मेरी पहचान क्या है ? अच्छा साहित्य वह है जो अपने चुंबकीय आकर्षण से पाठक को अपनी ओर खींचे और पाठक जिसमें डूब जाये, पर जो साहित्य केवल मनोरंजन करता है, उसे शूद्र मान लेना ग़लत होगा। पाठक केंद्रित साहित्य का मूल्यांकन यह संकेत देता है कि शास्त्रीय मानदंडों पर आधारित वर्गीकरण और स्तरण यथार्थ की अनुगूँज नहीं होते। जो केवल आल्हा-ऊदल की गाथा गाते और सुनते हैं, उनसे हठपूर्वक 'कामायनी' को महाकाव्य के रूप में स्वीकार कराना ग़लत होगा। बहुचर्चित और प्रायः देवस्थान पर प्रतिष्ठित मुक्तिबोध, काका और निर्भय हाथरसी के प्रेमियों के लिए सिर्फ अर्थहीन शब्द-योजना के प्रणेता भी हो सकते हैं।

रुचि स्वयं ही परिष्कृत होती जाती है, पर उसके परिष्कार के लिए योजनाबद्ध प्रयत्न भी आवश्यक हैं। दूरगामी सांस्कृतिक नीति इस क्षेत्र में चमत्कारी परिवर्तन ला सकती है। आवश्यकता है सामाजिक-मनोवैज्ञानिक पर्यावरण में तब्दीली की ओर लेखकों के कम-से-कम एक वर्ग के इस दिशा में प्रतिबद्ध ढंग से काम करने की।

अच्छा साहित्य अपनी जगह स्वयं बना लेता है। उसे स्थायित्व दिलाने में दस्तावेज़ी वक्तव्य, दलगत समर्थन का शोर-शराबा, और नये-नये वाद-प्रतिवाद यदि सहायक होते भी हैं तो केवल अंशतः और थोड़े समय के लिए, साहित्य के अनेक देवादिदेव जीवनकाल में ही अपने इंद्रासन खो बैठते हैं, लंबी भूमिकाओं का शब्दाडंबर, पाठकों को उबा देता है। और उन्हें चर्चित रचनाओं तक पहुँचने ही नहीं देता। बड़े-बड़े आलोचक बार-बार नाम उछालकर भी साधारण लेखकों को स्थापित नहीं कर सकते।

अंततः साहित्य की सच्ची पहचान है उसकी मानवीय और सामाजिक संवेदना। मनोरंजन, सामाजिक आलोचना और सांस्कृतिक मूल्यांकन के अतिरिक्त, वह नये क्षितिजों और सीमांतों की खोज भी प्रेरित करता है। प्रत्यक्ष परिवर्तन में साहित्य की भूमिका सीमित ही होती है, किंतु नयी अभिवृत्तियों और नये मूल्यों के जनक के रूप में उसका महत्व असंदिग्ध है।

मुझे दुःख है कि प्रेमप्यारीजी की तरह हिमालय के महात्मा की बूटी देकर मैं आपकी परेशानी दूर नहीं कर सकता। शायद ऐसी कोई बूटी है ही नहीं, हर साहित्य-प्रेमी को यह तलाश खुद करनी पड़ती है। अंततः साहित्य की पहचान एक व्यक्तिगत अनुभव है, बेहद अपना, बहुत ही निजी।

['ओं प्रकाश सम्मान' के अवसर पर वक्तव्य,
कमानी सभागार, नयी दिल्ली]

अश्लीलता का प्रश्न

सामाजिक रीतियों, नैतिकता, सार्वजनिक व्यवहार के मानकों, और कला और साहित्य में अभिव्यक्ति के खुलेपन और बंधनों पर केंद्रित समसामयिक संवाद में अश्लीलता की चर्चा बहुत हुई है। अनेक दृष्टियों से इस समस्या पर निर्णायक मत और फतवे समय-समय पर दिये गये हैं, किंतु उनमें सर्वमान्य और स्थायी एक भी नहीं हुआ। बदलते सांस्कृतिक परिवेश में नये कोणों से यह प्रश्न बार-बार उठाया गया है। बहस अब भी चल रही है।

अश्लीलता क्या है? शब्दकोश, विशिष्ट सांस्कृतिक संदर्भों में, इसके कुछ तत्वों को रेखांकित करते हैं।

उदाहरण के लिए अंग्रेजी का 'आब्सीन' शब्द अशुभ, गंदा, अनुचित, अशोभनीय, उद्वेजक, घृणास्पद, कामोत्तेजक, जुगुप्सा जगाने वाला, अनैतिक आदि अनेक अर्थों को एकसाथ समेटता है। हिंदी का 'अश्लील' शब्द प्रायः इन्हीं अर्थों में प्रयुक्त होता है, अशुभ अधिकांश संदर्भों में अश्लीलता की सीमा से बाहर होता है, किंतु बीभत्स तत्व इसकी परिधि में आते हैं। इस तरह ऐसे शब्द, प्रतीक, प्रदर्शन, और कार्य जो गंदे, घृणास्पद और अशोभनीय हैं, और जुगुप्सा जाग्रत् करते हैं, अश्लील माने जाते हैं। नग्नता, शरीर के कुछ विशेष भागों का प्रदर्शन, प्रतिबंधित क्रियाओं को सार्वजनिक रूप से करना या कला और साहित्य में ऐसे शब्दों या प्रदर्शनों का प्रयोग, जिन पर नैतिक और सामाजिक निषेध हैं, अश्लील माने जायेंगे। दूसरे शब्दों में अश्लील वह है जो औचित्य के स्वीकृत मानकों की अवहेलना करता है, नैतिकता के स्वीकृत सिद्धांतों को क्षीण करता है, या कामोत्तेजक विचारों और इच्छाओं को जाग्रत् करता है। ये व्याख्याएँ एक सीमा तक ही सही हैं, क्योंकि अलग-अलग संस्कृतियाँ इन तत्वों का मूल्यांकन अपने विशेष सांस्कृतिक परिप्रेक्ष्य में करती हैं। एक संस्कृति को जो स्वीकार है वह दूसरी संस्कृति को अमान्य है। अंतर-सांस्कृतिक परिदृश्य में श्लील और अश्लील की विभाजन-रेखा अलग-अलग आधारों पर आश्रित होती। सर्वमान्य व्याख्या आज की स्थिति में असंभव है। सांस्कृतिक भिन्नताओं के रहते मूल्यांकन के एक से प्रतिमान और मानदंड हो भी नहीं सकते।

संसार के प्रत्येक समाज में लज्जा-संबंधी कुछ अवधारणाएँ होती हैं, जिनका उल्लंघन अश्लील माना जाता है। शरीर के कुछ अंगों का प्रदर्शन कामोत्तेजक माना

जाता है । वे कौन से अंग हैं ? रिचर्ड बर्टन ने अपने संस्मरणों में एक अरब महिला का उल्लेख किया है जो तेज हवा में ऊँट पर से गिर गयी थी। उसका लहँगा उड़-कर मुँह पर आ गया था और कटि प्रदेश के नीचे के भाग को सभी उपस्थित लोगों ने देखा। यह स्थिति लज्जाजनक नहीं मानी गयी। सभी जानते थे कि वह स्त्री है। गैरों को मुँह न दिखाने की मर्यादा तो इस दुर्घटना में भी बची रही। हैदा इंडियन समूह में स्त्री अनजान पुरुष के सामने बिना संकोच के निर्वस्त्र जा सकती है, शर्त यह है कि निचले ओठ में पहना हुआ लकड़ी का प्लग उसकी लज्जा की रक्षा करता रहे। अफ्रीका के कई नीग्रो समूहों में नितंबों का प्रदर्शन कामोत्तेजक माना जाता है, जननेंद्रिय का नहीं। फिलिपीन्स के कुछ समूहों और समोआ द्वीप में नाभि का प्रदर्शन वर्जित है क्योंकि वह तीव्र यौन-उत्तेजना उत्पन्न करता है, शरीर के शेष भाग खुले रह सकते हैं। साइबेरिया के कोर्याक एस्कीमो समुदाय में स्त्रियाँ अपने इगलू (बर्फ से बने घर) में बिना वस्त्रों के घूम-फिर सकती हैं, किंतु उनका अपने जूते उतारना निश्चित रूप से यौन-संकेत माना जाता है। अनेक संस्कृतियों में नग्नता अश्लील नहीं मानी जाती। नील क्षेत्र के न्यूर--बूढ़े, जवान, और बच्चे--बिना वस्त्रों के ही रहते हैं। क्वोमा पुरुष नंगे घूमते-फिरते हैं, जननेंद्रिय का प्रदर्शन उनमें वर्जित नहीं है, किंतु उसकी उत्तेजना का सार्वजनिक रूप से दर्शाया जाना आपत्तिजनक तथा अश्लील है। अफ्रीका की बगांडा जनजाति में स्त्रियाँ घुटने के ऊपर अपने शरीर को ढके रहती हैं, किंतु उनके राजा की पत्नियाँ दरबार में नग्न आती हैं। संसार की अलग-अलग संस्कृतियों से इस तरह के सैकड़ों उदाहरण दिये जा सकते हैं। इनके तर्क को समझने के लिए संस्कृतियों को समझना ज़रूरी है। शिकागो विश्व-मेले में स्त्री के दोनों उरोजों का प्रदर्शन अशोभनीय माना गया था, एक का प्रदर्शन कलात्मक। क्यों ?

अनेक क्रियाएँ, सामाजिक मान्यताओं के आधार पर, सार्वजनिक नहीं हो सकतीं। उनके संबंध में भी मान्य और अमान्य की व्याख्या संस्कृत द्वारा निर्धारित होती है । कई संस्कृतियों में यौन-संबंध बेहद निजी मामला माना जाता है, पर इस नियम के भी अपवाद हैं। कुछ समाजों में--जैसे मार्केस्वास, ताहिती, मानगोने और केरोलाइन द्वीपों में--सार्वजनिक संभोग प्रतिबंधित नहीं है। कई और समाजों में धार्मिक क्रियाओं और उत्सवों में रतिक्रिया का सार्वजनिक रूप से किया जाना संस्कृति द्वारा अनुमोदित है। संसार में अनेक ऐसे पंथ और संप्रदाय हैं, जो धर्म-गुरुओं और विशिष्ट व्यक्तियों को विशेष अवसरों पर सार्वजनिक रूप से रतिक्रिया कर सकने का विशेषाधिकार देते हैं। पश्चिम में सैकड़ों ऐसे छोटे-छोटे संगठन हैं जो प्रेम और रति के क्षेत्र में

विविध प्रयोग कर रहे हैं और जिनमें सार्वजनिक रूप से रतिक्रिया को प्रोत्साहित किया जाता है। यौन-अक्षमताओं के उपचार के लिए दूसरों को रति करते देखना और सामूहिक रति में सम्मिलित होना कई केंद्रों की चिकित्सा-पद्धति का अनिवार्य अंग है।

साहित्य और रूपंकर तथा प्रदर्शनकारी घटनाओं के क्षेत्र में अश्लीलता का प्रश्न बहुत समय से विवादास्पद रहा है। अनेक रूढ़ियाँ बनीं और टूटी हैं, किंतु प्रायः हर पीढ़ी ने इस प्रश्न को नये सिरे से उठाया है और उसे नये आयाम दिये हैं। छोटी-छोटी कुछ भाषाओं को छोड़कर प्रायः सभी भाषाओं की निर्धारित मर्यादाएँ रही हैं, जो कतिपय शब्दों और अभिव्यक्तियों को वर्ज्य निरूपित करती हैं। होपी इंडियन भाषा में सभी शब्द तथ्यात्मक रूप में ग्रहण किये जाते हैं, उनमें सुरुचिपूर्ण और अश्लील का अंतर नहीं किया जाता। इस श्रेणी की भाषाओं में स्त्री और पुरुषों के गुप्तांगों या रतिक्रिया के लिए एक-एक शब्द ही होता है जिसके उपयोग को अनुचित नहीं माना जाता। शिष्ट और अशिष्ट का अंतर करने वाली भाषाओं में इस प्रकार के एक से अधिक शब्द होते हैं जिनमें से कुछ का प्रयोग ग्राम्य, असभ्य और अशिष्ट माना जाता है। ठेठ शब्दों का उपयोग वर्जित होता है, या तो संस्कारी शब्दों का प्रयोग होता है या फिर अप्रत्यक्ष उल्लेख और सांकेतिक भाषा का सहारा लिया जाता है। ऐसे शब्दों के उदाहरण देना एक साहित्यिक पत्रिका में शायद अश्लील माना जाय। आप खुद ही जननेंद्रियों और रतिक्रिया के पर्यायवाची शब्दों की सूची बनाइए और देखिए कि इनमें से कितने शब्दों का उपयोग शिष्ट वार्तालाप और लेखन में किया जा सकता है। कई शब्दों को कभी परदे में छुपाया जाता है, कभी विद्रोह-भावना से उन पर से परदा हटा दिया जाता है। कई वर्ज्य शब्दों का प्रयोग खुलकर होने लगता है। अंग्रेजी का एक चार-अक्षरी शब्द है 'फक' (Fuck)। इसका प्रयोग सोलहवीं शताब्दी में आरंभ हुआ था; कोशकार इसकी उत्पत्ति के बारे में निर्णायक मत दे सकने में असमर्थ हैं। इस शब्द का इतिहास बड़ा विचित्र है। एक लंबे अरसे तक यह ग्राम्य और अशिष्ट माना गया, पर विशेष उप-संस्कृतियों में इसका प्रयोग होता रहा। इसके बाद विद्रोह की तीव्र धारा के सहारे यह एकाएक साहित्य की मुख्य धारा में स्वीकृति पा गया। उपन्यासों में सैकड़ों बार इसका उपयोग होने लगा। नयी पीढ़ी ने इसे अपनाया और इसके मूल अर्थ को छोड़कर अनेक अलग-अलग अर्थों में इसका उपयोग किया। एक सर्वेक्षण में इस शब्द के लगभग अस्सी विभिन्नअर्थी प्रयोग पाये गये। गालियाँ भी सभी संस्कृतियों से पायी जाती हैं, पर उनके स्वरूप में अंतर होता है। अंग्रेजी गालियों में भी यौन-संकेत होते हैं, पर भारतीय भाषाओं में--विशेषकर हिंदी और उर्दू में--तो उनकी भरमार है। यह भी नहीं कहा जा सकता कि शिष्ट समाज में उनका प्रयोग नहीं होता। कुछ लोग तो खुले आम

बहन की गाली का प्रयोग हर वाक्य में तकिया कलाम की तरह करते हैं। माँ बहन से यौन-संबंध स्थापित करने की धमकी-भरी गालियाँ भी बहुत प्रचलित हैं। अधिकांशतः ये गालियाँ शाब्दिक अर्थों में साभिप्राय नहीं होतीं, पर वे संवाद-संस्कृति का अंग तो होती ही हैं। साहित्य में वे एक लंबे अरसे तक बहिष्कृत रहीं। यथार्थवाद की धारा उन्हें साहित्य में लायी। कृष्णा सोबती के 'यारों के यार' में उनके खुले प्रयोग ने बहुतों को चौंकाया--एक दम देसी गालियों का प्रयोग और वह भी एक स्त्री द्वारा। पर यह रचना अश्लील नहीं थी, क्योंकि उसमें गालियों का प्रयोग परिवेश के चित्रण के लिए किया गया था, विकृत मानसिकता को प्रोत्साहन देने के लिए नहीं। राही मासूम रज़ा के एक उपन्यास पर भी बहुत टीका-टिप्पणी हुई। कारण यह था कि उसमें भी गालियाँ थीं और वह पुस्तक एक विश्वविद्यालय के पाठ्यक्रम में लग गयी थी। ये गालियाँ भी एक काल के एक संस्कृति-खंड की तस्वीर को रंग देने के उद्देश्य से कथा में बुनी गयी थीं। झुग्गी-झोंपड़ियों की संस्कृति पर केंद्रित 'मुर्दाघर' में भी इसी आशय से गालियों का प्रयोग किया गया था, वैसे बार-बार उन्हें दुहराना शायद ज़रूरी नहीं था। निषिद्ध विषय,समलैंगिक संबंध, निकट संबंधियों में आकर्षण और उसकी चरम परिणति--अब साहसिक ढंग से साहित्य में लाये जा रहे हैं। यदि ये तत्व समाज में हैं तो वे साहित्य में अनुल्लेखनीय नहीं हो सकते। प्रश्न है लेखक की मंशा का, उसके अंतर्निहित उद्देश्य का। हर किताब साहित्य नहीं होती, लेखन व्यवसाय भी है। विकृत मनोरंजन बिकता है और उसमें पैसा बहुत है। डी. एच. लारेंस के उपन्यास 'लेडी चैटलर्जीज लवर' के कुछ प्रसंगों को लेकर बड़ा हंगामा हुआ था, पुस्तक प्रतिबंधित भी कर दी गयी थी। आज जिस तरह का हजारों टन साहित्य बाजार में है, उसकी तुलना में लारेंस की पुस्तक किसी संत-महात्मा का प्रवचन मालूम पड़ती है।

रूपंकर कलाएँ अपेक्षाकृत अधिक स्वतंत्र रही हैं। प्रागैतिहासिक गुफ़ा-चित्रों में स्त्री-पुरुषों के शरीर का अंकन बिना वर्जनाओं के हुआ है। जर्मनी में पायी गयी प्रागैतिहासिक स्त्री मूर्ति, जो 'वीनस आफ़ विलेनडार्क' के नाम से जानी जाती है, नारी के नग्न शरीर का अत्यंत प्राचीन प्रस्तुतीकरण है। यौन-प्रतीकों का उपयोग अनेक संस्कृतियों में मिलता है। भारतीय संस्कृति में लिंग और योनि के प्रतीक पूजनीय माने गये हैं। प्राचीन पेरू के रूप-चित्र कलशों (पोर्टेट जारों) में शरीर और उसकी क्रियाओं का वर्जनाहीन चित्रण है। यूरोप की मूर्तिकला में पहले लिंग-प्रदर्शन पर बंदिश नहीं थी, बाद में उन्हें अंजीर के पत्तों से ढका गया। फिर लज्जा के इस भावना का त्याग हुआ और कलात्मक अभिव्यक्ति ने पुन आज़ादी पा ली। खजुराहो और कोणार्क की कला में क्या है, यह सभी जानते हैं। आप उसे जीवन के एक पक्ष की यथार्थवादी प्रस्तुति मान सकते हैं या उसमें आध्यात्मिक और दार्शनिक अर्थों की

खोज का प्रयत्न भी कह सकते हैं।

प्रदर्शनकारी कलाओं--संगीत, नृत्य, नाटक और अब फिल्म और टेलीविज़न--से प्रायः वही समस्याएँ जुड़ी हैं जिनका उल्लेख साहित्य के संदर्भ में किया जा चुका है। संगीत में भक्ति हो सकती है, रसीली चुटकियाँ हो सकती हैं और स्पष्ट यौन-संकेत भी हो सकते हैं। इन सबसे अलग शुद्ध कलात्मक प्रस्तुति तो होती ही है। रसिक की रुचि-संगीत रूप के निर्धारण की विशेष प्रेरणा होती है। लोकनृत्यों की एक श्रेणी शृंगारिक तत्वों और कामाभिव्यक्ति पर रोक नहीं लगाती। उदाहरण संसार के सभी महाद्वीपों में मिलते हैं--जनजातीय संस्कृतियों में और अपेक्षाकृत सुसंस्कृत समाजों में भी। नृत्य की क्लासिकी परंपराएँ भी शृंगारिक तत्वों को स्थान देती हैं। जापानी समाज, जो सार्वजनिक चुंबन तक की इजाज़त नहीं देता, अपने कागुरा-नृत्य में यौन-कृत्य की नाटकीय अनुकृति प्रस्तुत करता है। मिस्र का बेली डांस भी अत्यंत ऐंद्रिक होता है। लोकनाट्य तथा अन्य नाट्य-रूपों में प्रेम के पार्थिव प्रसंग आते रहते हैं, किंतु पिछले दो-तीन दशकों में एक विशेष श्रेणी के नाटकों में-- जैसे 'हेअर' या 'ओ केलकटा'--में शरीर तथा शारीरिक क्रियाओं का नग्न प्रदर्शन हुआ है। इस पर हाय-तौबा हुई, पर नग्न प्रदर्शनों का सैलाब रुका नहीं। कैबरे के साथ स्ट्रिप टीज जुड़ा, जिसमें नर्तकी खिजा-खिजाकर एक के बाद एक अपने वस्त्र उतारती जाती है। इससे कई कदम आगे जाकर लाइन-शो भी आरंभ हुए जिसमें यौन-क्रियाओं के कई रूपों को सार्वजनिक रूप से प्रस्तुत किया जाने लगा। फिल्म और टेलीविज़न पर भी इस प्रवृत्ति ने अतिक्रमण किया। उत्तेजक दृश्यों में वृद्धि हुई। धीरे-धीरे 'ए' और 'एक्स' श्रेणियों में ऐसी फिल्मों का वर्गीकरण हुआ और 'साफ्ट पोर्न' और 'हार्ड पोर्न' ने एक सीमा तक स्वीकृति पा ली। इस प्रकार के वीडियो टेप अब खुले आम मिलते हैं। अच्छे होटलों में टी. वी. के दो विशेष चैनलों पर रात के दस-ग्यारह बजे के बाद ऐसे गरम कार्यक्रम देखे जा सकते हैं जो कोई मर्यादाएँ स्वीकार नहीं करते। खोसला कमेटी के सामने प्रश्न था--फिल्मों में चुंबन हो या नहीं ? केरल और विदेशों में बनी फिल्मों के बाद आज प्रश्न है : क्या हम शयनकक्ष और बलात्कार के दृश्यों पर अंकुश लगा सकते हैं ? सेंसरशिप और कायदे तो अब भी हैं पर वे चोर-दरवाज़ों से आनेवाली अश्लीलता पर रोक लगा सकने में सफल नहीं हुए हैं।

अश्लीलता का प्रश्न घूम-फिरकर सेक्स पर ही केंद्रित होता है। इब्सन जोला और बर्नार्ड शा को भी अश्लील माना गया था। उनका अपराध शायद यही था कि उन्होंने सेक्स संबंधी रूढ़िवाद को चुनौती दी थी। उनकी दृष्टि में सेक्स को पाप या पुण्य मानना गलत था। यह ऐसा विषय है जिस पर विचार होना चाहिए, रूढ़ियों का मूल्यांकन अनुचित नहीं माना जा सकता। रोमांटिक दृष्टि के साहित्यकारों ने --जैसे स्विन बर्न--और मांसल स्कूल के रचनाकारों ने पाप की परिकल्पना को अस्वीकार

नहीं किया, किंतु सेक्स का उत्सवीकरण अवश्य किया। सेक्स को साहित्य और कलाओं से निष्कासित करना न तो आवश्यक है और न संभव। इस विचारधारा की एक शाखा सेक्स को पाप से नहीं जोड़ती। संवेदनशील ढंग से सेक्स की रहस्यमयता का अन्वेषण साहित्य की शक्ति हो सकता है। समस्या वहाँ उत्पन्न होती है जहाँ विकृत सेक्स का व्यवसायीकरण होता है, उत्तरदायित्वहीनता से उसका उपयोग आर्थिक लाभ के लिए किया जाता है।

अश्लीलता पर नियंत्रण किस तरह रखा जाय ? एक सीमा तक आत्म-नियंत्रण संभव है और इस प्रवृत्ति को सामाजिक समर्थन मिलना चाहिए। औपचारिक और अनौपचारिक सामाजिक नियंत्रण भी विकृतियों पर अंकुश लगा सकता है। इनसे परे सेंसरशिप और कानून का सहारा लिया जा सकता है, शर्त यह है कि उनका अदूरदर्शी प्रभाव सृजनशीलता को कुंठित न करे और वैचारिक विकास के मार्ग को अवरुद्ध न करे। इस क्षेत्र में सत्तर देशों के कानूनों का विश्लेषण दर्शाता है कि उनमें मनमानी करने की प्रवृत्ति है, वे तर्कहीन हैं, उनका सामाजिक यथार्थ से बहुत थोड़ा संबंध है, और उनमें से अधिकांश का प्रवर्तन असंभव नहीं तो कठिन अवश्य है।

अश्लीलता के प्रश्न पर हम अति-प्रतिक्रिया के दोषी रहे हैं। कोशों से 'गंदे' शब्द निकाल देने मात्र से समाज में शुचिता नहीं आ जायेगी। साहित्य और कला में इतनी शक्ति नहीं है कि वे सामाजिक आस्थाओं और मूल्यों को स्थापित कर सकें या उनका स्खलन कर सकें। अश्लीलता किसी लक्ष्मणरेखा से नियंत्रित नहीं की जा सकती, क्योंकि वह समय और संस्कृतिसापेक्ष है। वे कौन हैं जो नैतिकता के मानक निर्धारित करते हैं ? कला और साहित्य की कितनी समझ है उन्हें ? क्या आनेवाली पीढ़ियाँ उनके अभिमत को स्वीकार करेंगी ? कलात्मक कृतियों का मूल्यांकन उनकी समग्रता में किया जाना चाहिए, उनके तात्कालिक प्रभाव के पूर्वानुमान से नहीं। साथ ही हमें यह भी याद रखना चाहिए कि विचार और सृजन अपने समय से कुछ आगे होते हैं। अप-संस्कृति से बचने के लिए सृजन के स्रोतों को अवरुद्ध करना नकारात्मक रणनीति होगी।

हिंदी उपन्यास और ग्रामीण परिदृश्य

उपन्यास ज़िंदगी के सबसे नज़दीक की साहित्यिक विधा है। उसका कैनवस रचनाकार को यह अवसर देता है कि वह जीवन का बहुरंगी और बहु-आयामी चित्रण कर सके। कहानी अनुभव और अनुभूति के थोड़े-से बिंबों को ही अपने दायरे में समेट सकती है, जीवन की समग्रता का अंकन उसकी शिल्प-सीमा के परे है। एकांकी की सीमाएँ भी प्रायः-वही हैं जो कहानी की हैं, सफल मंचन की अनिवार्यताएँ उसकी अतिरिक्त मजबूरियाँ बन जाती हैं। नाटक का चौखटा अपेक्षाकृत बड़ा होता है और कुछ मायनों में नाटक उपन्यास के समीप होता है, परंतु कथानक के विकास और रंगमंच पर प्रस्तुति की माँगों के परस्पर विरोधी तत्व नाटककार को वह स्वतंत्रता नहीं देते जो उपन्यासकार को उपलब्ध होती है। कथा को कविता का रूप दे सकना कठिन है, थोड़े-से अपवादों को छोड़कर ऐसा कर सकने में सफलता संदिग्ध है। खंड काव्य-महाकाव्य की विधा अतीत से जुड़ी है, समसामयिक मान-बोध से उसका तालमेल नहीं बैठता। देश और काल के परिवर्तन संदर्भों से जुड़े होने के कारण उपन्यास का रूप भी बदला है, किंतु यह निश्चित है कि सृजनात्मक गद्य में आज वह लोकप्रियता के शिखर पर है।

कुछ दशकों पहले तक भारत में उपन्यास को शंका की दृष्टि से देखा जाता था। एक तरह से वह 'वयस्क' साहित्य था--स्त्रियों और वयःसंधि पार कर चुके और यौवन के पहले चरण में पहुँचे युवकों तक के लिए वर्जित । मान्यता थी कि इनके पढ़ने में समय की बरबादी तो है ही, चरित्र-भ्रष्ट होने का भय भी है।

'चन्द्रकांता संतति', 'भूतनाथ', 'लंदन रहस्य' आदि पुस्तकें कपड़े में बाँधकर ताले में रखी जाती थीं, वयस्क उन्हें एकांत में पढ़ सकते थे, अन्यथा नहीं। पकड़े जाने पर उन्हें भी लज्जा और ग्लानि का अनुभव होता था, पर यह नशा ऐसा था कि छुड़ाये न छूटता था। उपन्यासों का गुणधर्म बदलने के बाद भी उनके प्रति सामाजिक दृष्टि में अधिक बदलाव नहीं आया। आज भी, मेरा अनुमान है, मध्य और निम्न वर्ग में उन्हें पूरी और खुली स्वीकृति नहीं मिली। उच्च मध्य वर्ग और उसके ऊपर की श्रेणी में उपन्यास के लिए द्वार खुल गये हैं, पर समाज का यह अंग बुरी तरह अंग्रेजी के मोहपाश में बँधा है और इस भाषा का लोकप्रिय और बहुत अधिक बिकने

वाला उपन्यास साहित्य, जो नयी पीढ़ी को भी मिलता है, एक चिंताजनक मोड़ पर है। हिंदी का उपन्यासकार होना जोखिमभरा व्यवसाय है। आज भी जिस उपन्यास की तीन हजार प्रतियाँ बिक जायें उसका लेखक बधाई का पात्र माना जाता है। इस प्रसंग में रजिस्टर्ड नाम वाले लेखकों और दो-तीन लाख के संस्करणों में छपने वाले जनप्रिय उपन्यासकारों की चर्चा नहीं की जा रही है। यहाँ उल्लेख है रचना धर्मी उपन्यासकारों का, उन यंत्रों का नहीं जिनसे औसतन प्रति सप्ताह एक उपन्यास निकलता है।

ऐय्यारी और तिलिस्म से चलकर आज के उपन्यास तक पहुँचते हुए, इस विधा ने कई मोड़ लिये हैं। एक काल था जब उसमें देशभक्ति का तेवर मुख्यतः परिलक्षित होता था। कुछ उपन्यासों में प्रत्यक्ष-अप्रत्यक्ष पुरातन भारतीय संस्कृति के तत्वों को सराहा गया, कुछ में समकालीन भारतीय समाज की विकृतियों की भर्त्सना की गयी। एक ओर पश्चिमी उपन्यास की रचना-शैली ने हिंदी उपन्यास को प्रभावित किया तो दूसरी ओर वहाँ की 'आइडियालाजी' ने। भारतीय कथानकों को पश्चिम के उपन्यास-शिल्प में ढालने के अनेक प्रयास हुए, जिनमें कई अनुकरण मात्र थे, पर कुछ में शैली का अनुकूलन बड़े सृजनात्मक ढंग से, भारत के सामाजिक यथार्थ को चित्रित करने के लिए किया गया था। पश्चिम के वादों की भी खुलकर नकल हुई। अजनबीपन, अस्तित्ववाद, मृत्यु-भय, व्यक्तित्व की टूटन, आस्था-अनास्था का प्रश्न, महानगर का भयावह परिवेश, जड़ों की तलाश आदि प्रश्नों पर लंबी-लंबी बहसें हुईं और उनसे अनुप्रेरित उपन्यासों की रचना हुई। बहसों के तेवर अधिकांशतः मुखौटे थे, नकली थे। अधिकांश रचनाएँ भी स्वयं को प्रमाणित कर सकने में असमर्थ रहीं। विराट भारतीय सामाजिक यथार्थ से साक्षात्कार करने की क्षमता थोड़े-से ही लेखकों मेंथी। बहुत-सा लेखन ऐसा था जिस पर पश्चिम की गहरी छाया थी, जिसमें भारत की मिट्टी की गंध नहीं थी। कृत्रिम तौर पर चलाये गये आंदोलनों ने वादों और उनसे जुड़ी कृतियों को कुछ दिन जीवित रखा, पर कृत्रिम साँस दिल की धड़कन को अधिक समय तक चलाये नहीं रख सकीं। भोगे हुए यथार्थ की बात तो बहुत हुई, पर उसके अनुभव का दायरा अत्यंत संकुचित और उथला था। यह स्वाभाविक ही है कि अनुभव के इस स्रोत ने जोड़-तोड़ के कथानकों को जन्म दिया, ऐसी रचनाओं में चमत्कारी शिल्प तो था, पर जीवन का स्पंदन नहीं।

यह आश्चर्य की बात है कि हिंदी के नये उपन्यास नगरीय जीवन, उसके मध्यवर्ग और कुछ विशिष्ट तबकों के आसपास ही घूमते हैं। यह नहीं कि इस श्रेणी की रचनाओं में श्रेष्ठता का अभाव है। अज्ञेय का 'शेखर:एक जीवनी' और उससे जुड़ा हुआ 'नदी के द्वीप' दोनों आत्म-केंद्रित उपन्यास हैं। उनमें एक व्यक्ति और उसके परिचय के घेरे के थोड़े से लोगों की चेतना और वेदना चित्रित हैं। निर्मल

वर्मा के उपन्यास 'लाल टीन की छत' और 'एक चिथड़ा सुख' सीमित अनुभव किंतु तीव्र अनुभूति के उपन्यास हैं, जिनमें भाषा की लय और कथानक के मोड़ पाठक को आकर्षित करते हैं, पर जो समाजखंड इन उपन्यासों में चित्रित है, वह भारत का प्रतिनिधित्व नहीं करता। राजेन्द्र यादव मध्यवर्ग और उसकी मजबूरियों और बंदिशों को बड़ी खूबी से अंकित करते हैं, पर उन जैसे समर्थ लेखक ने अपने घेरे को बढ़ाने का कोई सार्थक प्रयत्न नहीं किया। मन्नू भंडारी ने नारी-मन की उलझनों और उनके परिवर्तित परिवेश के सीमित विकल्पों को बड़े प्रभावशाली और हृदयग्राही ढंग से चित्रित किया है। 'महाभोज' में उनकी प्रतिभा का विस्तार जिन दिशाओं में हुआ है उनसे उनकी संभावनाएँ स्पष्ट होती हैं। चमत्कारिक शैली में लिखा गया 'कुरु कुरु स्वाहा' एक विशाल परिदृश्य को अपने-आपमें समेटने का यत्न करता है और अपने अनेक दृश्यों में आशातीत सफलता भी प्राप्त करता है, फिर भी वह विशिष्ट अनुभवों का उपन्यास होकर ही रह जाता है। दुःख यह है कि सीमित अनुभव-खंडों के अन्य लेखक मन्नू भंडारी की तरह स्वनिर्मित दायरों को तोड़ने का यत्न नहीं करते।

हिंदी उपन्यास की उल्लेखनीय सफलताओं के बावजूद, भारत के सामाजिक यथार्थ के आकलन में उसकी सीमाएँ और न्यूनताएँ चुभने वाली हैं। इतिहास की कई विराट लहरों ने इस विधा को जैसे छुआ ही नहीं। देश के विभाजन जैसी त्रासदी पर एक भी सशक्त और हिला देने वाला उपन्यास नहीं लिखा गया। हिंद-पाकिस्तान और हिंद-चीन युद्धों की सृजनात्मक प्रतिक्रिया हिंदी उपन्यासों में मुखर नहीं हुई। आज देश में हिंसा का भीषण लावा फूट रहा है, उपन्यासकार उसके संबंध में मौन हैं। झुग्गी-झोंपड़ियों के जीवन पर ले-देकर कुल एक 'मुरदा घर' जैसा सफल उपन्यास लिखा गया है, उसमें भी बेलगाम गालियों से विकृति आ गयी है। भूमिहीन खेतिहरों, बंधुवा मजदूरों और औद्योगिक श्रमिकों पर जो लिखा गया है, वह नाकाफी है और संतोष भी नहीं देता। आदिवासियों और दरिद्र समाज का दर्द भी अभिव्यक्ति नहीं पा सका है।

ग्रामीण जीवन पर लेखन की परंपरा पुरानी है। प्रेमचंदजी ने होरी, धनिया और गोबर को अपने 'गोदान' में अमर कर दिया है। समसामयिक भारत प्रेमचंद का भारत नहीं है। बदलते ग्रामीण परिदृश्य के चित्रण के प्रयत्न हुए हैं, जिनमें से कुछ को असाधारण सफलता मिली है, फिर भी गुण और परिमाण की दृष्टि से इन प्रयत्नों को अधूरा ही मानना होगा।

[स्मृति के सहारे, संदर्भों के बिना और अधिकांशतः दो हवाई यात्राओं में लिखे गये इस लेख में समसामयिक ग्रामीण जीवन के उपन्यासों में कुछ पर ही प्रतिक्रियात्मक

टिप्पणियाँ संभव हैं। जिन परिस्थितियों में लिख रहा हूँ, कालानुक्रम का ध्यान रखना असंभव है। समय जिन स्मृतियों को धूमिल नहीं कर सका है, उन्हीं की कुछ रेखाएँ यहाँ प्रस्तुत हैं।]

किनसे आरंभ करूँ ? बाबा नागार्जुन अनुभव और अवस्था दोनों की दृष्टि से वरिष्ठ हैं, उनके दो उपन्यास सीधे ग्रामीण जीवन से संबंधित हैं। 'दुखमोचन' की भाषा सीधी-सादी और शैली कुछ ऊबड़खाबड़ है, गाँव के रास्तों और वहाँ की ज़िंदगी की तरह। यह अनगढ़ शैली कथावस्तु के अनुरूप होने के कारण उसके विकास में बाधक नहीं होती। स्वतंत्रता-प्राप्ति के बाद भारत के गाँवों में क्या हो रहा है, उसकी तसवीर इसके पृष्ठों में उभरती है। नायक का आग्रह गाँवों को रूढ़िवाद, जातिवाद और शोषण से मुक्ति दिलाने पर उपन्यास में तो वह कामयाब होता है, पर अत्यंत जटिल समस्या को जिस रूप में पेश किया गया है उसमें लेखक का प्रगतिशील मानववाद अधिक है, सामाजिक यथार्थ की समझ कम। 'बाबा बटेसरनाथ', 'एक बूढ़े बरगद की आत्मकथा' कहीं अधिक सफल हैं। लेखक की प्रखर सामाजिकता यहाँ भी अभिव्यक्त होती है। बरगद के वृक्ष की कहानी गाँव के उतार-चढ़ाव की कहानी है। यहाँ भी अंधविश्वास, शोषण और उत्पीड़न कहानी में बड़े ही सहज ढंग से उभरते हैं। उनके विरुद्ध लड़ाई के प्रसंगों में कहीं-कहीं अति-आशावाद और 'आइडियालाजी' का आग्रह अवश्य है।

इसके विपरीत रेणु के 'मैला आँचल' और 'परती परिकथा' में कथानक पर 'आइडियालाजी' हावी नहीं होती। उनका अनुभव-क्षेत्र विशाल है, उनमें अद्वितीय लेखकीय परानुभूति है, वे अद्‌भुत शैलीकार हैं। अपने इन्हीं गुणों के कारण वे मिथिला के बदलते ग्रामीण परिदृश्य को सफलतापूर्वक अंकित कर सके हैं। ग्राम-भाषा के मुहावरे की पकड़ और लोकोक्तियों और गीतों के उपयोग की क्षमता के कारण 'मैला आँचल' में वे पूर्णिया की लोक-संस्कृति, उसके सुख और दुःख की पुनर्रचना कर सकें हैं और 'परती परिकथा' में दो पीढ़ियों की वैचारिक भिन्नता को सूक्ष्मता से आँक सके हैं। उनके उपन्यास समाजवैज्ञानिक दस्तावेज़ नहीं हैं, पर ग्रामीण जीवन को जिस सूक्ष्मता से उन्होंने देखा है, बहुत-से समाजशास्त्रियों के लिए वह कठिन है। उनकी ये दोनों कृतियाँ हिंदी साहित्य की उपलब्धियाँ हैं।

रेणु के साथ श्रीलाल शुक्ल की याद आती है। 'राग दरबारी' एक विशिष्ट कृति है जो गाँव के बदलते परिदृश्य को बड़ी सफलतापूर्वक चित्रित करती है। श्रीलाल शुक्ल के पास रेणु की गहरी मानवीय संवेदना नहीं है, शैली का अनूठापन भी नहीं। शिवपालगंज की कहानी परंपरा और प्रगति के मुखौटों की कहानी है, जिन पर लेखक ने निर्मम प्रहार किये हैं अपने सशक्त पर नियंत्रित व्यंग्य से। गाँव के बदलते परिवेश का इतना रोचक विवरण अन्यत्र दुर्लभ है। शैली में न कहीं उलझाव है, न बोझिलता।

विराट समाजशास्त्रीय कल्पना वाले बीस विद्वान ग्रामीण यथार्थ के बारे में जो नहीं कह सकते, वह इस एक उपन्यास में श्रीलाल शुक्ल ने कह दिया है।

इस संदर्भ में गिरिराज किशोर के 'जुगलबंदी' और 'दो' का उल्लेख भी आवश्यक है। पहले उपन्यास का कथानक 1940-46 के संक्रमण से संबद्ध है, जब साम्राज्यवाद से जुड़ी सामंती व्यवस्था टूट रही थी। कुछ लोग अंग्रेजों का साथ दे रहे थे, कुछ उन्हें छोड़ रहे थे। दोनों की अपनी दुविधाएँ थीं, संकोच थे। लेखक ने बड़े फलक पर अंकित इस चित्र को काफी सँभाला है। यदि उसकी इतिहास-दृष्टि अधिक गहरी होती और जीवन का ज्ञान अधिक व्यापक होता तो वह 'जुगलबंदी' को और भी अच्छा बना सकता था। 'दो' छोटी होते हुए भी अधिक सशक्त रचना है। कुचले हुए मध्यवर्ग के मिथ्या अहं और निम्न वर्ग की वास्तविकता को सहज ढंग से सह लेने की क्षमता का इसमें हृदयस्पर्शी चित्रण हुआ है।

पंजाब के ग्रामीण जीवन पर दो अच्छे उपन्यास छपे हैं। 'तमस' पंजाब के गाँवों की कहानी है, देश के विभाजन की भी। नौकरशाही पर भी भीष्म साहनी की पैनी दृष्टि गयी है। कथानक में 'फूट पैदा करो और राज करो' के सिद्धांत को यदि वे अधिक स्वाभाविक और संयत ढंग से प्रस्तुत कर सकते तो उनकी यह रचना निःसंदेह अधिक सशक्त बन पड़ती। चौंकाना कृष्णा सोबती की आदत है। 'ज़िंदगीनामा' का आरंभिक भाग--आप चाहें तो उसे कविता मान लें--क्या कह रहा है, मैं आज तक नहीं समझ पाया ? यदि पाठक इस पहेली को बूझ लेता है (या उसकी उपेक्षा कर देता है) और आगे बढ़ता है तो उसे एक विशिष्ट काल और भूखंड की जन-संस्कृति की आकर्षक झाँकी मिलती है। इस उपन्यास में न कोई कथासूत्र है, न कोई नायक-नायिका, उसमें है लोकजीवन के बदलते रंग और आने वाले तूफान के संकेत ? और भी बहुत कुछ है, जिसे पाने के लिए प्रयास अपेक्षित हैं।

राही मासूम रज़ा लिखित 'आधा गाँव' भी एक उल्लेखनीय रचना है। भारतीय मुसलमानों का विखंडित व्यक्तित्व उसका गौण पक्ष है, ग्रामीण परिवेश में उनके दुख-दर्द की कहानी उसका मुख्य भाग है। ग्रामीण पृष्ठभूमि में भारतीय मुसलमानों का इतना मार्मिक चित्रण शायद दूसरी जगह नहीं हुआ।

अच्छी रचनाएँ कुछ और भी लिखी गयी हैं, जैसे जगदीशचंद्र की 'धरती धन न अपना' और 'कभी न छोड़े खेत'; रामदरश मिश्र की 'अपने लोग', गोविन्द मिश्र की 'लाल-पीली ज़मीन'। युगचेतना की अभिव्यक्ति इन रचनाओं में है, मानवीय संवेदना और शिल्प भी है। पर ये उपलब्धियाँ नहीं हैं, संभावनाओं-भरी कृतियाँ हैं।

आदिवासियों और हरिजनों पर बहुत कम लिखा गया है। रांगेय राघव का 'कब तक पुकारूँ' नटों के जीवन पर एक आरंभिक प्रयास था। पथदर्शक होने का श्रेय उन्हें अवश्य मिलना चाहिए, पर बात कुछ बनी नहीं। एक सशक्त नायिका भी

अमृतलाल नागर के 'नाच्यौं बहुत गोपाल' को सँभाल नहीं पायी। उपन्यास सामाजिक अनुसंधान और साहित्यिक कृति के बीच की चीज़ होकर रह गया, दोनों रूपों में असंतोषजनक। आदिवासी जीवन के उपन्यास नितांत असफल रहे। उन पर आदिवासी संस्कृति का मुलम्मा तो था, पर उनकी मानसिकता नगर की ही थी।

यह अधूरा सर्वेक्षण हमें एक निश्चित निष्कर्ष पर पहुँचाता है : अधिकांश हिंदी उपन्यास अभी भी नगरों और कस्बों के इर्द-गिर्द घूम रहे हैं, बहुत कम लेखक ग्रामीण और दलितजन से तादात्म्य स्थापित कर सके हैं और जिनके लिए हम क्रांति के नारे लगा रहे हैं, वे अभी भी हमारे लिए अजनबी हैं। ग्रामीण परिदृश्य हमारे उपन्यासों में झलकने लगा है, पर ऐसी रचनाओं की संख्या सीमित है और उनमें भी अधिक गहराई अपेक्षित है।

प्रेमचंद की परंपरा

प्रेमचंद ने हिंदी कथा-साहित्य को एक नया मोड़ दिया और अपनी उपलब्धियों से उसे प्रगति की नयी मंजिलों तक पहुँचाया। वे कथाशिल्प के आविष्कारक तो नहीं थे, किंतु हिंदी में उपन्यास और लघुकथा की अल्पविकसित विधाओं को सबल करने में उनका योगदान महत्वपूर्ण था। कहानियाँ उनके पहले भी लिखी जाती थीं और छोटे-बड़े उपन्यास भी। कहानियाँ मुख्यतः घटनाप्रधान होती थीं और एक फार्मूले के अनुसार उनमें नायक और नायिका का चरित्र बहुत उभारकर चित्रित किया जाता था। उनके लिए बहुत उजले रंगों का प्रयोग होता था; खलनायक और खलनायिका, इसके विपरीत, गहरे काले रंग में चित्रित किये जाते थे। कथानक की परिणति पूर्वानुमानित होती थी--सत्य की असत्य पर, बुराई की अच्छाई पर अंत में विजय होती थी। अनेक कहानियों में देशभक्ति और आदर्शवाद की प्रमुखता होती थी और इनमें यह सिद्ध करने का प्रयत्न किया जाता था कि प्राचीन भारतीय संस्कृति अपराजेय है। कहानियों का एक और अंदाज़ भी था जिसमें समाज-सुधार पर ज़ोर था। बालविवाह, अनमेल विवाह, विधवा विवाह, दहेज, सती, देवदासी आदि की समस्याओं पर कथानक गढ़े जाते थे और कथा के परिणाम में एक स्पष्ट शिक्षा अंतर्निहित होती थी। रोमानी कहानियों का आरंभ हो चुका था और सतही तौर पर प्रेम के इंद्रधनुषी रंग कहानियों में भरे जाते थे। बाहर से आयी उपन्यास की विधा लोकप्रिय हो रही थी, किंतु भारत के समसामयिक यथार्थ में उसकी जड़ें न गहराई में जा सकी थीं और न फैल सकी थीं। सच तो यह है कि उपन्यास पूरी तरह भारतीय परिवेश और उसकी भावभूमि से अपने-आपको नहीं जोड़ सके थे। बड़े-बड़े उपन्यास लिखे गये अथवा उनके अनुवाद हुए और उन्हें पर्याप्त लोकप्रियता भी मिली, परंतु इनमें से अधिकांश का भारतीय समाज और उसमें होने वाले परिवर्तनों से कोई प्रत्यक्ष या अप्रत्यक्ष संबंध नहीं था। **चन्द्रकांता** की सफलता ने **चन्द्रकांता संतति** के लेखन को प्रेरित किया। **भूतनाथ** का अपना रंग था। ये वयस्कों के उपन्यास थे और बच्चों और स्त्रियों की पहुँच से बाहर रखने के लिए उन्हें सामान्यतः ताले में बंद रखा जाता था। ऐयारी और तिलिस्म की अद्‌भुत ऐंद्रजालिक घटनाओं से ओतप्रोत इन उपन्यासों

में किसी भी प्रकार की अश्लीलता नहीं थी। सच तो यह है कि वे किसी भी देश या समाज के यथार्थ को चित्रित नहीं करते थे; वे पूरी तरह इंद्रजाल के एक काल्पनिक किंतु रोचक वातावरण का निर्माण भर करते थे। **लंदन रहस्य** जैसे अनुवादित उपन्यासों में राज दरबार में होने वाले छोटे-बड़े षडयंत्रों और गुप्त प्रेम-व्यापारों का वर्णन मिलता था। कहानियों की भाँति कुछ उपन्यासों में भी देशप्रेम, संस्कृति-भक्ति, और समाज-सुधार के तेवर उभरकर आते थे, किंतु उनमें भारतीय समाज के मूल तत्वों अथवा तत्कालीन समस्याओं की सूक्ष्म पकड़ शायद ही कहीं झलकती थी। प्रेमचंद-युग में स्थिति बड़ी तीव्रता से बदली। हिंदी कहानी और उपन्यास भारतीय परिवेश के निकट आये और उनके शिल्प में निखार आया।

एक लेखकीय जीवन के लिए प्रेमचंद ने बहुत कुछ लिखा है, किंतु वे यदि सिर्फ **गोदान** और ग्रामीण जीवन संबंधी आठ-दस कहानियों से अधिक कुछ न लिखते तो भी हिंदी साहित्य में एक युगप्रवर्तक के रूप में सम्मानित होते। होरी, धनिया और गोबर जैसे पात्रों का निर्माण कर उन्होंने भारत के सामान्य ग्रामीण जन को हिंदी कथा-साहित्य में प्रतिष्ठित किया। कथानक में ठीक बैठाने के लिए इन चरित्रों में कोई तोड़-मरोड़ नहीं की गयी। ऐसा प्रतीत होता है कि सीधे जीवन से उठाकर उन्हें उपन्यास के पृष्ठों में रख दिया हो। इन पात्रों में गाँव का रंग है, मिट्टी की गंध है। उनकी भावनाओं और शब्दों में जनमानस मुखरित होता है। **गोदान** कल्पना की ऊँची उड़ानों की सृष्टि नहीं है; इसके पात्रों में न असंभव को संभव करने की क्षमता है और न कोई अलौकिक शक्ति। इसके पात्र हाड़-मांस के बने सामान्य जन हैं, जिनकी ज़िंदगी में भूख का अभिशाप है, महाजन का शोषण है, ज़मींदार का उत्पीड़न है। उनके दर्द और उदासी-भरे जीवन में संतोष के क्षण भी आते हैं और मुस्कराहट की किरणें भी। यह है भारत का सामाजिक परिवेश--जीता यथार्थ--जो थोड़े-से चरित्रों के माध्यम से पूरे कथानक में विस्तारित हो गया है। कुछ आलोचक कहते हैं कि प्रेमचंद नगरीय जीवन और उसकी उलझनों को उतना नहीं समझ पाये जितना वे ग्रामीण जीवन को समझे थे। आंशिक रूप से यह आलोचना सही है, पर यह ध्यान रखना आवश्यक है कि जिस कालखंड का वर्णन प्रेमचंद ने किया है, उसमें ग्रामीण और नगरीय जीवन का अंतर्विरोध उतना स्पष्ट नहीं हुआ था जितना वह आज है। फिर भी यह तो मानना ही होगा कि प्रोफ़ेसर मेहता और मालती के चरित्रों में जीवन का वह स्पंदन नहीं है जो हमें होरी और धनिया के चरित्रों में मिलता है। व्यापक ग्रामीण परिवेश को अपने कथा-जगत् में समेटने में जहाँ प्रेमचंद को आश्चर्यजनक सफलता मिली, वहाँ यह भी कहना आवश्यक है कि वे अपने आपको पूरी तरह अपने समय की साहित्यिक परंपराओं से असंपृक्त नहीं कर सके। गांधीवादी प्रभाव उनकी रचनाओं में स्पष्ट देखा जा सकता है। आदर्शवाद और समाज-सुधार की गहरी छाप

भी उनकी कृतियों में है। यह उनके रचनाशिल्प की सफलता है कि उनका आदर्शवाद जीवन के संदर्भों से कटा हुआ प्रतीत नहीं होता और चुभता नहीं है। ग्रामीण पात्रों के प्रति प्रेमचंद में सहज परानुभूति थी और वे उनके मनोभावों को बड़ी सादगी से अपनी कथाओं में उतार सकते थे। यह लेखकीय और मनोवैज्ञानिक क्षमता उनके समकालीन लेखकों में इस मात्रा में नहीं थी। प्रेमचंद के जीवनकाल में और उनकी मृत्यु के कुछ वर्षों बाद तक उनके अनुकरण के अनेक प्रयत्न हुए किंतु कोई अन्य लेखक उनके समकक्ष नहीं हो पाया।

प्रेमचंद ने भारतीय ग्रामीण जीवन के रचनात्मक चित्रण की जो परंपरा आरंभ की थी, वह उनकी मृत्यु के बाद कुछ शिथिल हो गयी। कुछ अच्छे उपन्यास लिखे गये, किंतु उनकी प्रेरणा का स्रोत या तो प्राचीन भारत की गौरवपूर्ण सभ्यता में था या वे इतिहास के पृष्ठों से अनुप्राणित थे। साथ ही नगरीय परिवेश से संबद्ध उपन्यासों और कहानियों की रचना भी हुई। ग्रामीण जीवन पर लिखे गये उपन्यास और कहानियाँ प्रायः सतह को ही छूते थे और वे पाठक के मन पर अपनी प्रामाणिकता की कोई स्थायी छाप नहीं छोड़ते थे। कभी-कभी ऐसा प्रतीत होता था कि ये रचनाएँ यांत्रिक हैं; उनके आँसू और दर्द दोनों झूठे हैं।

प्रेमचंद की परंपरा को सच्चे अर्थों में आंचलिक उपन्यासों और कहानियों ने आगे बढ़ाया। कुछ सशक्त लेखक इस विधा के माध्यम से भारतीयता की तलाश में अग्रसर हुए। वे देश के ग्रामीण जीवन से निकट से परिचित थे और उनका कथाशिल्प नये रूप ग्रहण कर सकने में समर्थ था। **मैला आंचल** और **परती परिकथा** आंचलिकता के आंदोलन की आरंभिक किंतु सफल रचनाएँ थीं। यह रेणु की लेखनी का चमत्कार था कि उनकी इन कृतियों में ग्रामीण वातावरण सजीव हो सका। लोकभाषा और ग्रामीणों के विशिष्ट मुहावरे का प्रयोग उन्होंने ऐसी शैली में किया कि बिहार के गाँवों की आकृतियाँ और ध्वनियाँ दोनों एकसाथ उनकी रचनाओं में उतर आयीं। बातचीत की अनगढ़ शैली उनके पात्रों की ग्राम्यता को उभारकर सामने लाती है। ऐसा किसी भी पात्र के संबंध में प्रतीत नहीं होता कि ग्रामीणों की वेशभूषा में आधुनिकता से प्रभावित शहर का कोई व्यक्ति बोल रहा हो। उनका कथानक अनेक लघु घटना-खंडों में विभाजित होता है, जिनमें से प्रत्येक में ग्रामीण जीवन के किसी पहलू की झलकियाँ मिलती हैं। कथानक और शैली दोनों की दृष्टि से रेणु ने कथाशिल्प को प्रेनचंद से आगे बढ़ाया है। उनके हर पृष्ठ में यह आभास होता है कि लेखक स्वयं गाँव का है और ग्रामीणों के हृदयों की धड़कन को भली भाँति समझता है। फिर भी लेखक में एक अजीब तटस्थता भी हमें मिलती है। न तो वह ग्रामीणों की दुर्दशा पर छाती पीटता और आँसू बहाता है और न सच्ची या झूठी क्रांति के नारे ही लगाता है। आक्रोश का दबा स्वर उसकी रचनाओं में अंतर्निहित

है किंतु उसकी अभिव्यक्ति के लिए वह प्रत्यक्ष उत्तेजना के मुहावरे का प्रयोग नहीं करता। उसकी रचनाएँ मन पर प्रभाव छोड़ती हैं, किंतु अप्रत्यक्ष रूप से। आंचलिकता के आंदोलन ने बहुसंख्य रचनाओं को प्रेरित किया। इनमें से कई खींचतान कर आंचलिकता के ढाँचे में ढाली गयी थीं। आदिवासी नाम, उनके त्यौहारों और नृत्यों का उल्लेख अपने-आपमें किसी रचना को सही आंचलिकता नहीं देते। ग्रामीण जीवन के चित्रण में इससे कहीं अधिक सफलता लेखकों को मिली है, पर उनकी रचनाओं में असली और नकली का फ़र्क तो देखा ही जा सकता है।

आंचलिकता से हटकर भी भारत के ग्रामीण जीवन पर कुछ बहुत ही सशक्त उपन्यास लिखे गये हैं। यहाँ केवल तीन का उल्लेख किया जायेगा जो अपनी रचना-शैली में अनूठे हैं और बदलते भारतीय ग्रामों के अनेक आयामों को अंकित करने में सफल हुए हैं।

श्रीलाल शुक्ल का **राग दरबारी** एक साफ-सुथरा उपन्यास है। यह रचना पूरी तरह पूर्वाग्रह-मुक्त है। लेखक ने तटस्थ भाव से एक भारतीय गाँव के बदलते परिवेश को चित्रित किया है। प्रेमचंद की तरह लेखक ने आदर्शवाद का स्वर कहीं भी तेज नहीं किया है। समस्याएँ उठायी गयी हैं, पर कथानक में वे बड़े स्वाभाविक ढंग से आयी हैं और कहीं ऐसा प्रतीत नहीं होता कि लेखक समाज-सुधार के लिए कटिबद्ध है। परिष्कृत शैली और हास्य का पुट पुस्तक की पठनीयता को बढ़ाते हैं। उनके रचना-तंत्र में न रेणु की तरह उलझाव हैं, न पाठक को चमत्कृत करने का प्रयत्न ही। रेणु की भाषा और उनके संवाद सामान्य पाठक को कभी-कभी रचना के प्रति उदासीन कर सकते हैं। इसके विपरीत, **राग दरबारी** सरल हिंदी में लिखी गयी है। लोकभाषा के शब्द और मुहावरे यदा-कदा आये हैं, पर शैली-चमत्कार के लिए नहीं, अर्थ के स्पष्टीकरण के लिए। लेखक को गाँव के आदर्श के प्रति कोई मोह नहीं है और वह उसकी विसंगतियों और विकृतियों का वर्णन भी बड़े निर्भीक ढंग से करता है। आज के गाँव की दलबंदी और सत्ता की राजनीति, ग्राम-पंचायत और सहकारी समिति के काम में तरह-तरह की हेरा-फेरी, और अधिकारियों का भ्रष्टाचार--इन सबको कथानक में पिरोया गया है। साथ ही उन तत्वों का भी विश्लेषण है जो गाँव को एक जीवित समुदाय का रूप देते हैं। गाँव के प्रति लेखक में एक सहज सहानुभूति है। पूरी पुस्तक पढ़ लेने के बाद भी पाठक को उनसे वितृष्णा नहीं होती, स्नेह ही होता है। भारत के बदलते गाँवों को समझने के लिए **राग दरबारी** पांडित्य-पीड़ित अनेक समाजशास्त्रीय अध्ययनों से कहीं अधिक उपयोगी है।

राही मासूम रज़ा हिंदी में एक तूफान की तरह आये। उनका मुहावरा हिंदी के लिए अपरिचित-सा है और उनकी अनगढ़ शैली यदि एक बार चौंकाती है तो दूसरी बार आकर्षित भी करती है। **आधा गाँव** उनकी विशिष्ट रचना है, यद्यपि उनकी

दूसरी कई किताबों में भी आंशिक रूप में गाँव आते हैं। पूर्वी उत्तर प्रदेश के गाज़ीपुर जिले में गंगौली एक मध्यम आकार का गाँव है, जिसमें हिंदू भी बसते हैं, मुसलमान भी। **आधा गाँव** उपन्यास की शक्ल में गंगौली और उसके निवासियों की कहानी है, जहाँ परंपराएँ अभी भी जीवित हैं, पर माहौल बड़ी तेज़ी से बदल रहा है। राही की भाषा बोलचाल की भाषा है। गाँव के हर तबके से पात्र उन्होंने चुने हैं और उनका चित्रण करने में उन्हें एक-सी सफलता मिली है। यहाँ भी भारतीयता की तलाश है, साथ ही जड़ों की खोज भी है। जनजीवन के दुःख-दर्द की इस कहानी में झूठी मान-मर्यादाओं का चित्रण भी हुआ है। शायद ही किसी उपन्यासकार ने हिंदुस्तान के मुसलमानों को उनके परिवेश से जोड़कर इतनी सफलता से प्रस्तुत किया हो। राही कभी-कभी अपनी तटस्थता खो बैठते हैं, पर उनकी टिप्पणियाँ बड़ी चुभती हुई होती हैं। राही का स्वर अपना है, भाषा अपनी है, शैली अपनी है।

ज़िंदगीनामा एक असाधारण लेखिका की असाधारण रचना है। एक भूखंड और कालखंड पर केंद्रित यह कृति एक दृष्टि से उपन्यास है, दूसरी दृष्टि से नहीं। यह इतिहास है, समाजविज्ञान है और साहित्य भी है। नायक और नायिकाविहीन इस रचना में अनेक पात्र आते हैं और समय पटल पर अपनी हल्की या गहरी लकीरें छोड़ जाते हैं। **ज़िंदगीनामा** को पढ़ने का विशेष प्रयत्न करना पड़ता है। गाँव की पंजाबी भाषा का प्रयोग कभी-कभी पाठक को उबा देता है। कथानक के विकास में पाया जाने वाला बिखराव भी पाठकों को जकड़ता नहीं है। **ज़िंदगीनामा** की ये कमज़ोरियाँ एक दृष्टि से इसकी शक्ति हैं। भाषा से उसका वातावरण बना है। सामाजिक दूरी और तनाव भाषा के रूप से स्पष्ट हुए हैं। भाषा में आनेवाला बदलाव कालांतर में धर्म और वर्ग के आधार पर होनेवाले संघर्ष की ओर इशारा करता है। पुस्तक में व्यवहृत मुहावरा केवल भाषा का अंग नहीं है, अनेक अर्थों में संस्कृति का मुहावरा है। यदि पुस्तक का स्थानीय रंग प्रामाणिक प्रतीत होता है तो केवल उसकी भाषा और संवादों के लहज़े से। जेहलम और चिनाब के बीच के क्षेत्र में बिखरी ग्रामीण संस्कृति यदि अपनी समग्रता में भी स्वर पा सकी है तो घटनाओं के बिखराव के कारण। पुस्तक सामान्य उपन्यास की कोटि से उठकर यदि एक ऐतिहासिक-सांस्कृतिक दस्तावेज़ बन सकी है तो इसलिए कि लेखिका ने अपने आरंभिक समाजीकरण में जिस परिवेश को आत्मसात् कर लिया था, उसे जैसा का तैसा कागज पर उतार सकने की क्षमता भी उसके पास है, शिल्प भी। यह निश्चित है कि **ज़िंदगीनामा** बहुत लोकप्रिय नहीं होगी, पर यह भी उतना ही निश्चित है कि यह एक लंबे समय तक भुलायी नहीं जा सकेगी।

प्रेमचंद एक प्रतिबद्ध लेखक थे। उन्हें भारतीयता की तलाश थी। रचना-कर्म में किसी भी तरह की बेईमानी उन्हें सह्य नहीं थी। यही उनका जीवन-दर्शन था,

यही उनकी वसीयत थी। इन पृष्ठों में चर्चित उपन्यासकारों को यदि वे पढ़ सकते तो उन्हें प्रसन्नता होती कि प्रतिबद्ध लेखन का युग अभी समाप्त नहीं हुआ। प्रेमचंद ने जो तलाश शुरू की थी, अब भी चल रही है। लेखक रचना-धर्म के प्रति आज भी ईमानदार है। कथ्य और शिल्प के जो प्रतिमान इन लेखकों ने विकसित किये हैं, वे प्रेमचंद की परंपरा को सशक्त करते हैं, आगे बढ़ाते हैं।

साहित्य और समाज

मेरे सामने दो मुख्य प्रश्न हैं : पहला, सांस्कृतिक परंपराओं तथा सामाजिक मूल्यों और प्रवृत्तियों से साहित्य किस तरह प्रभावित होता है ? और दूसरा, साहित्य अपने सांस्कृतिक-सामाजिक पर्यावरण को किस भांति प्रभावित करता है ?

सृजन का स्रोत--मानव की चेतना

मनुष्य सृष्टि की एक विशिष्ट रचना है। पृथ्वी पर उसकी जीवन-यात्रा रहस्य और रोमांस से भरी एक साहस-कथा है। उसकी कहानी सतत संघर्ष और महान उपलब्धियों की कहानी है। मानव ने अपनी इस गौरव-गाथा का निर्माण स्वयं किया है और उसे लिखा भी है। इस धरती पर रहनेवाले अनेक जीवों में केवल मनुष्य में यह क्षमता थी। उसे प्रकृति के अनेक वरदान प्राप्त थे, जिनमें संभवतः सबसे महत्वपूर्ण थे उसका तार्किक मस्तिष्क और उसकी विचार-क्षमता। वह अनेक प्रकार के प्रतीकों का निर्माण कर सकता था और उनके उपयोग से उसने अपने जीवन के आयामों को बदलने में अभूतपूर्व सफलता पायी। प्रतीक और प्रतीक-व्यवस्थाओं से उसे भाव-जगत् के निर्माण की शक्ति मिली। इस शक्ति के प्रयोग से उसके जीवन में गुणात्मक परिवर्तन हुए, जिनसे वह अन्य जीवों की तुलना में एक भिन्न कोटि का जीव बन गया। साथ ही मनुष्य में संचार अथवा अर्थ-संप्रेषण की विलक्षण क्षमता भी थी। वह न केवल अपने विचारों को अभिव्यक्त कर सकता था, वह उन्हें स्थायित्व भी दे सकता था। आरंभ में यह क्षमता सीमित थी। धीरे-धीरे उसका विकास हुआ और इस क्रमिक विकास के साथ उसके जीवन का रूप भी बदलता गया। मनुष्य ने जिन अनेक प्रकार के प्रतीकों का निर्माण किया है, उनमें शब्द संभवतः सबसे अधिक महत्वपूर्ण और सशक्त है। उच्चारित अथवा लिखित रूप में शब्द मानवीय अर्थ-संप्रेषण का सबसे अधिक भार वहन करते हैं जिससे सामाजिक धरातल पर जीवन संभव होता है। शब्दों में मानवीय चेतना प्रलक्षित होती है, उनके माध्यम से इस चेतना का विस्तार होता है। शब्द मनुष्य के भूत और वर्तमान तथा वर्तमान और भविष्य को जोड़ते हैं। मानव के अनुभव-क्षेत्र और जीवन-स्वरूपों के आयामों के विस्तार में भी शब्दों का योगदान महत्वपूर्ण है। उनके माध्यम से मनुष्य नये अर्थों की खोज करता है और उसे जीवन के नये लक्ष्यों की प्राप्ति होती है। लेखक और

कवि शब्दों का उपयोग जिस तरह करते हैं, उससे व्यक्ति और उसके समूहों को स्वयं-चेतना, ऐतिहासिकता और आध्यात्मिकता मिलती है। शब्द मनुष्य के ज्ञानक्षेत्र का विस्तार करते हैं। शब्दों के माध्यम से मनुष्य सुखानुभूति और दुःखानुभूति की सीमाओं, ऊँचाइयों और गहराइयों को परिभाषित करता है। मूल्याकंन के मानदंड भी उसे शब्दों द्वारा ही मिलते हैं। यह निर्विवाद रूप से कहा जा सकता है कि शब्दों में जीवन की प्रतिध्वनि होती है, मनुष्य के जीवन का एक बहुत बड़ा अंश शब्दों पर आधारित होता है।

हम बहुधा भौतिक जगत् और वैचारिक जगत् अथवा स्थूल जगत् और सूक्ष्म जगत् में भेद करते हैं और उन्हें भिन्न धरातलों का और अपने-आपमें पूर्ण और स्वतंत्र मानते हैं। यह मान्यता एक भूल है, भ्रम है। जैविकीय परंपराओं से मनुष्य अपना विशिष्ट व्यक्तिगत जैविकीय मंडल पाता है। उसके विचारों और शब्दों का मंडल अनिवार्य रूप से सामान्य और व्यक्तिगत जैविकीय परपंराओं से जुड़ा होता है। विचार-जगत् की जड़ें वस्तु-जगत् में होती हैं और वह उससे किसी भी तरह अलग नहीं किया जा सकता। मनुष्य का मस्तिष्क उसका अपना होता है, क्योंकि वह उसकी शरीर-रचना का अंग है, किंतु उसकी भाषा सार्वजनिक होती है। विज्ञान की नयी दृष्टि यह मानती है कि भावनाएँ और विचार यथार्थ और भौतिक होते हैं। इस तरह हमें यह मानकर चलना चाहिए कि विचार और उनकी अभिव्यक्ति के माध्यम जैविकीय और भौतिक यथार्थ के विस्तार मात्र हैं। जिस तरह मनुष्य का शरीर अपने-आपमें विशिष्ट होकर भी अनुवांशिकता के द्वारा जैविकीय शृंखला से जुड़ा होता है, उसी तरह अनेक रूपांतरों के बाद भी शब्द अपनी ध्वनियों और अर्थों में एक लंबी परंपरा का इतिहास छिपाये रहते हैं। वे मनुष्य की प्राणिशास्त्रीय विशेषता से जुड़े रहते हैं, किंतु सामाजिक और सांस्कृतिक अभिव्यक्ति के माध्यम बनकर शब्द मनुष्य के जैविकीय तत्वों को भी प्रभावित करते हैं। मानव की बौद्धिक चेतना, रस-चेतना और सौंदर्य-चेतना इन सबका प्राणिशास्त्रीय आधार है। यह तथ्य हमें उसकी संस्कृति के कई पक्षों पर नये तरीकों से विचार करने के लिए बाध्य करता है।

साहित्य में मनुष्य के जीवन का प्रवाह प्रतिलक्षित होता है। साहित्य स्वयं इस प्रवाह और मनुष्य की क्रमशः विस्तारित होती हुई चेतना का परिणाम है। कई अर्थों में वह इस प्रवाह की दिशा और गति को भी प्रभावित करता है। साहित्य में निहित स्थितियों की व्याख्या और मूल्यांकन केवल सौंदर्य और रसानुभूति के क्षेत्र तक सीमित नहीं होते, उनका सामाजिक अर्थ और प्रभाव बड़ा व्यापक होता है। साहित्य मनुष्य की स्वयंचेतना और जीवन-चेतना में जन्म लेता है। भाषा और मानवीय चेतना के विकास में निकट का संबंध है। भाषा एक सामाजिक उत्पत्ति है। आरंभिक रूप में प्रत्येक भाषा में शब्दों का एक सीमित भंडार ही उसके पास होता है। मानव इन

थोड़े से शब्दों द्वारा जीवन के भिन्न-भिन्न पक्षों और धरातलों से संबंधित अपने विचार और अनुभूतियाँ व्यक्त करने का प्रयत्न करता है। भाषा की सीमा विचारों और अभिव्यक्ति की सीमा बन जाती है। धीरे-धीरे उसका शब्दभंडार बढ़ता है, शब्दों का स्वरूप बदलता है और उनमें तीक्ष्णता आती है। वे अभिव्यक्ति के अधिक सूक्ष्म माध्यम बनते हैं। पशु-चेतना के धरातल पर मनुष्य केवल अपने निकट परिवेश से परिचित होता है और उसके संबंध में मान्यताएँ और सिद्धांत विकसित करता है। एक अजेय शक्ति के रूप में प्रकृति उसे आतंकित करती है। वह अपने-आपको प्रकृति से जोड़कर नहीं देख सकता, प्रकृति उसके लिए बाह्य तत्व ही रहती है। इस स्तर पर मनुष्य अपने अनुभवों और अनुभूतियों को भली भाँति शब्द नहीं दे सकता। उसकी आश्चर्य और भय की भावनाएँ शब्दों की अपेक्षा धार्मिक क्रियाओं में अभिव्यक्त पाती हैं। मिथकों के आरंभिक रूप का जन्म उसकी इसी मनोदशा का प्रतीक है। इस स्तर पर भी मनुष्य एक विचारशील प्राणी होता है और अपने परिवेश के बारे में कार्य-कारण-संबंध स्थापित करने का प्रयत्न करता है। भाषा और विचार का अल्प विकास उसके तर्क और विवेक को एक सीमित धरातल से अधिक नहीं उठने देते, किंतु इसी स्तर के स्थूल तर्कों ने यह स्पष्ट कर दिया था कि मनुष्य और प्रकृति के संबंधों में मूलभूत और ऐतिहासिक परिवर्तन हुए बिना मनुष्य जाति का विकास संभव न होगा और उसका अस्तित्व बना रहना भी कठिन होगा।

पहले वह परिवार जैसे लघु और सीमित समूह में रहता था। धीरे-धीरे वह समझने लगा कि उसके सामाजिक दायरे का विस्तार अस्तित्व की अनिवार्यता है, उसका बड़े समुदाय में रहना आवश्यक है। इस स्तर पर यह भी आवश्यक हुआ कि वह दूसरे लोगों से संपर्क और संवाद बढ़ाये। जैसे-जैसे वह अपने संबंधों का क्षेत्र बढ़ाता गया, उसकी चेतना का रूप भी बदलता गया। पशु-चेतना का स्थान झुंड-चेतना ने ले लिया। मनुष्य का शब्द-भंडार भी धीरे-धीरे बढ़ता गया। 400 से 600 शब्दों के सीमित भंडार ने भी उसकी अर्थ-संप्रेषण की क्षमता को आश्चर्यजनक रूप से विस्तारित किया। सृष्टि और जीवन के विस्मयजनक तत्वों ने साहित्य के आदिम रूप को विकसित करने में सहायता की। लय से की गयी ध्वनियाँ, जो संभवतः सामूहिक श्रम की अलग-अलग स्थितियों से जुड़ी थीं, कालांतर में लोकगीत बनीं। लोक-संगीत के आदिम रूप में लय थी, शब्द नहीं। अभी भी उनमें लयपूर्ण किंतु अर्थहीन ध्वनियों और शब्दों का मिश्रण कहीं-कहीं देखा जा सकता है। मनुष्य ने जिस विस्मय से आस-पास की दुनिया को, दृश्य और अदृश्य जगत् को देखा, वह लोक-कथाओं में व्यक्त हुआ। चेतना के इस धरातल पर मनुष्य थोड़े-से मूल-भावों या अभिप्रायों को ही जन्म दे सका। यह आश्चर्य का विषय है कि ये सीमित मूल-भाव संसार की विभिन्न धरातलों की प्रायः सभी संस्कृतियों में देखे जा सकते हैं। प्रकृति

और मनुष्य के नये प्रकार के अंतःसंबंधों का विकास करने के प्रयत्नों ने मानव के मानसिक क्षितिज को विस्तारित किया। जब-जब इन संबंधों में मूलभूत परिवर्तन हुए, मानव की चेतना ने भी नया रूप लिया। इस प्रक्रिया में मनुष्य की भाषा संपन्न हुई और साहित्य की नयी विधाओं का उदय हुआ। जन-भाषा और लोक-साहित्य परंपरा के अंग थे, उनका विस्तार समाजव्यापी था। विशेषीकरण और विखंडीकरण की प्रक्रियाओं से सामान्य और विशेष वर्गों की भाषा और उनके साहित्य में अंतर होने लगा। दल-चेतना और आदिम कबीलों की चेतना का आधार झुंड-चेतना की तुलना में कहीं अधिक व्यापक था। इस काल की सामाजिक और सांस्कृतिक संरचना अधिक जटिल हो गयी थी, शब्दभंडार अपेक्षाकृत विकसित हो गया था तथा विचार और अभिव्यक्ति का क्षेत्र अधिक विस्तृत हो गया था। स्थायी ग्रामों के विकास और उनके पारस्परिक संबंधों ने स्थान-चेतना को जन्म दिया। बड़े-बड़े समूहों के स्थानांतरण ने विशाल मानव-जाति के भिन्न-भिन्न भागों में संपर्क और संघर्ष की स्थितियाँ उत्पन्न कीं, जिनसे प्रजातीय चेतना का उदय हुआ। अब तक का अधिकांश साहित्य लोक-साहित्य की श्रेणी का था और पूरी तरह मौखिक था, किंतु मौखिक साहित्य की एक धारा ने परिष्कृत रूप लेना आरंभ किया। संसार के कतिपय सीमित क्षेत्रों में विलक्षण साहित्य की रचना हुई जो आज भी अपने काव्य-सौष्ठव, व्यापक भावभूमि और सूक्ष्म दार्शनिकता से हमें चमत्कृत करता है।

इस समय तक के साहित्य को किसी एक रचनाकार के नाम से नहीं जोड़ा जा सकता था। निःसंदेह हर लोकगीत अपने आरंभिक रूप में किसी एक व्यक्ति की अनुभूति की अभिव्यक्ति रहा होगा, हर लोक-कथा का उद्गम भी इसी तरह एक व्यक्ति की विस्मय-भावना में रहा होगा, किंतु अपनी स्वीकृति और विस्तार में दोनों 'लोक' अथवा 'जन' की संपत्ति बन गये और लोक-चेतना ने उनमें परिष्कार, परिवर्तन और परिवर्धन किये। गूढ़ दार्शनिक दृष्टि से जीवन और उसके रहस्यों को समझने का प्रयास करने वाला इस काल का साहित्य भी किसी एक व्यक्ति की रचना नहीं माना जा सकता। मौखिक साहित्य की इस धारा का परिमार्जन भी कई पीढ़ियों ने किया और लिपिबद्ध होने के पहले उसके भावों और रूपों में अनेक परिवर्तन हुए। सच तो यह है कि इस श्रेणी के साहित्य का कोई लिपिबद्ध रूप भी अधिकृत और प्रामाणिक नहीं माना जा सकता, उनके मूल रूप को निर्धारित करने के लिए भाषाशास्त्रियों और ध्वनि-शास्त्रियों को कड़ा परिश्रम करना पड़ता है। इस समय तक रचनाकार समाज में एक अलग श्रेणी के रूप में नहीं उभरे थे, वे सामान्य जन के अंग थे। साहित्य जीविका का साधन नहीं था, जीवन को सुखमय बनाने का एक साधन था। साहित्य-रसिकों का भी कोई अलग वर्ग नहीं था। लोकगीतों को सभी सुनते थे और प्रायः सभी गाते थे। लोककथाएँ भी सबकी प्रिय थीं, हर बच्चा उन्हें रुचि से सुनता

था और प्रायः हर वयस्क कोई-न-कोई कहानी सुना सकता था। लोकगाथाएँ भी अपने प्रसार में जन-रुचि की वस्तु थीं, यद्यपि प्रत्येक व्यक्ति उन्हें समान अधिकार से सुना नहीं सकता था। स्मरणशक्ति, शैलीगत चमत्कार और कंठ-माधुर्य वे गुण थे जिनके बिना कोई इस विधा में दक्षता प्राप्त नहीं कर सकता था। मौखिक साहित्य के विभिन्न रूपों को प्रस्तुत करने की निपुणता के आधार पर व्यक्ति को सामाजिक मान्यता अवश्य मिलती थी, किंतु यह योग्यता उसके जीवन-यापन का प्रमुख साधन नहीं थी। इस विशेषज्ञता को व्यावसायिक आधार बहुत बाद में मिला। मौखिक साहित्य का एक बहुत बड़ा भाग सार्वजनिक था, केवल थोड़े-से जंत्र-मंत्र और धर्म-वचन ऐसे थे जिन पर किसी विशेष श्रेणी या कोटि के लोगों का एकाधिकार था। इसी तरह इस साहित्य का एक बड़ा अंश धर्म से असंपृक्त था, पर जो खंड धर्म और धार्मिक क्रियाओं से जुड़ा था, वह अपने-आपमें बहुत महत्वपूर्ण था। साहित्य के दो मुख्य सामाजिक प्रयोजन थे : मनोरंजन और धार्मिक शिक्षा। अप्रत्यक्ष रूप से साहित्य समाजीकरण और सामाजिक नियंत्रण की प्रक्रियाओं को बल और गति देने में भी सहायक होता था।

सामाजिक-राजनीतिक गठन के नये रूपों के विकास ने मानवीय चेतना को नये आधार दिये। राष्ट्रीय चेतना के विकास से मानव की सृजनात्मक प्रक्रियाएँ प्रभावित हुईं। कालांतर से वर्ग-चेतना भी विकसित हुई, जिसका प्रभाव विचार और अभिव्यक्ति दोनों पर पड़ा। यह स्मरण रखना आवश्यक है कि चेतनाओं के नये रूपों के उदय ने उसके पुराने रूपों का अंत नहीं किया। प्राथमिकताएँ अवश्य बदलीं, पर दबी-छुपी आदिम और प्राचीन चेतनाएँ समय-समय पर अपने अस्तित्व और अपनी शक्ति का आभास कराती रहीं।

मानवीय चेतना को निर्णायक ढंग से प्रभावित करनेवाला एक और कारक था--अभिव्यक्ति का माध्यम। मौखिक परंपरा अशक्त और दयनीय नहीं थी, किंतु उसकी अपनी सीमाएँ थीं। लिपि के आविष्कार ने मानवीय चेतना को एक नयी दिशा दी। इसके आरंभिक परिणाम न नाटकीय थे, न बहुत अधिक प्रभावशाली। लेखन की परंपरा ने मौखिक परंपरा को विस्थापित नहीं किया, मौखिक परंपरा का महत्व बना रहा। मौखिक साहित्य का कुछ भाग--विशेषकर वह जो उसकी परिष्कृत धारा का प्रतिनिधित्व करता था--लिपिबद्ध हुआ। साथ ही नये प्रकार्यों के लेखन का भी आरंभ हुआ। इस तरह एक ओर स्मरणशक्ति की भूमिका का महत्व घटा, दूसरी ओर साहित्य को तुलनात्मक रूप से अधिक स्थायित्व मिला। लिख-पढ़ सकने वाले वर्ग और लिपिहीन वर्ग में अंतर आया, जिससे ज्ञान के क्षेत्र में पहले वर्ग का अधिकार बढ़ा। साहित्य की सामूहिकता धीरे-धीरे कमजोर हुई। रचना के साथ रचनाकार का नाम जुड़ने लगा। साक्षरता समाज के छोटे-से अंश तक सीमित थी

और छोटी-बड़ी पुस्तकों की प्रतिलिपियाँ तैयार करने में भी अनेक कठिनाइयाँ थीं। इन कारणों से साहित्य पर एक छोटे और सीमित वर्ग का नियंत्रण बढ़ा और एक विशेषज्ञ-समूह विकसित हुआ, जो रचना कर सकता था, लिख सकता था, स्वयं पढ़ सकता था और लिपिबद्ध साहित्य को उस वर्ग को सुना सकता था जो स्वयं उसे पढ़ने में असमर्थ था। मुद्रण की आरंभिक प्रविधि ने इस स्थिति को थोड़ा-बहुत बदला, किंतु सच्चे अर्थों में क्रांति उस समय हुई जब सचल टाइप का आविष्कार हुआ और मुद्रण के क्षेत्र का विस्तार हुआ। इस क्रांति ने साक्षरता के प्रसार में सहायता की, ज्ञान-विज्ञान के विस्तार की भूमिका प्रस्तुत की और विचारों और पाठकों के बीच में सीधा और व्यक्तिगत संबंध स्थापित किया। मुद्रण की प्रविधि धीरे-धीरे विकसित हुई, साहित्य में नयी विधाओं ने जन्म लिया, साक्षर वर्ग के मानसिक क्षितिज निरंतर बदले तथा विचार और अभिव्यक्ति को नयी शक्ति मिली। अन्य माध्यम जैसे रंगमंच और बाद में रेडियो और टेलीविज़न ने भी विचार और अभिव्यक्ति दोनों पर अपनी छाप छोड़ी।

बदलते संदर्भों का एक और परिणाम उल्लेखनीय है। साहित्य धीरे-धीरे सामान्य कोटि का विषय न रहकर विशेषज्ञ कोटि का विषय बना और साहित्य का अपना शास्त्र विकसित हुआ। छंद, अलंकार, रस-सिद्धांत, नायक-नायिका-भेद ने यदि एक ओर उसे पुष्ट किया तो दूसरी ओर उसकी परिधियाँ भी निर्धारित कीं। लोकसाहित्य अपने स्थान पर रहा, किंतु साहित्य प्रबुद्ध वर्ग की वस्तु बनता गया। चेतना समांतर किंतु भिन्न-भिन्न धाराओं में अभिव्यक्त होने लगी। स्तरीय साहित्य की पहुँच सीमित रही। विश्व के अधिकांश भागों में आज भी उस पर प्रबुद्ध वर्ग का एकाधिकार है।

साहित्य का कथ्य

साहित्य में मानवीय चेतना की प्रक्रिया और उसका धरातल दोनों परिलक्षित होते हैं। प्रकृति, अन्य मनुष्य और उनके समुदाय, और अतींद्रिय जगत् को मानव किस तरह देखता है, इसका स्पष्ट आभास उसके साहित्य में मिलता है। मानव की एक स्पष्ट परिकल्पना साहित्य में अंतर्निहित होती है। संस्कृति द्वारा परिभाषित मानव-जीवन के उद्देश्य तथा उनकी उपलब्धि के व्यक्तिगत और सामूहिक साधन भी साहित्य में अभिव्यक्ति पाते हैं। इस अभिव्यक्ति के अनेक रूप होते हैं। आदर्श और औचित्य की व्याख्या सीधी उपदेशात्मक प्रणाली से भी की जा सकती है, किंतु साहित्य का मुहावरा बहुधा आदेश और प्रवचन की शैली से भिन्न होता है और वह अपने मंतव्य कलात्मक शैली में व्यक्त करता है। चौंका देनेवाले चमत्कारी विचार-कण कभी-कभी मानव के भाव-जगत् पर छा जाते हैं, किंतु उनकी महत्ता अल्पजीवी होती है। मानव की चिरंतन समस्याएँ साहित्य का स्थायी आधार बनती हैं। साहित्य भी उन प्रक्रियाओं

से प्रभावित होता है जिनसे मानव और उसके समाज को अपने परिवेश को समझने और उसके बारे में विचार करने की दृष्टि मिलती है । साहित्य में मनुष्य की जीवन-यात्रा के गंतव्य की विवेचना होती है और उन ध्येयों और मूल्यों को प्राप्त करने के साधनों की ओर भी इंगित रहता है जो मानव-जीवन को अर्थ और दिशा देते हैं । साहित्य समाज का दर्पण-मात्र नहीं होता । उसमें समाज की परंपरा, जीवन-दृष्टि और दर्शन, तथा समसामयिक यथार्थ और चिंताएँ तो अभिव्यक्ति पाती ही हैं, उसमें समाज की विकृतियों और विसंगतियों के चित्रण के साथ भविष्य का पूर्वाभास और दिशा-संकेत भी होता है । रचनात्मक लेखक समाज का विशेष अंग होता है, उसकी प्रतिभा और उसका कार्य उसे एक विशिष्ट सामाजिक श्रेणी में स्थान दिलाते हैं। कम-से-कम यह तो कहा ही जा सकता है कि उसकी संवेदना और दूरदृष्टि सामान्य नहीं होती । तात्पर्य यह नहीं है कि इस कोटि का व्यक्ति समाज से कटकर अपने एक स्वतंत्र संसार में रह सकता है । सच तो यह है कि लेखक और उसके परिवेश के सावयवी संबंध होते हैं, वह सामाजिक और सांस्कृतिक वातावरण से बहुत कुछ ग्रहण करता है और साथ ही थोड़े-बहुत अंशों में उन्हें प्रभावित और परिवर्तित भी करता है । यदि लेखक अपने-आपको व्यापक सामाजिक संदर्भ से काट लेता है तो उसकी रचना में कला भले ही रहे, जीवन का स्पंदन नहीं होता । वर्ग या समुदाय का संकुचित घेरा उसे समाज के सार्वभौम सत्यों से साक्षात्कार नहीं करने देता। साहित्य में परंपरा की अभिव्यक्ति और व्याख्या होती है और उसके माध्यम से इन परंपराओं को स्थायित्व भी मिलता है । साथ ही, साहित्य इन परंपराओं का मूल्यांकन करता है और सतत् नये अर्थों और प्रयोजनों की खोज भी । ये प्रयत्न स्थितियों की नयी व्याख्या को जन्म देते हैं । इन व्याख्याओं में होनेवाले परिवर्तन मानव की विचार-प्रक्रियाओं को एक नया आधार देते हैं। इस तरह साहित्य में यदि एक ओर परंपरागत जीवन-प्रणाली की अनुकृति देखने को मिलती हैं तो दूसरी ओर उसमें मानव के विचार-जगत् के नये आयामों का परिचय मिलता है और उभरती हुई नयी जीवन-दृष्टि भी उसमें चित्रित होती है। मानव की परिकल्पना-संबंधी स्थायी और परिवर्तनशील तत्व, दोनों साहित्य में अभिव्यक्ति पाते हैं। साहित्य के माध्यम से हमें मानव की स्वयं-चेतना, उसकी आकांक्षाएँ, उसके संशय और उसके भय इन सबको समझने में सहायता मिलती है। साहित्य में मनुष्य की आशा और निराशा प्रतिबिंबित होती है, साथ ही उन आदर्शों का चित्रण भी होता है जिनके लिए मनुष्य जीता है और आवश्यकता पड़ने पर जिनके लिए वह मर-मिटने को भी तैयार हो जाता है । बदलते संदर्भों में मनुष्य नयी स्थितियों का मूल्यांकन किस तरह करता है और उन्हें कौन-से नये अर्थ देता है, यह समझने का शायद सबसे उपयोगी साधन साहित्य ही है। भौतिक और सांस्कृतिक जगत् को मनुष्य ने किस तरह देखा, समझा और स्वीकार

किया है, यह जानने के लिए और बदलते परिवेशों में वह अपना अनुकूलन किस तरह कर रहा है, यह समझने के लिए भी हमें साहित्य का सहारा लेना पड़ता है। दूसरे शब्दों में समय की मनःस्थिति का परिचय पाने के लिए साहित्य आवश्यक है।

साहित्य का एक बड़ा भाग संस्कृति और समयबद्ध होता है। उसमें चिरंतन को खोजने और पाने की तड़प होती है और देश और काल की सीमाओं को लाँघकर वह कतिपय शाश्वत सत्यों तक पहुँचने का प्रयत्न करता है। वह यह भी दावा करता है कि उसकी वाणी युग की वाणी न होकर युग-युग की वाणी है। इन प्रयत्नों की प्रेरणा शुभ होती है, किंतु जो स्थितियाँ और प्रश्न उन्हें जन्म देते हैं, वे स्थान-काल के संदर्भों से जुड़े होते हैं। युग के यथार्थ से मुँह मोड़नेवाला साहित्य पलायनवाद की धारा ही माना जायेगा, चाहे उसका स्वर अध्यात्म का हो या सस्ते मनोरंजन का। युग का भावबोध कालजयी साहित्य की व्याख्या बदल देता है। रस और आनंद जैसे संबंधों की व्याख्या में भी एकरूपता नहीं रही, समय के बदले संदर्भों ने उन्हें नये अर्थ दिये हैं। युग के मुहावरे से कटा हुआ साहित्य विकृति या विडंबना हो सकता है, समाज को प्रभावित करने की क्षमता उसमें नहीं होती।

साहित्य संचार या संप्रेषण की एक विधा है। वह प्रयोजनहीन नहीं होता। यह प्रयोजन कुछ क्षणों का मनोविनोद भी हो सकता है या किसी संदेश की अभिव्यक्ति भी। बुद्धि-विलास और मनोरंजन का साहित्य पहले भी लिखा गया है, आगे भी लिखा जायेगा, किंतु अच्छे साहित्य से यह अपेक्षा की जाती है कि वह इन सीमित उद्देश्यों से आगे बढ़कर पाठक (या श्रोता) को एक निश्चित संदेश दे। मनोरंजन या संदेश का स्वरूप साहित्य के रचयिता और पाठक दोनों पर अवलंबित होता है। रचनाकार का भाव-बोध और अनुभव-क्षेत्र उसके परिवेश से जुड़ा होता है, विकसित परानुभूति भी अन्य परिवेशों के यथार्थ से सच्चे आत्मीयता स्थापित करने में एक सीमा से अधिक सहायक नहीं होती। वह अपने पाठकों को भी नहीं भुला सकता, क्योंकि उनके भाव-जगत् से पूरी तरह असंपृक्त संदेश की ग्रहणशीलता संदिग्ध होती है। पाठक के धरातल का पूर्वानुमान रचनाकार की दृष्टि में किसी-न-किसी रूप में होता ही है और उसका साहित्यिक सृजन इससे अप्रभावित नहीं होता। दूरदर्शी साहित्यकार समय के आगे की बात सोचता और लिखता है, किंतु वह न तो तात्कालिक संदर्भ से विमुक्त हो सकता और न उसके मुहावरे को भूल सकता, जो उसकी अभिव्यक्ति की संप्रेषणीयता को बढ़ाता है। साहित्य का कथ्य और शैली लेखक और पाठक के समन्वित मानसिक धरातल और सांस्कृतिक चिंताओं की उपज होते हैं। यदि साहित्य की निर्धारित मान्यताएँ मार्ग-अवरोधक बनती हैं तो स्थिति और समय का दबाव इन मान्यताओं को ही बदल देता है। जन-प्रिय होना अच्छे साहित्य की एकमात्र

कसौटी नहीं है, पर जो साहित्य अपने-आपको सहज-ग्राह्य नहीं बना सकता, वह रचनाकार की अहं-तुष्टि का साधन या चमत्कारिक प्रयोग-मात्र होकर रह जाता है। परिवेश की आवश्यकताएँ सृजन की पृष्ठभूमि में रहती हैं, नया परिवेश साहित्य के नये रूपों को जन्म देता है। लेखक और पाठक दोनों इस परिवेश के अंग होते हैं। चिंतन और अभिव्यक्ति परिवेश से ऊपर अवश्य उठते हैं, पर वे उससे पूरी तरह अलग नहीं हो सकते।

सृजन की प्रक्रिया

साहित्यकार रचना क्यों करता है ?--यह प्रश्न बार-बार उठा है और तरह-तरह से इसका उत्तर देने के प्रयत्न किये गये हैं। बहुत समय तक सृजन की क्षमता दैवी वरदान मानी गयी। इसके विपरीत कुछ विचारकों का मत रहा है कि सृजनशील रचनाकार की दैहिक अथवा जैविकीय रचना विशेष प्रकार की होती है। उनके आंतरिक अवयवों की संरचना कतिपय ऐसी रासायनिक-जैविकीय प्रक्रियाओं को जन्म देती है जो साहित्यिक सृजन का कारण बनती हैं। इन दो के अतिरिक्त, तीसरा मत परिवेशवादियों का है जो व्यक्तित्व के प्रत्येक पक्ष के विकास और उसकी उपलब्धियों को भौतिक, जैविक और सांस्कृतिक पर्यावरण द्वारा निर्धारित मानते हैं। दैवी तत्व की बात मैं नहीं उठाऊँगा, क्योंकि वह प्रत्यक्ष अनुभव और परीक्षण के परे है। सृजन को दैवी वरदान केवल विश्वास के आधार पर माना जा सकता है। यह मान्यता ऐसी है जिसका न खंडन किया जा सकता है, न समर्थन। यह पहले ही कहा जा चुका है कि जैविकीय या भौतिक और सांस्कृतिक या बौद्धिक जगतों का विभाजन आज की वैज्ञानिक दृष्टि को मान्य नहीं है। मनुष्य की शारीरिक रचना उसे कुछ क्षमताएँ अवश्य देती हैं, किंतु उनके विकास में परिवेश और संस्कृति की भूमिका निर्णायक होती है। मनुष्य किसी ऐसी ग्रंथि अथवा मस्तिष्क-रचना के साथ जन्म नहीं लेता कि वह परिवेश से प्रभावित हुए बिना अनिवार्य रूप से महाकवि अथवा महान कथा-लेखक बन जाये। परिवेश उसकी क्षमताओं को प्रस्फुटित होने के अवसर देता है या उन्हें कुंठित भी कर सकता है, किंतु परिवेशवादियों का यह दावा सही नहीं है कि वे किसी भी व्यक्तित्व को मनचाहा मोड़ दे सकते हैं और उसे इच्छित और पूर्व-निर्धारित धारा में विकसित कर सकते हैं। अभी तक ऐसा कोई भी उदाहरण हमारे सामने नहीं है जो असंदिग्ध रूप से यह सिद्ध कर सके कि उच्चतम कोटि के मनोवैज्ञानिक अपने प्रयत्नों से बिना किसी पूर्व-निश्चित सिद्धांत के आधार पर चुने गये किसी भी बालक या बालिका को उच्च श्रेणी का कवि, साहित्यिक, कलाकार, वैज्ञानिक या विचारक बना सके हों। सृजन की क्षमता को समझने के लिए जैविकीय और परिसरीय तत्वों के विशिष्ट योग को समझना आवश्यक है।

सृजन-प्रक्रिया की पृष्ठभूमि में अनिवार्य रूप से किसी-न-किसी प्रकार के अभाव, असंतोष या अतृप्ति की भावना होती है। रचनाकार सांस्कृतिक लक्ष्यों या उनके कुछ पक्षों और संस्कृति द्वारा स्वीकृत उनकी प्राप्ति के सभी मार्गों को सहज स्वीकृति दे सकने की स्थिति में खुद को नहीं पाता। कभी उसे लक्ष्य स्वीकार होते हैं तो मार्ग नहीं, कभी वह साधनों को स्वीकार कर सकता है पर लक्ष्यों को नहीं, और कभी-कभी वह साध्य और साधन दोनों को अस्वीकार कर देता है। स्थितियों की नयी व्याख्या और विकल्प की तलाश उसकी मजबूरी बन जाते हैं। रचना के माध्यम से वह नये लक्ष्य निर्धारित करता है, नये मार्गों की खोज करता है या परंपरा को अस्वीकार कर नये लक्ष्यों और मार्गों को अपनाता है। ये प्रयत्न उसके भीतरी तनाव को--उसकी बेचैनी को--थोड़ी-बहुत मात्रा में दूर करते हैं। उसके आंतरिक तनाव के कई कारण हो सकते हैं। अपनी परानुभूति और विवेक के कारण वह सामाजिक ध्येयों और परंपरा-समर्थित मार्गों में न्यूनताएँ पा सकता है। इन कमियों और दोषों का ज्ञान अनुभवजन्य भी हो सकता है। यह भी संभव है कि उसका असंतोष स्वयं-केंद्रित हो और इस भावना से जन्मा हो कि संस्कृति के परंपरा-पोषित उच्च ध्येयों की प्राप्ति उसकी शक्ति और सामर्थ्य के बाहर है। उसका स्वर चाहे असहमति का हो या अलगाव का, असंतोष का हो या विद्रोह का, किंतु उसका स्रोत अभाव से जुड़े हुए तनाव में होता है। रचना का संतोष, थोड़े अंशों में ही सही, इस तनाव को दूर करने में सहायक होता है। स्थितियाँ और अनुभव रचनाकार में स्वयं की एक परिकल्पना विकसित कर देते हैं, उसकी अनुभूतियाँ और प्रतिक्रियाएँ इसी परिकल्पना से प्रेरित होती हैं। सृजन उसके लिए आत्म-घोष और आत्म-साक्षात्कार का साधन बन जाता है।

सृजन की प्रेरणा देनेवाले कतिपय गौण कारकों का उल्लेख भी आवश्यक है। कई स्थितियों में रचना का सुख ही उसकी मुख्य प्रेरणा होता है; रचनाकार न श्रेय चाहता है, न मान-सम्मान, न पुरस्कार। इसके विपरीत, श्रेय-प्राप्ति के लिए भी रचना की जाती है और रचनाकार उनसे मिलने वाले सामाजिक आदर और अर्थलाभ के प्रति उदासीन नहीं होता। यह भी संभव है कि व्यक्ति उपलब्धि के लिए अपनाये हुए एक मार्ग को अवरुद्ध पाकर, रचना को वैकल्पिक मार्ग के रूप में चुने और उससे अपनी आकांक्षाओं की पूर्ति करे। प्रयोग की प्रवृत्ति कभी-कभी अनियोजित सृजन का कारण बनती है। आरंभिक प्रयोगों की सफलता से व्यक्ति अपनी संभावनाओं से परिचित होता है और इन संभावनाओं को उनके पूर्णतम विकास की दिशा में उन्मुख करता है। अनुकरण भी सृजन-क्षमता का बोध कराने में सहायक हो सकता है। अनुकरण के प्रयत्न तो बहुतेरे लोग करते हैं, पर उनमें कुछ ऐसे भी होते हैं, जो अपनी प्रतिभा और क्षमता के बल पर उन सबसे आगे बढ़ जाते हैं जो कभी उनके आदर्श

और आराध्य थे।

सृजन की प्रक्रिया को केवल सर्जना में लगे व्यक्ति को केंद्रबिंदु मानकर नहीं समझा जा सकता। इसके लिए यह आवश्यक है कि हम उन सांस्कृतिक-सामाजिक तत्वों पर भी विचार करें जो इस प्रक्रिया को प्रेरित और प्रभावित करते हैं, उसकी दिशा और गति निर्धारित करते हैं और उसकी संभावनाओं को प्रस्फुटित होने का अवसर देते हैं। प्रत्येक प्रकार का सृजन एक सीमा तक स्वीकृति की अपेक्षा करता है, स्वीकृति का अभाव प्रेरणा के स्रोत को अवरुद्ध करता है। यदि मूल्यांकन के सांस्कृतिक मान-दंड साहित्य को समुचित महत्व नहीं देते तो उसके विकास की संभावनाएँ सीमित हो जाती हैं। उसके पनपने के लिए कम-से-कम इतना तो आवश्यक है कि सामान्य सांस्कृतिक दृष्टि साहित्य-विरोधी न हो और समाज का एक भाग उसे उत्साहपूर्वक स्वीकार करता हो। साहित्य की जो विधाएँ समाज को अधिक स्वीकार होती हैं, अन्य विधाओं की तुलना में उनका विकास अधिक होता है। विकास के लिए साहित्य-स्वीकृति के साथ-साथ प्रतिक्रियाओं की भी अपेक्षा रखता है। पाठकों और समालोचकों का रुख रचना को नये मोड़ देता है, प्रतिक्रिया का अभाव सृजनशीलता को कुंठित करता है। साहित्य-संबंधी मान्यताओं और अपेक्षाओं का परिमाण रचनाकारों की संख्या और साहित्य के विभिन्न पक्षों पर होनेवाली चर्चाएँ और वाद-प्रतिवाद भी उसके स्वरूप और उसकी दिशा को प्रभावित करते हैं। साहित्य सामाजिक अपेक्षाओं की परिधि में ही पनप सकता है। साहित्य की मुख्य धारा उसी दिशा में मुड़ती है जहाँ सामाजिक अपेक्षाएँ अधिक होती हैं। दूसरे शब्दों में, साहित्य का एक बड़ा भाग सामाजिक माँगों की पूर्ति करता है। साहित्य-धारा के विरुद्ध भी जा सकता है, जाता भी है, किंतु असहमति और विरोध की सीमा-रेखाएँ भी संस्कृति द्वारा निर्धारित होती हैं।

प्रयोगों और नवाचारों के प्रति सांस्कृतिक दृष्टिकोण साहित्य के स्वरूप में होने वाले परिवर्तनों के परिमाण, दिशा और गति को प्रभावित करता है। साहित्य स्वायत्तता का दावा भले ही करे, पर दृश्य और अदृश्य सांस्कृतिक-सामाजिक कारकों की भूमिका इस क्षेत्र में भी निर्णायक होती है--इस सत्य को अस्वीकार नहीं किया जा सकता। साहित्य मानवीय चेतना की अभिव्यक्ति होता है जो स्वयं मानव के जैविकीय और सांस्कृतिक यथार्थ का अविभाज्य अंग होती है।

साहित्य की सामाजिक भूमिका

साहित्य की जड़ें समाज में होती हैं। वह स्वयं एक सामाजिक उत्पादन है। वह अपनी सामाजिक भूमिका के कारण ही मानवीय परंपरा का अंग बन सका है। निष्प्रयोजन व्यवहार-प्रकार कभी भी दीर्घजीवी नहीं होते। साहित्य के कुछ प्रयोजनों

का संक्षिप्त उल्लेख, एक अन्य संदर्भ में, पहले किया जा चुका है। साहित्य, व्यक्तिगत और कुछ अंशों में सामूहिक मनोरंजन का साधन है, वह धार्मिक शिक्षा का माध्यम है, उससे समाजीकरण और सामाजिक नियंत्रण की प्रक्रियाओं को समर्थन और बल मिलता है और उसके द्वारा रचनाकार अपना मानसिक तनाव और भीतरी बेचैनी दूर कर सकता है। यह सूची अधूरी है और उससे हमें साहित्य की व्यापक सामाजिक भूमिका का पूरा परिचय नहीं मिलता। इस प्रश्न पर कुछ गहराई से विचार करना आवश्यक है।

साहित्य-परंपराओं के प्रेषण का एक प्रमुख माध्यम है, उसके द्वारा परंपराएँ एक पीढ़ी से दूसरी पीढ़ी तक पहुँचती हैं। व्यक्ति, समूह और समाज-संबंधी प्रतिमान और परिकल्पनाएँ दोनों साहित्य में अभिव्यक्त होते हैं। जीवन-दृष्टि और मूल्यों के प्रेषण में भी उसका उल्लेखनीय योगदान होता है। इन सबके सम्मिलित प्रभाव से समाज को स्थायित्व देने वाले कारक सशक्त होते हैं और समाज को अपनी ऐतिहासिकता का बोध होता है। साथ ही, साहित्य में उपलब्ध ज्ञान का संकलन और समन्वय भी होता है, जो ज्ञान-विज्ञान और मनन-चिंतन के क्षितिजों के विस्तार में समाज के सहायक होते हैं।

परंपराएँ साहित्य में अभिव्यक्ति-मात्र ही नहीं पातीं, उनकी व्याख्या भी इस माध्यम से होती है। साहित्य उन पर टीका करता है और उनका मूल्यांकन भी। यह प्रक्रिया परंपराओं को गतिशीलता देती है। साहित्य अतीत में विकसित शाश्वत और पावन सत्यों में ही नहीं उलझा रहता, वह उन्हें नये संदर्भों के परिप्रेक्ष्य में देखने का प्रयास करता है और सजग तार्किकता से उनका विश्लेषण भी।

सामाजिक आलोचना साहित्य का एक मुख्य प्रयोजन और प्रकार्य है। साहित्य सामाजिक प्रवृत्तियों के संबंध में प्रायः कभी भी पूरी तरह से तटस्थ नहीं हो सकता। वह पर्यावरण का सर्वेक्षण करता है और सामाजिक प्रवृत्तियों की निगरानी भी। सामाजिक रीति-नीति, चाहे पुरानी हों या नयी, उसकी टिप्पणी का विषय बनती हैं। साहित्य की यह प्रवृत्ति समसामयिक समस्याओं पर ध्यान केंद्रित करने और उनके संबंध में सामूहिक चेतना का विस्तार करने में सहायक होती है।

इस आलोचना से विकल्प की खोज भी जुड़ी रहती है। साहित्य टीका-टिप्पणी पर ही नहीं रुकता, वह वैकल्पिक संभावनाओं की बाह्य रूपरेखा भी प्रस्तुत करता है। अपनी परानुभूति और दूरगामी दृष्टि से साहित्यकार को इस क्षेत्र में विशेष क्षमता मिलती है। उसके इन प्रारूपों में विशेषज्ञ नियोजकों द्वारा बनायी गयी योजनाओं जैसी पूर्णता और प्रामाणिकता नहीं होती, पर जो दिशा-संकेत उनसे मिलते हैं, वे अपने धरातल पर बहुमूल्य होते हैं।

अभी तक साहित्य का उल्लेख जिस तरह किया गया है, उससे यह भ्रम हो

सकता है कि वह कोई एकीकृत इकाई है और उसकी एक समन्वित दृष्टि है। सत्य इसके विपरीत है। लोक-साहित्य के बाद का साहित्य अपने क्रमिक विकास की प्रत्येक स्थिति में अनिवार्यतः विविधपक्षी होता गया। अभिरुचियों और हितों की विभिन्न धाराएँ और उनके बीच का बढ़ता अंतर साहित्य को अनेकमुखी बनाता गया। आज साहित्य में एक नहीं, अनेक स्वर हैं, कई जीवन-दृष्टियाँ हैं। समाज में अलग-अलग स्थितियों और स्तरों पर पाये जाने वाले दृष्टिभेद और विचार-संघर्ष की प्रतिध्वनि साहित्य में भी सुनायी पड़ती है। वह अतीत का चित्रण और मूल्यांकन अलग-अलग दृष्टियों से करता है, उसकी आलोचकीय दृष्टि में विविधता है और विकल्पों के संबंध में भी वह एकमत नहीं है। साहित्य-शास्त्र ने उद्देश्य, दृष्टि और अभिव्यक्ति की शैली को नियंत्रित कर उन्हें समरूपता देने का प्रयत्न अवश्य किया पर वह अपने सिद्धांतों को स्थायी आधार नहीं दे सका। ये सिद्धांत अपने युग की चेतना और भाव-बोध से उपजे थे, वे बदलती चेतनाओं तथा उनकी नयी माँगों और दबावों के पूर्वानुमान पर आधारित नहीं थे। मेरा अनुमान है कि आचार्यों ने भाषा के स्वभाव, अभिव्यक्ति की प्रकृति और अनुभूति और चिंतन के आयामों को पूरी तरह नहीं समझा। उनका चिंतन निःसंदेह गंभीर था और उनकी उपलधियाँ महान थीं, किंतु उनकी मान्यताओं के कई पक्षों की भली भाँति समझने की वैज्ञानिक दृष्टि विकसित ही नहीं हुई थी। भाषा चिंतन को, चिंतन भाषा को और परिवेश दोनों को किस तरह प्रभावित करता है, इसे यदि वे निकट से जानते होते तो शायद उनके सिद्धांतों का स्वरूप कुछ और होता। अपेक्षाकृत स्थिर और धीमी गति वाले सामाजिक-सांस्कृतिक पर्यावरण में विकसित उनके सिद्धांत अपने युग की उपलब्धि थे, किंतु समय-चक्र की गति और दिशा के सही अनुमान के अभाव में वे कालजयी न हो सके। साहित्य का स्वरूप और उसकी अभिव्यक्ति दोनों में निरंतर परिवर्तन हुए। गतिशील समाज में यह अनपेक्षित नहीं था। यदि कुछ नहीं बदला है तो वह है साहित्य के दो मुख्य प्रयोजन : मनोविनोद और संदेश-प्रेषण।

साहित्य के सामाजिक प्रभाव

साहित्य के सामाजिक प्रभाव सदियों से चर्चा और चिंता का विषय रहे हैं, स्वांतःसुखाय लेखन और प्रतिबद्ध लेखन पर बहुत बहस हुई है और आज भी हो रही है। जब तक साहित्य मिथकों और बहु-स्वीकृत धर्म के घेरे में रहा और परंपराओं द्वारा निर्धारित मार्ग का अनुसरण करता रहा, समाज ने उस पर कोई आपत्ति नहीं की। जैसे ही उसने घेरों को तोड़ना और लीक से हटना आरंभ किया, समाज उसके प्रति आशंकित होने लगा। कई स्थितियों में प्रश्न पूछना अपराध माना गया और विकल्पों का सुझाव द्रोह। धारा के विरुद्ध जानेवाले साहित्य ने समाज के जिस अंश

को अपना समर्थन दिया, उससे उसने बदले में समर्थन और सम्मान भी पाया। धीरे-धीरे साहित्य के प्रति सामाजिक प्रतिक्रियाएँ तीव्र होने लगीं। कुछ पुस्तकों की पूजा हुई, कुछ पुस्तकें जलायी जाने लगीं। अंतःकरण की शुद्धि के लिए कुछ पुस्तकों या उनके कुछ अंशों का पढ़ना धार्मिक क्रियाओं का अंग बन गया। इसके विपरीत, साहित्य के अनेक प्रकारों पर रोक लगने लगी क्योंकि उनके पढ़ने से पथ-विचलित होने और चरित्र भ्रष्ट होने का भय था। कई ग्रंथों ने पूजागृह में स्थान पाया, कई सार्वजनिक पुस्तकालयों और भले घरों से निष्कासित होकर चोरी-छिपे पढ़े जाने लगे। एक ओर कुछ लेखक और कवि भक्तों की श्रेणी में आकर भगवान-तुल्य बन गये, दूसरी ओर कुछ रचनाकारों को केवल सामाजिक प्रताड़णा मिली। साहित्य और साहित्यकारों के इस वर्गीकरण के पीछे उनके सामाजिक प्रभाव के संबंध में कुछ धारणाएँ थीं।

पुरस्कृत और तिरस्कृत दोनों प्रकार के लेखकों ने अपने महत्व को बहुत बढ़ा-चढ़ा के देखा। पहली श्रेणी को क्षण की अपनी पूजा में अमरत्व का भ्रम हो गया। दूसरी श्रेणी ने अपमान को सामाजिक अंधविश्वास और अन्याय की वेदी पर अपने बलिदान के रूप में ग्रहण किया। दोनों को अपनी रचना के प्रभाव पर अतिरंजित विश्वास था। एक मानता था कि समाज उसके प्रयत्नों से धर्म और परंपरा की धुरियों पर टिका रहेगा, दूसरा सोचता था कि वह आज नहीं तो कल सामाजिक क्रांति के अग्रदूत के रूप में पूजा जायेगा।

साहित्य-विवादों ने यदि प्रश्न के कुछ पक्षों की संतुलित विवेचना की तो उसके कुछ पक्षों पर विचार ही नहीं किया। क्या रचना केवल स्वांतःसुखाय या महान सामाजिक उद्देश्यों की प्रेरणा से ही की जाती है ? इस विषय पर की गयी बहसों में रचना के यही दो आधार विशेष रूप से उभरते हैं। यह प्रश्न शायद ही कभी पूछा गया कि स्वांतःसुखाय लिखी अपनी रचना को लेखक दूसरों को सुनाता क्यों है ? उसे प्रकाशित क्यों कराता है ? प्रतिबद्ध लेखक ने अपनी भूमिका को बहुत बढ़ा-चढ़ाकर आँका। कलम से की गयी क्रांति पहले कागज पर ही आती है और उसकी बहुत-सी गर्मी वहीं समाप्त हो जाती है। वास्तविक क्रांति के कारकों में साहित्य भी एक हो सकता है पर सिर्फ साहित्य से ऐसी कोई क्रांति कभी नहीं हुई। प्रतिबद्धता अपने-आपमें एक सामाजिक मूल्य है और रचनाकर्म की ईमानदारी एक अपेक्षित गुण है, पर प्रतिबद्ध लेखन के सामाजिक प्रभावों के बारे में किये गये बड़े-बड़े दावे महज लेखन के महत्व को बढ़ाने के प्रयत्न ही माने जा सकते हैं। शब्द-क्रांति सामाजिक क्रांति नहीं होती।

साहित्य का प्रभाव अनेक कारकों पर अवलंबित होता है, जिनमें से कई का उसके गुणों से कोई संबंध नहीं होता। साहित्य और साहित्यकार के प्रति समाज की

सामान्य दृष्टि क्या है ? क्या उनके प्रति आदर और विश्वास की भावना है ? या, समाज उन्हें आशंका और अविश्वास की दृष्टि से देखता है ? यह भी संभव है कि समाज साहित्य को केवल एक सामान्य उत्पादन और साहित्यकार को सामान्य उत्पादक मानता हो और एक सीमित क्षेत्र में उनकी उपयोगिता को स्वीकार करता हो। यदि समाज को साहित्य और साहित्यकार से नेतृत्व और मार्गदर्शन की अपेक्षा है तो निश्चित रूप से दोनों का प्रभाव गुण और परिमाण में अधिक होगा। साहित्य का प्रसार और उसकी व्यापकता भी उसके प्रभाव के मूल्यांकन का एक आधार प्रस्तुत करते हैं। इस संदर्भ में कई प्रश्न उठते हैं। समाज में साक्षर और निरक्षर वर्गों का अनुपात क्या है ? जो साक्षर हैं उनमें कितने प्रतिशत ऐसे हैं जिनमें साहित्यिक अभिरुचि है और उनमें भी कितने ऐसे हैं जिन्हें पुस्तकालय-सेवा उपलब्ध है या जो अपने पैसे से किताबें और पत्रिकाएँ खरीद सकते हैं ? साहित्य कौन पढ़ता है और क्यों ? पाठकों और उनकी अभिरुचियों का वर्गीकरण भी साहित्य के प्रभाव का परीक्षण करने में सहायक हो सकता है। संभवतः सबसे अधिक महत्वपूर्ण प्रश्न है : साहित्य किस प्रकार का संदेश लेकर अपने पाठकों के पास जाता है ? क्या इस संदेश और पाठकों की अपेक्षाओं और आकांक्षाओं में ताल-मेल है ? क्या संदेश युग-युग पूजित विश्वासों से टकराकर व्यक्ति और व्यवस्था तथा उसके न्यस्त हितों के लिए संकट उत्पन्न करता है ? साथ ही, संदेश की शैली और उसका मुहावरा भी उसके प्रभाव को बढ़ा या घटा सकते हैं। ऐसे समाजों में जहाँ साहित्य की पहुँच सीमित हो, साक्षरों की संख्या कम हो, साहित्यिक अभिरुचि का धरातल विकसित न हो, साहित्यकार अपने प्रति विश्वास की भावना उत्पन्न न कर सका हो, लेखन की भाषा और शैली में जनमानस की पकड़ न हो, अभिव्यक्ति पर नियंत्रण हो और चिंतन और लेखन समाज की प्रवृत्तियों से बहुत आगे या पीछे हो, साहित्य से व्यापक और सशक्त प्रभाव की अपेक्षा नहीं की जा सकती।

संदेश-प्रेषण के माध्यम के रूप में साहित्य कई प्रकार के प्रभाव उत्पन्न कर सकता है। एक ओर यदि वह संदेश के अनुकूल मत या व्यवहार-परिवर्तन कर सकता है तो दूसरी ओर वह विपरीत प्रतिक्रिया को जन्म देकर पाठकों के पूर्वाग्रहों और मान्यताओं को पुष्ट भी कर सकता है। यह भी संभव है कि साहित्य के प्रभाव से न तो पाठक अपना विचार बदले और न उसकी अपनी मान्यताएँ ही पुष्ट हों, परिणाम केवल दृष्टि-स्थानांतर हो। दूसरे शब्दों में, पाठक के विचारों और व्यवहारों में परिवर्तन तो हो, किंतु यह परिवर्तन संदेश द्वारा सुझायी दिशा में न होकर किसी अन्य तीसरी दिशा में हो जाये। साहित्य स्वय समाज के सशक्त प्रवाह का स्वर बन सकता है और उसके प्रभाव से ऐसी स्थिति उत्पन्न हो सकती है कि पाठक बिना सोच-विचार किये इस प्रवाह में कूदने को तैयार हो जाये। इन चार प्रकार के प्रभावों

से अधिक महत्वपूर्ण दो अन्य प्रभावों का उल्लेख आवश्यक है, जिनके तात्कालिक परिणाम प्रायः अदृश्य होते हैं, किंतु जो कालांतर में प्रकट होकर अपनी शक्ति प्रमाणित करते हैं। साहित्य पाठक के मस्तिष्क में विचारों के कुछ बीज छोड़ देता है जो धीरे-धीरे उसकी मानसिक प्रक्रियाओं को बदलते हैं। पाठक को स्वयं इस सत्य का अहसास नहीं होता कि उसकी विचार-प्रक्रियाएँ बदल रही हैं, नयी दिशा ले रही हैं। इन प्रभावों की गति धीमी होती है और परिणाम के स्पष्ट होने में काफी समय लगता है, किंतु इस प्रक्रिया से होनेवाला परिवर्तन स्थायी होता है। पाठक को ऐसा लगता ही नहीं कि उसे बदलने का प्रयत्न किया जा रहा है और इस तरह उसकी पूर्व-स्वीकृत मान्यताएँ और विश्वास अपनी प्रतिरक्षा के लिए सक्रिय नहीं होते। यह साहित्य का सुप्त प्रभाव है जिसका दीर्घकालीन परिणाम महत्वपूर्ण होता है। पाठक जाने-अनजाने अपने विचारों और व्यवहारों की व्यवस्था के कुछ पक्षों से असंतुष्ट हो सकता है और उन्हें बदलने की अव्यक्त चाह मन में रखते हुए भी वह अपने-आपको अनिश्चय और अनिर्णय की स्थिति में पा सकता है। ऐसे क्षणों में साहित्य उसे सहारा देकर उसे इच्छित विकल्प की ओर बढ़ने में सहायक हो सकता है। साहित्य से होनेवाले संदेशों की बौछार, जिनमें से कई परस्पर-विरोधी हों, पाठक के अनिश्चय को बढ़ा भी सकती हैं। यह भी संभव है कि साहित्य के माध्यम से उसे झूठे आश्वासन मिलें, जो उसे तात्कालिक यथार्थ से विमुख करें या उसके सामने बाह्य रूप से आकर्षक किंतु व्यावहारिक रूप से असंभव विकल्प रखे जायें। यह स्पष्ट है कि साहित्य का कोई एक निश्चित प्रभाव नहीं होता, वह कई दिशाएँ ले सकता है और उसके परिणाम भी अपेक्षित और अनपेक्षित हो सकते हैं।

अंत में यह कहना आवश्यक है कि समाज या पाठक की नजरों में 'साहित्य का सत्य' और 'जीवन का सत्य' एक नहीं होते, उनके धरातल भिन्न होते हैं। कविता, कहानी, उपन्यास और नाटक पाठक को अपनी एक अलग दुनिया में ले जाते हैं और वह थोड़े समय के लिए अपने जीवन के यथार्थ को भूलकर इस नये यथार्थ का अंग बन जाता है, पर शीघ्र ही उसे वस्तुजगत् के यथार्थ में लौटना पड़ता है। वह केवल भावनाओं में नहीं जी सकता। कथा या नाटक के पात्रों की भूमिका में वह अपने-आपको थोड़े समय तक ही देख सकता है, वास्तविक जीवन की भूमिका उसे फिर अपनी ओर खींच लेती है। यह सच है कि साहित्य का सत्य उसके मानसिक क्षितिजों पर छा जाता है, उसे उद्वेलित कर देता है। यह भी संभव है कि वह उसकी तात्कालिक प्रेरणा का कारण बने। पर यह भी उतना ही सच है कि बहुत ही कम तात्कालिक प्रभाव स्थायी बन सकते हैं। दीघकालिक परिप्रेक्ष्य मे साहित्य से सुप्त और सहायक-समर्थक प्रभाव ही अधिक शक्तिशाली प्रमाणित होते हैं। परिवर्तन की प्रक्रिया में व्यक्ति और सामाजिक प्रवाह की भूमिका प्राथमिक महत्व की होती है, साहित्य

का योगदान सीमित होता है और वह भी व्यक्ति और परिवेश में निहित तत्वों के अधीन होता है।

रचना-कार्य अपने-आपमें महत्वपूर्ण है। उसके वास्तविक और भीतरी प्रयोजन को समझना आवश्यक है। साधन के रूप में भी उसकी भूमिका उल्लेखनीय हो सकती है, पर इस संबंध में जो दावे किये गये हैं, उनमें से कई अवास्तविक हैं और कई की प्रामाणिकता आंशिक रूप से संदिग्ध है। इन प्रभावों का सूक्ष्म अध्ययन अभी नहीं किया गया और इसलिए उनके संबंध में आधिकारिक रूप से कोई मान्यताएँ प्रस्तुत नहीं की जा सकतीं। जो दिशा-संकेत उपलब्ध हैं, वे साहित्य के प्रभाव-क्षेत्र के संबंध में पुनर्विचार की प्रेरणा देते हैं।

साहित्य का भविष्य

समसामयिक मानव के सामने आज अनेक प्रश्नचिह्न हैं। समाज की संस्थागत व्यवस्था जर्जर हो चुकी है, समय के धक्कों से उसकी नींव हिल गयी है। परंपराएँ टूट रही हैं, मूल्यों और विश्वासों का आधार बदल रहा है। संस्कृति और सामाजिक चरित्र का संकट अस्तित्व का संकट बन गया है। मानव के उन्मूलन की निराशापूर्ण भविष्यवाणियाँ की गयी हैं। भविष्य के अनेक अध्येताओं का निश्चित मत है कि आज की बिगड़ी हुई स्थिति में विनाश ही मानव की नियति है। यह दुर्दिन, वे जोर देकर कहते हैं, अधिक समय तक टाला नहीं जा सकता। अनिश्चय के इस दौर में साहित्य का भविष्य क्या है ?

साहित्य का भविष्य मानव के भविष्य से जुड़ा है। दोनों उतने अंधकारमय नहीं हैं जितना उन्हें प्रलय की आशंका से पीड़ित विचारकों ने चित्रित किया है। मनुष्य अदम्य जीवन-कामना लेकर पैदा होता है और अस्तित्व के लिए वह किसी भी सीमा तक अपना अनुकूलन कर सकता है। उसकी ये प्रवृत्तियाँ उसे विकल्प की तलाश के लिए मजबूर करेंगी और वह एक नयी सैद्धांतिक आधारशिला पर अपने समाज का पुनर्निमाण करेगा। यह प्रक्रिया सरल और पीड़ाहीन नहीं होगी। मानव के प्रतिमान बदलेंगे, मानव की परिकल्पना में भी मूलभूत परिवर्तन होंगे। अनिश्चय की आँधियों से गुज़रकर स्वयं-निर्धारित वैकल्पिक भविष्य की ओर बढ़ते मानव का साहित्य भी समय के प्रवाह से अछूता नहीं रहेगा। आज के मानव के अंतर्द्वंद्वों की झलक उसके साहित्य में होगी, समाज के अंतर्विरोध भी उसमें होंगे। साहित्य की मौत की भविष्यवाणियाँ झूठी सिद्ध होंगी, पर बदलते मानव के साहित्य का रूप भी बदलेगा।

इस परिवर्तन की दिशा क्या होगी ? प्रश्न कठिन है और समाज का अध्येता उसके उत्तर में अपना पूर्वानुमान और दिशासंकेत ही प्रस्तुत कर सकता है।

अनिश्चय की स्थिति समाज के एक भाग में पलायनवाद को जन्म देती है। इस दौर में पलायनवादी साहित्य की मात्रा में वृद्धि होना स्वाभाविक है। ऐसी स्थिति में झूठे मसीहे भी पनपते हैं, जिनके आधारहीन आश्वासन थोड़े समय के लिए मनुष्य को सांत्वना देते हैं। यह निश्चित है कि साहित्य में भी इस प्रकार के अवतार-पुरुष प्रकट होंगे।

संचार के अन्य माध्यमों और साहित्य के बीच कठिन प्रतियोगिता भी निश्चित है। सिनेमा, रेडियो और टेलीविज़न साहित्य के प्रतिद्वंद्वी रहे हैं, सहायक भी। प्रौद्योगिकी के विकास ने जो आश्चर्यजनक प्रगति की है, उससे अब यह भी संभव हो गया है कि एक केबुल और कुछ बटनें जन-संचार के साधनों का एक मिला-जुला रूप मनुष्य को उपलब्ध करा दें और उसकी यह विवशता भी दूर कर दें कि उस समय प्रस्तुत किये जानेवाले कार्यक्रमों में से ही उसे अपनी रुचि का कार्यक्रम चुनना पड़े। कार्यक्रमों का एक विशाल संग्रह अब उपलब्ध होगा और मनचाही सामग्री मनचाहे समय पर पाने के लिए कुछ बटनें घुमाने और एक बटन दबाने का परिश्रम ही करना होगा। संगीत, नृत्य, कला, चलचित्र, साहित्य, समाचार और सूचना सब इस नये माध्यम पर उपलब्ध होंगे। पुस्तक-संग्रहालयों का रूप बदलेगा; साथ ही पुस्तकों का भी। ये साधन और सुविधाएँ उन्हीं समाजों को उपलब्ध होंगे जो उन पर होनेवाले भारी खर्च का बोझ उठाने में समर्थ होंगे। गरीब और अमीर समाजों के बीच की दूरी बढ़ेगी। गरीब समाजों में भी यह प्रौद्योगिकी धीरे-धीरे आयेगी और संपन्न और विपन्न वर्गों की सांस्कृतिक दूरी को बढ़ायेगी। साहित्य के परंपरागत रूपों के लिए यह विकास एक चुनौती होगा। साहित्य इन विकासों का उपयोग साधन के रूप में कर सकेगा, पर साथ ही उसे इस नयी यांत्रिकी को भी समझना होगा और नये माध्यम से समझौते करने होंगे। इस तरह साहित्य का विस्तार तो संभव होगा पर उसके रूप में अनिवार्यतः अनेक परिवर्तन भी होंगे। नये माध्यमों की संभावनाओं और सीमाओं को समझना आवश्यक है। अभी यह कह सकना कठिन है कि संचार-व्यवस्था के आयामों में होनेवाले ये परिवर्तन मानव के भाव-बोध को किस तरह प्रभावित करेंगे। यह बहुत-कुछ इस पर अवलंबित होगा कि संचार-व्यवस्था का नियंत्रण किन हाथों में है और उसका संचालन किन घोषित और अघोषित उद्देश्यों से किया जाता है।

पिछले दशकों में यह भय व्यक्त किया गया है कि रचना-कर्म मनुष्य से छिन जायेगा, उसे मनुष्य द्वारा बनाये गये मस्तिष्क करने लगेंगे। इस दिशा में कुछ प्रयोग हुए भी हैं। संगणकों ने चित्र बनाये हैं, संगीत की धुनें तैयार की हैं और कविताएँ भी रची हैं। इन यंत्रों द्वारा अनुवाद के आरंभिक प्रयोग भी किये गये हैं। प्रयोग की इस धारा को रोका नहीं जा सकता और उसके बारे मे अधिक चिंता करना भी

जरूरी नहीं है। संगणक अपनी मूल चेतना मानव-मस्तिष्क से पाते हैं, पर उनमें उसका विस्तार करने की अद्‌भुत क्षमता होती है और वे अंतर्निहित आयामों का सूक्ष्म विश्लेषण कर सकने में समर्थ होते हैं। संगणक मानव-मस्तिष्क का विस्तार मात्र है, किंतु उसमें चेतना को गति और नयी दिशाएँ देने की क्षमता है। इस प्रविधि का प्रभाव मानव की विचार-प्रक्रियाओं पर होगा और उसकी भाषा और अभिव्यक्ति पर भी। विचार की नयी प्रणालियाँ विकसित हो रही हैं। संगणकों की नयी अंतर्राष्ट्रीय भाषाएँ भी बन गयी हैं। दोनों अनिवार्य रूप से साहित्य को भी प्रभावित करेंगी। नये भाव-बोध के संप्रेषण की नयी प्रविधि विकसित करने में इन यंत्रों से सहायता मिलेगी।

मानव का वैकल्पिक भविष्य गंभीर चिंतन का विषय बन गया है। व्यवस्था का पुनर्गठन मानव के अस्तित्व के लिए आवश्यक है। धीरे-धीरे यह स्पष्ट होता जा रहा है कि नयी व्यवस्था आत्म-निर्णय, समता और सामाजिक न्याय के आधार पर ही बन सकती है। इस व्यवस्था में साहित्य का भविष्य उज्ज्वल होना चाहिए। इस आशावादी दृष्टिकोण के निश्चित कारण है : समाज में साक्षरों और शिक्षितों का अनुपात बढ़ेगा और धीरे-धीरे शिक्षित और अशिक्षित का भेद समाप्त हो जायेगा। सामान्य जन को भी अवकाश का समय अधिक मिलेगा और उनकी सांस्कृतिक और मानसिक भूख बढ़ेगी। स्वाभाविक ही है कि साहित्य की माँग बढ़े और नये दबाव साहित्य के नये रूपों को जन्म दें। साहित्य फिर एक बार सामूहिकता की दिशा में मुड़ेगा और उसमें लोक-चेतना की गूँज सुनायी पड़ेगी। प्रबुद्ध और सामान्य वर्ग की भाषा का अंतर कम होगा, साहित्य का मुहावरा भी बदलेगा। ये संभावनाएँ साहित्य के लिए एक चुनौती हैं, जिनके प्रति सृजनात्मक प्रतिक्रिया ही उसका भविष्य निर्धारित कर सकती है।

[मैथिलीशरण गुप्त अभिभाषण,
हिंदी विभाग, दिल्ली विश्वविद्यालय]

□ □